小学科学课程与教学

小学教育（全科教师）专业系列教材

宋乃庆 靳玉乐 总主编

主　编　林长春　彭蜀晋

副主编　孙宝玲　黄　晓　王思锦

编　委　林海燕　郑　敏　张　婷　韩葵葵
　　　　　王俊民　首　新　赵　佩　郭晓丽

西南师范大学出版社
国家一级出版社 全国百佳图书出版单位

图书在版编目(CIP)数据

小学科学课程与教学 / 林长春，彭蜀晋主编. —— 重庆：西南师范大学出版社，2019.8（2021.12重印）
ISBN 978-7-5621-9845-1

Ⅰ.①小… Ⅱ.①林…②彭… Ⅲ.①科学知识－教学研究－小学－高等学校－教材 Ⅳ.①G623.62

中国版本图书馆CIP数据核字(2019)第165082号

小学科学课程与教学

主编　林长春　彭蜀晋

总 策 划：	宋乃庆　刘春卉　杨景罡
执行策划：	钟小族　翟腾飞
责任编辑：	周明琼
责任校对：	曾　文
装帧设计：	观止堂_未　氓
排　　版：	张　艳
出版发行：	西南师范大学出版社
	地址:重庆市北碚区天生路2号
	邮编:400715
	市场营销部电话:023-68868624
	网址:http://www.xscbs.com
印　　刷：	重庆紫石东南印务有限公司
幅面尺寸：	185 mm×260 mm
印　　张：	17
字　　数：	373千字
版　　次：	2019年8月 第1版
印　　次：	2021年12月 第6次印刷
书　　号：	ISBN 978-7-5621-9845-1
定　　价：	45.00元

小学教育（全科教师）专业系列教材

总主编

宋乃庆　靳玉乐

丛书编委会

主　任

陈时见　彭寿清　吕德雄

委　员(以姓氏笔画排序)

马　宏	马银海	申培轩	皮军功	吕立杰
吕德雄	刘　慧	江净帆	孙德芳	李志强
李铁安	李　敏	李　森	杨如安	杨南昌
何华敏	邹　渝	陈立万	陈时见	林长春
罗　文	罗　滨	胡　兴	侯宏业	袁　旭
顾建军	曹士勇	康世刚	彭寿清	蒋　蓉

序

小学教育是基础教育中最重要的一环,是孩子们学知识的第一步。孩子们在小学教育阶段,顺利完成了学业,进一步学习就不会有太大的困难。小学是儿童的思维从具体到抽象、综合到分析逐步发展的阶段。他们常常不管面对教什么学科的老师,都会提出各种各样的问题,认为老师是万能的,什么都知道的。所以我主张小学老师最好是全科型的,能够适应小学生认知特点的需要,特别是农村的小学老师。农村的学校规模比较小,一般不容易配备所有学科的老师,许多老师都要兼教几门课,更需要全科型的教师。教育部《关于实施卓越教师培养计划2.0的意见》也提出了培养小学全科教师。当然,全科教师不是说小学的所有课程都能教,而是一专多能、一主多辅,或者两主多辅。

有些学者认为,小学教师也需要学科专业化,认为现代科学日新月异,学科内容知识不断更新,教师需要有学科的专业知识,才能保证教学质量。在大城市规模比较大的小学,实行单科教师,当然有利于学科教学。但是我认为,小学教师也需要具有比较广泛的知识,一方面适合小学生综合思维的特点,另一方面小学教师也需要有文化修养、人文气质,这是多学科才能培养的。

如何培养小学全科教师?首先要有一套教材。以宋乃庆教授为首的教育部西南基础教育课程研究中心组织了16个省(区、市)60余所高校以中西部为主的专家学者编写了"小学教育(全科教师)专业系列教材"。这是师范院校教师组织师范生学习的素材,是小学全科教师培养(训)的重要载体。该系列教材主要包括教师教育类、学科基础类和学科课程与教学类3个模块。该系列教材本着小学生的特点,帮助职前和职后的小学教师逐步掌握2~4门学科的知识与技能、过程和方法,形成正确的情感态度和价值观,因此,每一学科的知识与技能要求适当降低。他们提出了宽基础、重实践操作,重师范素质养成,重文化素养提升的原则,使教材低起点、降难度、缓坡度,便于自学,便于阅读,文字通俗易懂。

该教材的编写人员,都是几十所师范院校对小学教育有专门研究的专家,站位高、设计科学、合理,切合小学的教育教学实际,教材编写有特色,为小学全科教师的培养做了一件重要的工作。

顾明远

2019年8月12日

(注:顾明远 北京师范大学原副校长,中国教育学会原会长,曾任世界比较教育学会联合会联合主席)

编者的话

党的十九大要求培养高素质教师队伍。习近平总书记明确提出成为党和人民满意的好教师要满足"四有""四个引路人"和"四个相统一"的标准,为培养师德高尚、业务精湛、结构合理、充满活力的高素质教师队伍指明了方向。

基础教育是我国教育的重要阵地,小学教育是基础教育中的基础。2012年以来,教育部先后出台了多个文件,提出了发展小学全科教师,解决小学(尤其是农村小学)结构性缺编问题,提升小学教师综合素养,借鉴国际小学全科教师培养经验。近年来,我国多省(区、市)已经开展了全科教师培养,编写了部分教材,在此基础上,我们在教师工作司和多省(区、市)教育主管部门的支持下,邀请了16个省(区、市)60余所高校的专家、学者编写了此系列教材。我们力求体现以下主要特点:

第一,注重综合素质,降低单科要求。小学全科教师要掌握2~4门学科的专业知识与技能、过程与方法,形成正确的情感态度与价值观,因此,每一学科的知识与技能适当降低要求,且适当增加综合素质的培养(训)内容与要求。

第二,拓宽学科基础,重视实践操作。小学全科教师走上工作岗位会执教多个学科,因此,教材既注重多学科的基础学习,又注重学科之间的贯通性,适当增加实践技能,注重学生师范素质的养成,注重学生教学技能的培养。

第三,适当降低起点,放缓坡度。教材注重便于自学与阅读,通俗易懂。适当降低起点和学科理论要求,适当放缓坡度和减少内容,适当减轻小学全科教师负担。

第四,注重学生文化素养提升,发展核心素养。教材贯彻"立德树人"根本任务精神,每章设置了名人名言、学习提要、思维导图、思考与练习、小结等板块,让学生在潜移默化中提升自身文化素养,具备终身发展的能力。

本套教材邀请了30余位小学教育领域有影响的高师院校、教科院、进修学院和小学知名的专家、领导组成了"小学教育(全科教师)专业系列教材"编委会。编委会对教材使用和教师的培养(训)进行指导。

由于时间紧、任务重、科目多,编写团队庞大,且编者编写风格和水平上存在差异,问题和错漏在所难免。恳请各位学者、教师、学生,及时向我们提出宝贵意见和建议并发送至邮箱xszjfs@126.com。

教育部西南基础教育课程研究中心　小学全科教师教材编写组

2019年8月

前言

为深入贯彻落实党的十九大精神,办好人民满意的教育,《中共中央 国务院关于全面深化新时代教师队伍建设改革的意见》《教师教育振兴行动计划(2018—2022年)》《教育部关于实施卓越教师培养计划2.0的意见》等文件提出了培养小学全科教师的理念,以此解决农村小学教师结构性缺编问题,提升教师综合素质,提高教师专业水平,打造卓越教师队伍。为了全面落实培养小学全科教师的要求,西南师范大学出版社组织专家学者和一线优秀教师,潜心打造了这套小学教育(全科教师)专业系列教材。

《小学科学课程与教学》是这套教材中的一本。本教材的编写力求充分体现时代性、基础性、发展性、科学性、思想原则性等原则,以立德树人为根本任务,把培养学生的科学教育核心素养和未来执教小学科学课程的基本能力作为本教材编写的核心理念。同时,为了兼顾小学全科教师未来能够在执教小学科学课程的过程中有效地提高教学质量,我们在编写本教材时,还采取了主题式的设计,注重从小学科学教育的特征和实际要求出发,力求对小学科学教学的基本特点和我国小学科学教育革新发展的新理念、新要求、新方式进行阐述,并从小学科学教师应当具备的职业素养的角度,对将来从事小学科学教学工作所必须具备的科学教育基本理论、科学教学方法、科学教学设计技能、科学教学评价方式等做了比较全面的介绍,为本专业的师范生能够成长为一名合格的小学全科教师和自己的终身学习与发展奠定必要的小学科学教育理论基础。也正是基于这样的想法,我们把全书大致划分为3个学习部分。

第一部分着重探讨小学科学教育的思想观念与小学科学课程标准及教材问题。理解这些问题对于小学全科师范生认识学校科学教育的革新趋势,了解将要从事的小学科学教育工作的任务具有重要的价值。为此,我们着重介绍了两方面的内容:一是现代科学教育的价值和我国小学科学教育的指导思想与实施目的。在探讨中,我们力图把学校科学教育放在一个广阔的背景中,从科学技术、社会乃至科学教育本身的改革需要等各个层面来透视现代科学教育的思想观念、改革的特点和发展的主要趋向,以求达到对科学教育价值和目的的认识。二是解读了小学科学课程标准中的课程性质、课程目标、课程内容等,介绍了小学科学教材的结构与功能、小学科学教科书的编写情况,目的是为本专业的师范生准确理解小学科学课程标准、熟悉小学科学教材奠定必要的基础。

在第二部分里,我们侧重对现代科学教学理论及小学科学课程内容领域实施的相关问题进行了探讨,着重介绍了小学科学教学的基本方法与模式,以及小学科学探究、小学科学实验教学、小学科学学习指导等教学基本理论，同时结合《义务教育小学科学课程标准》(2017年版)对生命科学、物质科学、地球与宇宙科学、技术与工程等领域的教学问题进行了探讨，意图是从更为具体的教学层面来认识和理解各个领域教学内容的科学教育价值、目标和实施策略。本部分还对小学科学教学资源的开发和利用、小学科学教学评价等问题做了专题介绍。

第三部分是与提高小学全科教师的科学教学设计与实施能力有关的问题。在这一部分里，着重探讨的主要问题有两大方面：一是小学科学教学设计，主要包括小学科学教学设计的理论基础、基本原则、一般过程、基本类型与设计方法等问题；二是小学科学教学设计的实施，主要包括小学科学教学设计与实施的关系、小学科学教学的基本技能等，为小学全科师范生将来从事小学科学教学奠定技能基础。

为了有利于教学和自学，我们在每章增设"名人名言"，以激发师范生的学习热情；在每一节前设置了"学习提要"，以便为教与学提供一个可资参考的教学目标；在章节之中列出了一些辅助学习栏目，比如"问题讨论""资料卡片""案例探析"，或者以"二维码"形式呈现，以帮助师范生对相关内容的理解，拓展其视野；在每一章后则列出"本章小结""思维导图""思考与实践""学习评价"和"推荐阅读"等，以帮助师范生概括性地认识所学内容，为进一步学习提供参考线索，也为检查学习成效提供帮助。

这本《小学科学课程与教学》由林长春、彭蜀晋担任主编，孙宝玲、黄晓、王思锦担任副主编，全国9所高等院校专家联合编写。在本教材中，林长春（重庆师范大学）编写第1章2~3节、第2章、第13章，彭蜀晋（四川师范大学）编写第1章第1节和第6章，张婷（长江师范学院）编写第3章，韩葵葵（重庆师范大学）编写第4章，郑敏（湖南第一师范学院）编写第5章，黄晓（浙江师范大学）编写第7章，王思锦、郭晓丽（北京市海淀区教师进修学校）分别编写第8章第1节和第3节、第2节，林海燕（集美大学）编写第9章，首新（重庆师范大学）编写第10章，赵佩（北京联合大学师范学院）编写第11章，孙宝玲（天津师范大学）编写第12章，王俊民（重庆师范大学）编写第14章。该教材得到了西南师范大学出版社领导的大力支持，得到了重庆师范大学的教材出版资助支持，在编写过程中得到了西南大学宋乃庆教授、靳玉乐教授两位总主编的指导，尤其是西南师范大学出版社周明琼编辑为本教材的统稿修订给予了十分专业的建议，付出了辛勤的劳动，值此教材出版之际，一并表示最真挚的感谢！

在本书写作过程中，我们曾参考并引用了国内外许多专家的著述，在此一并表示衷心的谢意！

林长春　彭蜀晋
2019年6月23日

目录

第一章 导论 — 1
第一节 小学科学教育的特征与价值 — 1
第二节 现代小学科学教育的变革与发展 — 4
第三节 "小学科学课程与教学"课程概述 — 10

第二章 小学科学课程标准与教材 — 15
第一节 小学科学课程标准 — 15
第二节 小学科学课程的性质与理念 — 19
第三节 小学科学课程的目标与内容 — 23
第四节 小学科学教材概述 — 33

第三章 小学科学教学的原理与方法 — 41
第一节 小学科学教学过程及其特征 — 41
第二节 小学科学教学原则与策略 — 44
第三节 小学科学教学的模式与方法 — 49

第四章 小学科学探究式教学 — 56
第一节 小学科学探究式教学概述 — 56
第二节 小学科学探究式教学的实施 — 61
第三节 小学生科学探究能力的培养 — 65

第五章　小学科学实验教学　　75
第一节 科学实验及其教育价值　　75
第二节 小学科学实验的类型与教学目标　　78
第三节 小学科学实验教学的实施　　86

第六章　小学科学学习指导　　95
第一节 小学科学学习概述　　95
第二节 小学科学学习指导的类型与要求　　102
第三节 小学科学学习指导的分类实施　　104

第七章　物质科学领域内容分析与教学　　117
第一节 物质科学领域的价值和目标　　117
第二节 物质科学领域内容的构成与编排　　123
第三节 物质科学领域内容的教学策略　　128

第八章　生命科学领域内容分析与教学　　135
第一节 生命科学领域内容的价值和目标　　135
第二节 生命科学领域内容的构成与编排　　140
第三节 生命科学领域内容的教学策略　　144

第九章　地球与宇宙科学领域内容分析与教学　　152
第一节 地球与宇宙科学领域内容的价值和目标　　152
第二节 地球与宇宙科学领域内容的构成与编排　　155
第三节 地球与宇宙科学领域内容的教学策略　　159

第十章　技术与工程领域内容分析与教学　　168
第一节 技术与工程领域内容的教育价值和目标　　168
第二节 技术与工程领域的内容构成与编排　　172
第三节 技术与工程领域内容的教学策略　　177

第十一章 基于信息技术的小学科学教学　184
第一节 信息技术与小学科学教学概述　184
第二节 信息技术与小学科学教学的整合　190
第三节 信息技术与小学科学教学整合的案例　194

第十二章 小学科学教学资源的开发与利用　201
第一节 小学科学教学资源概述　201
第二节 常见小学科学教学资源的开发　207
第三节 小学科学教学资源的利用模式　213

第十三章 小学科学教学设计与实施　220
第一节 小学科学教学设计概述　220
第二节 小学科学教学设计的基本原理　223
第三节 小学科学教学设计的类型　228
第四节 小学科学教学设计的实施　233

第十四章 小学科学教学评价　241
第一节 小学科学教学评价概述　241
第二节 小学科学学习评价的方式　245
第三节 小学科学课堂教学评价的实施　251

第一章 导论

> 在教师的手里操着幼年人的命运,便操着民族和人类的命运。
>
> ——陶行知
>
> 不好的教师是给学生传授真理,好的教师是使学生找寻真理。
>
> ——第斯多惠
>
> 大学提供信息,但它是富于想象力地提供信息。
>
> ——怀特海

科学,是人类探索自然获得的智慧结晶,也是科学教育的源泉和内涵。在现代社会的进步发展过程里,重视科学教育、发展科学教育,为儿童的未来发展优先设置科学课程已成为世界各国的共识。在小学教育阶段将科学列为一门重要的基础性课程就充分体现了小学科学教育在学校教育中的价值,因而也就要求我们每一位从事小学教育的教师,必须从执教伊始就要把传播科学知识、普及科学方法和弘扬科学精神作为己任,并为将来从事小学科学教育教学工作打好坚实的职业素养基础。

第一节 小学科学教育的特征与价值

(1)理解科学的含义。
(2)理解科学教育的特征及小学科学教育的价值。(重点)

一、科学与科学教育

(一) 科学的含义

什么是科学？科学具有什么样的特征？在东西方文明发展的历史上，对此的认识是不同的。中国古代的先哲们把有关天地自然的学问称之为"格致之学"，所谓"格物致知"，就是指通过考察自然之物而获得的学问。这里的"格致"就与我们今天所说的"科学"含义相近。[①]

早期的科学（Science）特指自然科学，在以后发展中才逐渐扩展至社会科学、思维科学。科学教育里所指的科学是指以自然科学为主体的专门学科类教育。科学是人类探索自然获得的全部认识成果，它的本质特征是揭示自然界发生发展、运动转化、生存演变的规律，所以科学是关于发现、发明和创造实践的一系列专门学问，是人类探索自然所获得的知识体系的总称。

科学作为一个知识体系，是由众多知识领域和不同的知识类型构成的庞大的学科群，形成了像天文学、物理学、化学、地球科学、生物学、材料学、环境科学等一个个分门别类的专门性学科。在科学的发展历史上，早期的"科学"依附于哲学，反映的是人们对自然现象与事实以及自然变化发展的朴素认识，像古希腊时期德谟克利特提出的万物的本原是原子的原子论思想就属于其典型代表。科学从哲学中独立出来成为一个引领社会进步发展的庞大学科群得益于自然科学方法的建立与创新发展。16世纪中叶，波兰天文学家哥白尼撰写的《天体运行论》推翻"地心说"，创立"日心说"，标志着科学方法作为探究自然奥秘最有力的工具的新时代的到来。17世纪，英国物理学家牛顿撰写的《自然哲学的数学原理》为人类迎来了运用科学方法进行科学大发现的新时代，彰显了科学方法在探索自然、发现规律和构建人类科学知识体系中的新价值。19世纪，以细胞学说、能量守恒定律和达尔文生物进化论为标志的自然科学三大重要发现更是把科学方法在探究自然界客观规律中的巨大作用推向巅峰。20世纪初，爱因斯坦提出的"相对论"更开创了用科学方法体系的创新发展推动自然科学飞跃发展的新时代。科学的演变发展历史充分说明，科学方法不仅是人类探索自然不可或缺的工具，更是推动科学不断创立和发展的不懈动力。

科学发生、发展的历史进程也表明，科学也是人类探究自然和社会发展的一种创造性实践活动。科学代表的是现代社会的一种建制，从零散走向整合，由"小科学"迈向"大学科"，由科学家的个人行为走向有组织的国家行为，由此也使得科学不仅是促进人类文明和社会进步发展的推动力，而且必然成为人类文化传承的丰富内容。正是因为科学的这些特征使其具有了重要的教育价值，也决定了科学要成为学校教育中必不可少的学科门类。

[①] 姚雅欣,高策.从传统"格致"到现代"科学"：梁启超"科学"观念透视[J].科学技术与辩证法,2004(6):79-82.

【问题讨论】

1. 查阅资料：收集有关科学的定义，比较这些定义的差异，概括你对科学特征的认识。

2. 建立档案：收集有关科学门类构成方面的资料，建立一个有关科学门类构成的关系图。

（二）科学教育的性质与特征

什么是科学教育（Science Education）呢？学校中的科学教育又有什么样的特征？这是我们探讨科学教育时，需要首先明了的问题。

我们今天所说的科学教育有广义和狭义两种。广义的科学教育泛指一切为了人的科学素养提升而实施的有关科学的教育实践活动。社会中为普及科学文化、提高公众科学文化素养所进行的科学普及教育和学校中针对儿童成长发展所进行的科学教育都属于广义科学教育的范畴。狭义的科学教育，则特指学校中所进行的专门性科学教育。学校中的科学教育是儿童接受科学启蒙教育的主渠道，也是实施科学教育的主要途径。

学校中的科学教育具有什么样的性质和特征呢？首先学校教育的目的是育人，就是通过有关科学课程来实现传承科学文明、传播科学文化、培养受教育者具备必要的科学文化素养的目的。因此，学校科学教育要以传授人类业已积累起来的科学文化为己任，通过科学教育传播科学观念、传授科学知识、普及科学方法、弘扬科学精神，使受教育者理解科学的价值，并能够运用所获得的科学知识、科学方法去探究解决面临的各种各样实际问题。所以，在学校中进行的科学教育，必然要把培养和提高学习者的科学文化素养摆在重要的位置。这也要求我们在进行科学教育时，要把培养学习者认识和理解科学的价值、形成科学的观念、建构科学的知识和方法、培养科学探究的能力、养成科学探究的精神作为最核心的任务。可以说，这既是学校科学教育的任务，也是学校科学教育的根本特征。

二、小学科学教育的价值

（一）小学科学教育具有开启儿童科学智慧，培养儿童热爱科学、学习科学和探究科学兴趣的作用

小学阶段是儿童认识自然、学习科学的启蒙阶段。在这一阶段里实施科学教育不仅有利于儿童科学素养的早期形成，而且对增进儿童对科学的兴趣与爱好，促进儿童科学素养的持续发展都具有非常重要的作用。因此，从小学伊始就开设科学课程，让儿童尽早接受科学教育，是促进他们科学素养养成的奠基性保障。

小学是儿童接受科学教育的启蒙阶段，丰富多样的自然科学知识的教学，不仅能够唤起学生对自然、对社会、对科学价值的关心，更能激发他们的探究热情和兴趣。形式多样、

动脑与动手相结合的科学探究活动不仅能够让学生体验到科学实践的乐趣,还能够在活动的过程之中引导小学生学会用科学的眼光认识周围的世界,能够运用科学的方法去探究自然的奥秘,并逐步学会运用科学的知识、方法解释生活中的科学问题,为他们形成科学的观念、建构科学的知识体系、掌握科学方法,尤其是养成科学素养奠定良好的基础。

(二)小学科学教育具有帮助和引导学生形成良好的科学思维与科学生活习惯的作用

小学科学对帮助和引导学生形成良好的科学思维与科学生活习惯有重要的作用,特别是小学科学中编选的各种科学方法和科学探究的技能能够为学生思考和解决实际问题提供科学的途径,使他们懂得什么是科学的、什么是不科学的,学会运用科学的眼光去思考问题、探究问题,并用所学的科学知识去认识和理解与生活相关的问题,从而帮助他们逐步养成学科学、用科学的良好习惯,提高他们的科学生活能力。

(三)小学科学教育还具有促进儿童身心健康发展,形成良好的科学动手习惯的作用

一方面,正是由于小学科学具有启蒙性教育和奠基性教育的性质,必然使得小学科学教育兼具动手与动脑、学习与探究、感知与体验的特点,成为融多样性教育为一体的综合性教育实践活动。显然,这对促进儿童身心健康发展具有非常重要的意义,也是小学科学教育的核心价值所在。

另一方面,小学科学教育也起着帮助小学生认识科学与技术、与社会、与人类生活的关系,引导学生从小树立乐于与人合作相处、爱护自然、保护自然、创造美好环境的情感意识的作用。可以说,小学科学教育对一个人的早期科学素养的形成,以及未来科学素养的发展都有重要的影响和作用。

【问题讨论】

1."关于科学的教育"与"有关科学的教育"有什么不同?谈谈你的见解。

2.试从人的发展的角度,分析小学科学教育在人的教育发展中的价值和意义。

第二节 现代小学科学教育的变革与发展

(1)了解国外现代小学科学教育的主要发展变革历程。

(2)理解我国小学科学教育的历史演变与发展现状。(重点)

一、西方国家小学科学教育的历史发展

(一)小学科学教育的孕育时期(19世纪下半叶—20世纪50年代中期)①

19世纪下半叶,随着科学技术的发展及工商业的发展,步入工业社会的西方发达国家迫切需要大量具有初级技术的劳动力。从这一时期起,科学课程开始进入学校课程,并作为一门有组织的学科——普通事物的科学(Science of Common Things)在西方初等学校开设。19世纪30年代,英国学者查尔斯和梅奥在访问裴斯泰洛齐之后,结合科学学科的特点最早提出了实物教学的思想,致力于培养儿童的观察能力(Faculty of Observation)。实物教学模式的典型做法是教师选择实物(各种动物、植物、矿物)并向学生呈现,然后要求学生尽可能详细地描述实物的性质和特点,如形状、大小、颜色、质地和成分等,最后让学生记住所述的名词或术语。实物教学的初衷是追求儿童的心理发展,使科学教学与儿童的自然发展协调一致,但是由于受心智训练说和官能心理学的深刻影响,再加上师资水平的低下,实物教学最终沦为对实物的机械描述和记忆。到了19世纪末,实物教学模式很快被自然学习模式所取代,它所主张的发展理念得到了进一步发展。

19世纪末,西方发达国家正从农业社会向工业社会过渡,数百万农民迁移到城市,导致农业生产迅速衰落。1895年,美国"农业促进委员会"和"纽约贫民改善协会"召开了一个联合会议,共同讨论农业生产衰落的原因。自然学习被视为一种激发儿童热爱自然的方式,其潜在目的是使儿童喜爱乡村生活。

到了20世纪20年代,由于科学、技术和工业飞速发展及其对人类活动一切方面的冲击,"大杂烩式"的自然学习模式已经不能适应当时社会和经济发展的需要,重新审视小学科学教育的必要性日益突出。美国芝加哥大学和哥伦比亚大学的一批学者率先推动了以小学科学(Elementary School Science)课程取代自然学习课程的改革,克雷格就是其中的一个重要代表人物。1927年,他提出了小学科学的课程模型,列出了一系列被认为是小学科学课程核心内容的科学通则、原理和概念,当中涉及的主题非常广泛,不但包括常见的生物学、地理学知识,而且还引入了一些简单的化学和物理学知识。

直到20世纪中叶,科学课程在小学教育中的地位仍然没有得到承认,课程的开设显得很随意,至多也只是作为一门选修课程。但是,在科学教育史上,这是一个非常重要的转型期,以科学知识和科学方法为目标的现代小学科学课程的雏形已经出现。

(二)小学科学教育的现代化发展时期(从20世纪50年代末—80年代末)②

从国际上看,现代基础科学教育改革起始于20世纪50年代末,发端于美国。其直

---

① 本部分内容主要参考了"钟媚,高凌飚.西方小学科学课程发展的历史回顾与展望[J].比较教育研究,2007(6):47-51."有改动。
② 本部分内容主要参考了"钟媚,高凌飚.西方小学科学课程发展的历史回顾与展望[J].比较教育研究,2007(6):47-51."有改动。

接起因于1957年苏联人造卫星的成功发射对美国科技和人才领域的严峻挑战。虽然这次科学教育现代化改革的对象主要是中学科学课程,但也间接地推动了小学科学课程的发展。从20世纪60年代初开始,小学科学课程模式逐渐取代了自然学习模式。在"做个科学家"(Being a Scientist)的科学课程改革口号影响下,美国先后开发了有较大影响力的3种小学科学课程:一是由美国联邦政府赞助的ESS课程(The Elementary Science Study,1961—1971)。它的特点是以一个大主题综合相关的知识内容,强调让儿童亲身实践和探究日常生活中的事物。二是由美国科学促进会(AAAS)组织编写的SAPA课程(Science-A Process Approach,1962—1972)。该课程的显著特征是重视培养学生的科学探究技能(又称"过程技能",Process Skills),主要包括8种初级技能(Primary Skills)和5种综合技能(Integrated Skills),分别为"观察、分类、测量、交流、推断、预测、应用时间／空间关系、应用数字"和"形成假设、控制变量、解释数据、下操作性定义、实验测试"。三是由美国国家科学基金会(NSF)提供资金支持的SCIS课程(The Science Curriculum Improvement Study,1962—1974)。几乎同一时期,在英国的小学科学课程改革中,出现了比较著名的"过程中心"取向的NJSP课程(Nuffield Junior Science Project,1967)和Science 5-13(1972)课程,以及"内容中心"取向的OPSP课程(Oxford Primary Science Project,1969)。

20世纪50年代末至60年代的基础科学课程改革确立了小学科学的必修课地位,并明确强调将科学概念和科学方法的学习作为小学科学课程的主要目标。这是小学科学教育发展史上的一个重要里程碑。与以往的自然学习模式相比,现代小学科学课程不但在内容方面新增了简单的物理学(光、声、电等)和化学知识(空气、水等),而且在教学上也突出了探究学习和实验教学的重要性。但受学科中心主义思想的影响,这次课程改革过于强调概念结构的形成和过程技能的掌握,忽略了儿童的经验和兴趣以及科学内容与社会生活的联系,致使大部分课程难以被接受。

20世纪70年代,面对第一次科学课程改革效果的不如意,各国教育界纷纷开始研究教师和学生在课堂教学中的真实情况及存在的困难。比如,1979年在新西兰威卡托大学开展的LISP(The Learning In Science Project)计划和1982年英国利兹大学开展的CLIS(Children's Learning In Science)计划在这方面取得了突破性的进展。1986年,英国利兹大学CLIS计划的负责人德赖弗根据皮亚杰的发生认识论、奥苏贝尔的有意义学习理论以及大量实践研究结果,率先提出了建构主义的科学教育思想。建构主义学习理论为科学"内容"和"过程"的结合找到了心理学依据,儿童在探究过程中修正原有观念或构建新的概念理解。

1988年,英国(英格兰和威尔士)的《教育改革法案》将小学科学列为"核心科目",其地位与语言、数学相当。

(三)小学科学教育的新发展时期(20世纪90年代末至今)

20世纪90年代以来,世界各国开始了面向21世纪的基础科学教育改革,显著的特点是以提高学生的科学素养作为科学课程改革的目标。近年来,科学教育改革进一步迈向提高学生STEM素养的新探索。其中,小学科学教育作为整个基础科学教育的重要组成部分也随中学科学教育改革同步进行,标志着小学科学教育得到前所未有的重视与新发展。英国国家课程的最主要的和最令人兴奋的地方,是它对小学科学教学的影响,因为小学科学教育不再像以前那样可有可无了,科学已经成为英国每一所小学课程中稳固的一部分,并且被它们普遍接受。[①]

1996年,美国出台第一个《美国国家科学教育标准》。其中,明确列出了从幼儿园到高中各年级的科学课程目标、内容及评价标准,构建了K-12年级连贯统一的课程标准。此后,英国、加拿大、澳大利亚、新西兰等先后开展了包括小学在内的科学课程改革。2007年,加拿大安大略省颁布了修订的科学课程标准《科学与技术:1~8年级》[The Ontario Curriculum Grades 1-8: Science and Technology (2007 Revised)]。修订的科学课程标准十分注重培养科学与技术素养,在秉承20世纪90年代科学课程理念的基础上又有所拓展,突出STSE(科学、技术、社会与环境)教育和课程整合。2011年,美国发布《K-12科学教育框架:实践、跨学科概念和核心概念》(A Framework for K-12 Science Education: Practices, Crosscutting Concepts, and Core Ideas),2013年发布 Next Generation Science Standards (NGSS)。这两个科学教育文件都彰显了国际科学教育改革的最新动态,引领了世界各国中小学科学教育改革发展的新趋向。两个文件都强调科学课程的整合,实现了学科核心概念、跨学科概念、科学与工程实践三大领域的整合;突出STEM教育,强调科学、技术、工程、数学教育的整合。2013年9月,英国教育部公布了《英国国家课程:1-2关键阶段科学学习纲要》(Science Programmes of Study: Key Stages 1 and 2 National Curriculum in England)。该文件指出,高质量的科学教育为认识世界提供了基础,科学改变生活,所有的学生都应学习这些重要的知识、方法并学会应用。文件提出了科学课程的目标:"通过生物、化学和物理这些特定的学科,发展科学的知识和概念化的理解;通过实践活动,发展关于科学本质、科学过程和方法的理解;具备在今天和未来所需的科学知识,以及其必须了解用途和意义。"2014年,新加坡教育部颁布《小学科学教学大纲(2014年版)》(Science Syllabus: Primary 2014);2016年澳大利亚教育部颁布《澳大利亚课程:F-10科学》(The Australian Curriculum: F-10 Science);2017年,日本文部科学省公布了新修订的幼稚园、小学和初中阶段的"学习指导要领",在"小学校学习指导要领"中提出了小学科学课程目标。

资料卡片:一些国家开设小学科学课程的年级和年龄比较

[①] 丁邦平.国际基础科学课程改革:回顾与前瞻[J].课程·教材·教法,2001(10):74-78.

【问题讨论】

应用互联网进一步查阅美国、英国、澳大利亚、加拿大、新加坡、日本等最新小学科学课程改革的相关资料,总结当前国际小学科学课程改革的新特点与发展趋势。

二、我国小学科学教育的演变与发展

(一)中华人民共和国成立前的小学科学教育

我国科学教育历史久远,有文字记载的自然科学课程始于夏商周时代,但小学科学课程在教育中正式确定地位是1903年。1903年,清政府颁布了《奏定学堂章程》,正式明确了科学课程在教育体系中的地位。中华人民共和国成立前,我国科学教育的发展大致经历了清末的学德仿日阶段和民国的学英仿美阶段。

1. 清末:学德仿日时期(1903—1911)

1898年,康有为向光绪皇帝上奏《请开学校折》,建议仿德、日的学制,通令全国各省、府、县、乡开办学校。1903年,清政府颁布了《奏定学堂章程》,对学制和课程都做了明确的规定:完全科初等小学设修身、历史、地理、格致等课程,简易科小学将后三门合为"史地格致科",高等小学设修身、中国历史、地理、格致。从此,科学课程正式在小学开设,当时称为"格致课",这是我国最早的科学课。1910年,初等小学不再分完全科与简易科,历史、地理、格致并入文学课本内讲授,但高等小学不变。当时科学课程的内容主要译自日本,主要有:乡土动物、植物、矿物;寻常物理、化学现象;生理卫生等。当时高等小学开设8门科目,格致课排在第7位。

2. 民国:学英仿美时期(1912—1948)

1912年1月9日,中华民国政府颁布《普通教育暂行课程标准》,规定高等小学开设12科,并将格致课改为博物课,位居第6,初等小学不设此科目。1912年9月,中华民国政府又颁布《小学校令》,规定高等小学砍掉博物、理化,改设理科。后来又更改为自然、常识。1922年,因为小学改为四二制,初等小学开设了社会和自然两科,高等小学开设卫生、公民、历史、地理、自然五科。规定乡村学校无力单独设科的,可将社会、自然合并为常识。这个时期的教材虽为日译本,但日本是从英美引进的,所以实质上这个阶段科学课程参考的是英美体系。1929年,民国政府教育部颁布了新的中小学课程标准,规定初等小学将社会、自然合并为常识科,高等小学却将历史、地理和一部分卫生合并为社会科,个人卫生部分并入自然科。后来又经历了四次修订,因为学制上借鉴了英美模式,所以修订后的自然教学内容没有再从日本引进,而是直接参考英美体系后自编教材。在这个时期,即使是在解放区,虽然自编了自然教材,但基本还是参照当时的国统区的教材体系。

(二)中华人民共和国成立以来的小学科学教育

中华人民共和国成立后,我国基础教育有了很大的发展,党和政府也非常重视科学教育,在小学中高年级一直开设自然常识课,后来改称为自然课。中华人民共和国成立后,我国小学科学课程的发展大体可划分为3个阶段。

1. 初建体系时期(1949—1977)

中华人民共和国成立初期,我国基础教育总结了过去的经验,参考了当时的苏联模式,基本没有形成我国自己的科学教育体系。在这一时期,国家先后颁布了3个教学大纲。1956年颁布了学习苏联的第一个自然教学大纲,规定初等小学阶段的自然课在语文课中进行,高等小学每两周开设两课时自然课。在内容上,规定初等小学学习"生物界自然",高等小学学习"非生物界自然"。

1963年,国家又颁布了第二个自然教学大纲,砍掉了初等小学历来都有的自然或常识课,目的、任务与1956年的大纲基本相同,但更多地强调扩大儿童的知识领域,培养儿童爱科学的品德,为儿童进一步学习和将来参加劳动准备必要的基础。这个时期,全国统一使用人民教育出版社出版的《高级小学课本·自然》(1~4册)。

"文化大革命"时期,全国教育事业遭到严重摧残,没有统一的学制,教学计划和教材也没有统一规定,各地虽自编了《科学常识》,但基本属于混乱状态。1977年,教育部发布了《全日制十年制学校小学自然常识教学大纲(试行草案)》,规定在小学最后两年开设自然常识课,每周两课时,学制为五年,内容基本保持第二个大纲的体系,但增加了现代化建设需要的先进科学技术内容,因此教学内容出现了"深、难、中"的弊端。

总之,在这个阶段,我国小学科学课程和教材只是处于初建体系阶段,还没有形成稳定的教材、教法体系。

2. 相对稳定时期(1978—2000)

1978年,教育部颁发了《全日制十年制中小学教学计划(试行草案)》,1978年秋起全国统一使用人民教育出版社出版的《全日制十年制学校小学课本自然常识》。

1981年3月,教育部颁发了《全日制五年制小学教学计划(修订草案)》,明确指出"必须加强小学自然科学常识教育,培养少年儿童从小爱科学、学科学、用科学的志趣",并将课程名称恢复为"自然",并规定从三年级起开设。1982年,在科学启蒙教育大师刘默耕的领衔下,具有崭新教育理念的《自然》及指导教学的配套教师用书由人民教育出版社出版发行。

1992年,国家教委又颁发了《九年义务教育全日制小学自然教学大纲》,规定从小学一年级起开设自然课,而且义务教育小学自然教材是以教科书为基础的系列教学材料,即除教科书、教师用书外,还陆续供应了挂图、幻灯片、投影片等。这套小学自然教科书是在总结中华人民共和国成立以来人民教育出版社编写的七套自然教材和研究国外小学科学教材的基础上,结合我国小学实际情况编写的。教科书在编写上关注了学科特点和儿童身心特点,并重视理论联系实际以及各年级与其他学科的联系。在这一次课程改革中,国家教委还对中小学教材建设提出"在国家统一要求下实行教材多样化",即"一纲多本"的指导精神。所以在1993年,上海、广东、江苏等地纷纷开始编写自然教科书。这个时期的教材编写无论是内容选择、编排体系还是呈现方式,更多地关注学生,强调自然教学要让小学生经历科学研究过程,增加了科学、技术、社会相互关系的内容。

3.发展变革时期(2001年至今)

2000年初,教育部正式启动了新一轮基础教育课程改革,并通过项目管理的方式下达各学科课程标准研制任务。2001年初,教育部开始组织编写新的《全日制义务教育科学(3~6年级)课程标准(实验稿)》。在这一轮改革中,不仅"教学大纲"变成了"课程标准",而且学科的名称也由原来的"自然"改为了"科学"。这次改革不仅在教学内容上进行了扩展,从以自然现象、自然事物为主拓展到了整个自然科学领域,还包括与自然科学有关的人文精神以及科学技术与社会的关系等内容,而且这一年秋季,在全国38个实验区进行了试点,2003年在对实验教材进行修订后将实验区增加至280个,并于2005年在全国普及新的小学科学教材,共有八套小学科学教材供不同省(直辖市、自治区)的小学使用。此次改革实现了小学科学教材百花齐放的新局面,结束了以前全国只有一种教材供使用的现象。本次课程改革最显著的特点是实施了基于科学探究的小学科学教学方式变革,学生学习科学的积极性和兴趣普遍高涨,小学科学课程的地位逐渐被重视起来。

2017年,教育部颁布《义务教育小学科学课程标准》(后简称为《标准》),该标准是在总结吸取2001年版小学科学课程标准实施的经验、分析其存在的问题的基础上,以我国立德树人和学生发展核心素养为指导思想,借鉴国际科学教育改革的实践与研究新成果的新一轮小学科学课程改革。《标准》要求小学科学从1年级开始开设,强调小学科学课程的基础性、实践性、综合性性质,强调围绕核心概念整合课程内容,基于学习进阶确定学段分布,首次把"技术与工程"作为小学科学课程的学习内容领域,体现了国际STEM教育发展的新趋势。可以说《标准》的颁布将我国小学科学教育的现代化与国际化水平大大地推进了一步,在我国小学科学教育发展史上具有里程碑意义。

第三节 "小学科学课程与教学"课程概述

(1)了解"小学科学课程与教学"课程的性质与目标。

(2)理解"小学科学课程与教学"课程的内容构成与学习策略。(重点)

一、"小学科学课程与教学"课程的性质和目标

(一)"小学科学课程与教学"课程的性质

学习任何一门课程,首先要弄清课程的性质。只有对课程的性质做出界定,才能确定课程的目标、内容,才能认识本门课程区别于其他课程的特征,进而明确本课程的学习方法与策略。那么,"小学科学课程与教学"是一门什么性质的课程呢?

1."小学科学课程与教学"是一门教师教育类必修课程

本门课程的根本任务是要求师范生明确为什么教科学,怎样教科学,教的效果怎么样。这些任务的完成要求教师必须掌握自然科学的基础理论和基本实验技能,把握小学生的心理特点和发展规律,在此基础上,还需要准确理解和把握小学科学课程的理念、目标、内容,掌握小学科学教学的一般原理、方法、策略,能够采取多样化的方法正确评价小学科学学习效果,具备小学科学教学设计的初步能力。只有这样,教师才能顺利完成小学科学教学任务。很显然,"小学科学课程与教学"是一门教师教育类必修课程。

2."小学科学课程与教学"是一门实践性课程

本门课程在强调有关"小学科学课程与教学"的基础知识的同时,十分关注职前小学教师在课程学习中的问题解决。坚持"实践性"课程的价值取向,将小学科学课堂教学现场观摩、教育见习、教育研习、小学科学教学名师现场指导与小学科学教学理论学习结合起来,为学习者提供参与小学科学教学实践的广泛途径,提高师范生对小学科学教学的理解与基本教学能力。在整个课程的学习过程中,要求学生理论联系实际,开展体验式学习、自主学习、合作学习,从这一角度看,"小学科学课程与教学"是一门实践性较强的教师教育类必修课程。

(二)"小学科学课程与教学"课程的目标

课程目标是指学习本门课程要实现的意图。师范生通过本门课程的学习,能够理解现代科学教育的观念,为从事小学科学教学工作奠定必要的知识与实践基础。其具体目标为:

1.科学教学知识和技能目标

使师范生理解小学科学教育的价值,理解小学科学课程的性质、理念、目标、内容,了解小学科学教材的结构与功能,了解小学科学教育的历史发展,理解从事科学教学工作所必需的科学教学基本理论和科学教学技能,了解现代科学教育发展的主要动向和趋势。

2.科学教学能力目标

使师范生学会小学科学教学的基本方法、策略,培养他们从事小学科学教学的基本能力,尤其是开展科学探究式教学的能力、科学教学设计能力、科学教学实施能力。

3.情感、态度与价值观目标

使师范生树立小学科学教育的价值观,初步形成现代科学教育的理念,形成从事小学科学教育工作的专业情感。

二、"小学科学课程与教学"课程的内容结构

(一)课程设计思路

本课程在现代教育学、教育心理学等课程的基础上,注意吸收国内外小学科学课程与教学改革实践与研究的最新成果,结合提升师范生小学科学教育基本理论素养与教学能力的需要,注重理论学习与案例研究相结合,按照"知识—方法—实践"模式组织课程教学内容。

(二)课程内容模块

1.基础知识模块

主要包括小学科学教育的价值、现代小学科学教育的变革与发展、小学科学课程标准与教材。

2.原理方法模块

主要包括小学科学的一般原理与方法、小学科学探究式教学、小学科学实验教学、小学科学学习指导、小学科学教学资源的利用与开发、小学科学教学评价。

3.实践训练模块

主要包括小学科学教学设计与实施、物质科学领域内容分析与教学、生命科学领域内容分析与教学、地球与宇宙科学领域内容分析与教学、技术与工程领域内容分析与教学、基于信息技术的小学科学教学等。

【问题讨论】

根据本课程的课程目标和学习内容构成,你认为提高本课程学习效果的途径有哪些?为什么?

三、"小学科学课程与教学"课程的学习策略

(一)转变角色,主动参与

与其他基础课程的学习不同,本课程的学习者既有师范院校的大学生,更有职前小学教师。同学们要以小学准教师的身份去学习、去思考、去实践,只有做好学习者角色的

转变,才能更加有目的地学习,更加主动地学习,更加积极地参与实践,充分发挥学习的主观能动性,收到良好的学习效果。

(二)领会方法,大胆实践

一方面,在学习过程中要学会基本的研究方法,比如,文献研究、比较研究等研究方法。只有这样,才能开展研究性学习;另一方面,要学会小学科学教学基本方法和教学技能,深入小学科学课堂教学实际,应用知识和方法去分析和解决科学教学实际问题,不能仅仅停留在知识的记忆层面。

(三)加强合作,积极交流

在本课程的学习中,无论是研究性学习,还是实践性训练,都需要同学之间的相互合作。小组合作学习是当今学校学习的基本方式之一。资料信息的收集与整理、PPT制作都离不开集体的智慧与努力。将小组合作学习的成果在课堂上进行交流,同学之间可以逐渐形成相互尊重、相互倾听、相互分享的学习态度,既有利于形成良好的班级学习文化,又有利于形成团结向上的和谐学风。

(四)充分利用资源,促进专业发展

教材仅仅是教学的一种资源,而不是唯一的教学资源。师范生学习本课程要充分利用各种资源,比如图书、期刊、网络、数据库、录像、微博、微信、QQ、小学科学课堂、实验室等物质资源,还要充分利用大学专家、优秀一线小学科学教研员和科学教师、教学名师等对课程学习的多方面指导,不断促进自己的专业成长。

本章小结

"小学科学课程与教学"是高等院校小学教育(全科教师)本科专业的一门实践性教师教育类必修课程。本章在简要介绍科学的含义、科学教育的含义的基础上,讨论了小学科学教育的价值,介绍了国内外小学科学教育的历史发展,讨论了本课程的性质、目标、内容结构,以及课程的学习策略,为学好本门课程奠定一定的认识基础。

【思维导图】

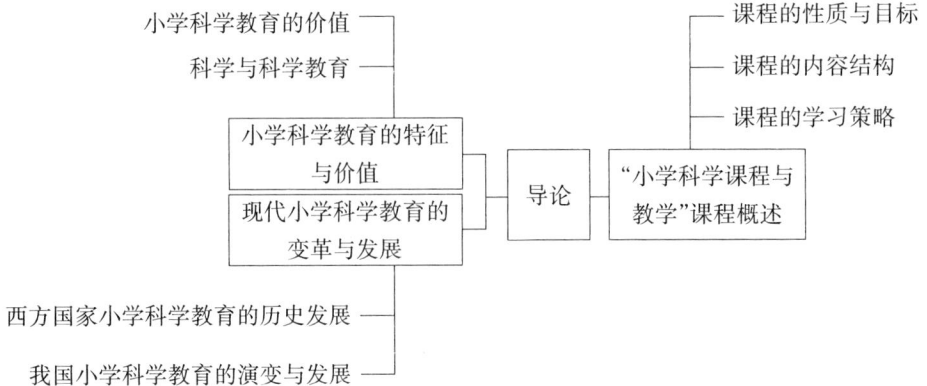

【思考与实践】

1. 调查一个区县的小学科学教学现状,结合小学科学教育的价值,谈一谈小学全科教师的责任与使命。

2. 通过 CNKI 收集有关国内外小学科学教育改革发展的文献,完成文献总结报告,发表自己的观点。

3. 结合小学科学教师的专业素质,谈一谈学习本课程的重要性。

4. 本课程的学习十分强调实践性,请举例说明有哪些实践途径。

【学习评价】

评价维度	评价内容				
	评价标准	评价等级			
		A	B	C	D
知识与技能	理解小学科学教育的特征、价值;了解国内外小学科学教育的发展历程和未来发展趋势;理解"小学科学课程与教学"课程的性质、目标、学习策略				
过程与方法	学会本课程的学习方法和策略				
情感、态度、价值观	树立对将来从事小学科学教育工作的责任感和使命感				

【推荐阅读】

1. 段晓林.科学教师的学习与成长[M].彰化:台湾彰化师范大学出版社,2009.

2. 彭蜀晋,林长春.科学课程与教学论[M].北京:高等教育出版社,2005.

3. 广东省教育研究院小学科学课程教材改革与发展研究课题组.小学科学课程教材改革与发展研究[M].广州:广东高等教育出版社,2016.

4. 钟媚,高凌飚.西方小学科学课程发展的历史回顾与展望[J].比较教育研究,2007(6):47-51.

5. 李华.中国小学科学课程改革历史简析[J].科学课,2003(1):31-34.

第二章
小学科学课程标准与教材

教育改革的核心环节是课程改革,课程改革的核心环节是课堂教学,课堂教学的核心环节是教师的专业发展。

——钟启泉

我相信书本是一种工具,或者说是一种凭借,却不是唯一的工具、唯一的凭借。

——叶圣陶

小学科学课程是实现小学科学教育目的的重要载体,小学科学课程标准则是小学科学课程的重要组成部分。小学科学课程标准体现了国家对小学阶段学生科学学习的基本要求和规范,是指导小学科学教学的纲领性文件。小学科学教材是小学科学课程标准的具体化,是科学教学的重要工具。小学科学教师要有效地开展科学教学,完成小学科学教学任务,提高小学科学教学质量,首先必须认识和理解小学科学课程标准,把握小学科学教材的结构和功能。

第一节 小学科学课程标准

(1)了解课程、小学科学课程、小学科学课程标准的含义。

(2)理解小学科学课程标准的结构和功能。(重点)

一、小学科学课程标准的含义

（一）课程的含义

"课程"（Curriculum）是教育领域使用极其广泛而内涵丰富的核心概念，它是从拉丁语"Currere"一词派生出来的，意为"跑道"（Race-course）。在西方英语世界里，课程一词最早见于英国教育家斯宾塞（H. Spencer）《什么知识最有价值？》（1859）一文中。他认为，"教育内容的系统组织"就是"Curriculum"。课程的定义繁多，目前尚无严格的、公认的定义。按照一般理解：课，是指课业，即教学科目；程，是指程序，即教学进程。也就是说，课程是指课业及其进程，既包括教学科目，又包括这些科目的教学顺序和时间。《中国大百科全书·教育》提出，课程有广义和狭义两种定义：广义指所有学科（教学科目）的总和，或……；狭义指一门学科。① 如课程表上安排的教学科目常称为XX课程，这就是一种狭义的定义。

【问题讨论】

根据这些课程的定义，你能否给"小学科学课程"下一个定义？

资料卡片：几种有代表性的课程定义

（二）小学科学课程的含义

科学课程的定义是建立在对课程含义的理解基础上的。对于科学课程的界定，也有广义和狭义两种理解。广义的观点认为，凡是以科学技术为教育基础的教学科目及教育资源都可统称为科学课程。这一含义包含以下理解：一种理解是概指学校中设立的以自然科学（包括技术）教育为主体的各类教学科目，如物理、化学、生物、地球科学、科学等学科。另一种理解是概指科学教材的类型，如分科科学课程、综合科学课程、广域课程、环境教育课程等，以及像科技实践活动、科学探究课题研究等活动课程。还有一种理解是概指实施科学教育活动所使用的教学资源的统称。而狭义的科学课程则专指学校教育中所设置的综合科学科目——科学课程及其实施（学习）的计划和资源。②

因此，我们可以给小学科学课程做出界定：它是指学校教育中的小学阶段所设置的综合性科学科目，即"科学"课程，以及实施的教学计划和教学资源。小学科学课程从表现形态来看，它是一种多个学科领域按照知识的逻辑顺序构成的一门学科；从课程逻辑构成来看，小学科学课程涉及小学科学课程计划、小学科学课程标准、小学科学教材、小学科学课程资源等；从课程内容范围来看，小学科学课程是融合了物质科学、生命科学、地球与宇宙科学、技术与工程等多个内容的综合课程；从课程的职能和目的来看，小学科学课程是一门提高学生科学素养的课程。

---

① 中国大百科全书总编辑委员会《教育》编辑委员会. 中国大百科全书·教育[M]. 北京：中国大百科全书出版社，1985.
② 彭蜀晋，林长春. 科学课程与教学论[M]. 北京：高等教育出版社，2005.

(三)小学科学课程标准的含义

要了解小学科学课程标准的含义,首先要理解什么是课程标准。《教育大辞典》中对课程标准的界定是:课程标准是确定一定学段的课程水平及课程结构的纲领性文件。①

钟启泉等在对《基础教育课程改革纲要(试行)》进行解读时对课程标准的内涵有如下的认识:课程标准主要是对学生在经过某一学段之后的学习结果的行为描述,而不是对教学内容的具体规定(如教学大纲或教科书)。它是国家(有些国家是地方)制定的某一学段共同的、统一的基本要求,而不是最高要求。它隐含着教师不是教科书的执行者,而是教学方案(课程)的开发者,即要求教师是用教科书教,而不是教教科书。②

根据以上对课程标准内涵的阐述,我们可以给小学科学课程标准下一个定义:小学科学课程标准是指国家发布的关于小学科学课程建设和实施的纲领性指导文件,它确定了小学学段科学课程的基本学习水平及学习要求。因而也可以认为,小学科学课程标准是规定小学科学学科的课程性质、课程目标、内容目标、实施建议的教学指导性文件。

二、小学科学课程标准的结构与功能

(一)小学科学课程标准的结构

课程标准的结构是指课程标准体系中的各要素以及要素之间形成的关系。课程标准的核心内容一般包括:课程性质、课程目标、课程内容标准及分学段安排。同时,为了保证课程标准的有效实施,对教材编写、教学和评价等方面做出相应的建议和指导,课程标准还应包括教材编写建议、教学建议、教学评价建议等要素。

我国2017年颁布的《标准》就由前言、课程目标、课程内容、实施建议、附录等5个部分构成,如图2-1所示。

---

① 教育大辞典编纂委员会.教育大辞典(第1卷)[M].上海:上海教育出版社,1990.
② 钟启泉,崔允漷,张华.为了中华民族的复兴 为了每位学生的发展 《基础教育课程改革纲要(试行)》解读[M].上海:华东师范大学出版社,2001.

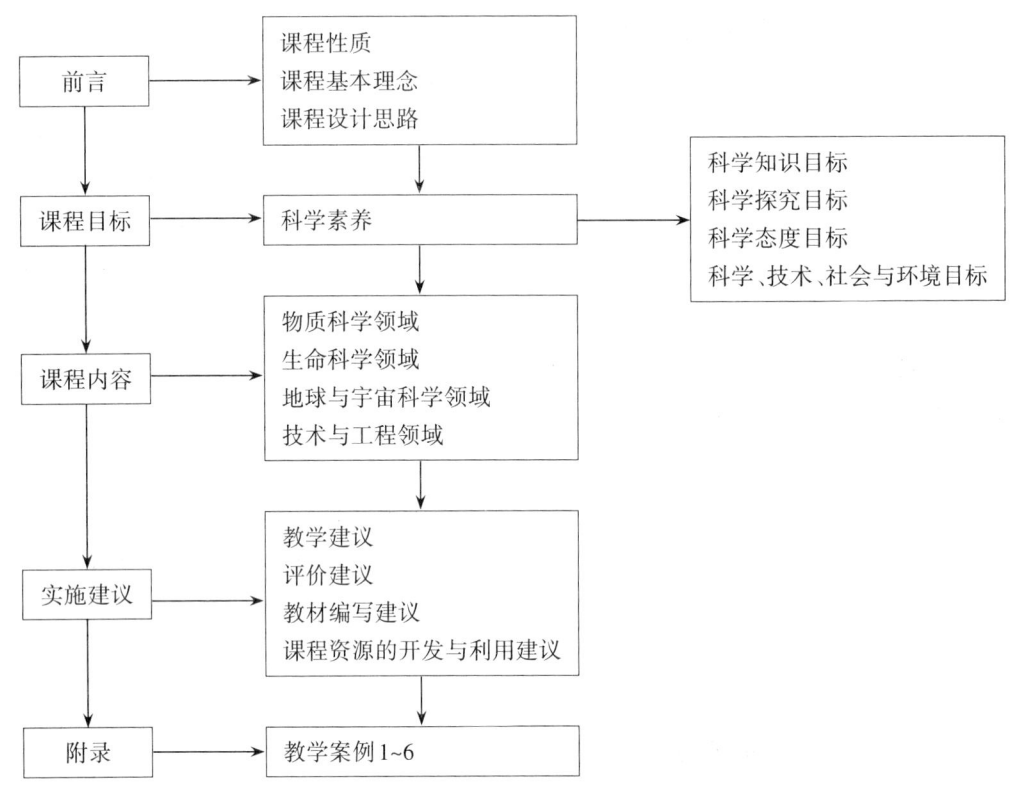

图 2-1 《标准》的结构

(二)小学科学课程标准的功能

首先,小学科学课程标准是编写小学科学教材的依据。教材是教师教学和学生学习的重要材料,教材的编写要有利于学生达到课程标准的要求。小学科学课程标准的课程理念决定了小学科学教材建构的基本思路和编写模式。小学科学课程标准的内容标准决定了小学科学教材内容的选择和基本框架。

其次,小学科学课程标准是小学科学教师教学的依据。小学科学教学的目标是实现小学科学课程标准中所规定的科学素养,小学科学课程标准对其做出了具体的规定,小学科学教学设计和教学实施都不能脱离小学科学课程标准的规定。

再次,小学科学课程标准是科学教学评价和考试命题的依据。小学科学教学评价就是根据《标准》对教师的科学教学行为和学生的科学学习效果给予价值判断的过程。对学生的科学学习效果进行评价,就是判断学生的学习水平是否达到课程标准的规定,而考试命题是小学科学教学评价的最基本工具。

最后,小学科学课程标准是国家管理和评价小学科学课程的工具。小学科学课程标准是国家依据培养目标和课程方案颁发的课程指导文件,可以作为衡量一个国家小学科学教育水准的基本尺度。

世界各国在小学科学课程改革中,都毫无例外地非常重视小学科学课程标准的研制,就是因为小学科学课程标准所规定的基本要求是教材、教学、评价的重要依据。如果说"课程是教育的中心",那么"课程标准就是课程的核心"。无论小学科学教材如何编写,无论小学科学教学怎样设计,无论评价怎么开展,都必须围绕小学科学课程标准所规定的基本要求来开展科学教学,都不能脱离这个核心。

第二节　小学科学课程的性质与理念

理解小学科学课程的性质、基本理念。(重点、难点)

一、小学科学课程的性质

(一)小学科学课程是一门基础性课程

当今社会,科学已不仅是一种推动社会进步的驱动力,也代表着一种实事求是、追求真理的思维方式和生活态度。从科学教育的作用来看,科学课程在培养学生科学的思维方式、创新精神、创新意识和动手能力等方面的科学素养上的重要地位是其他学科所不能替代的,是学校全面实施素质教育的重要组成部分。科学课程在贯彻国务院《全民科学素质行动计划纲要(2006—2010—2020年)》,建设创新型国家的重大战略决策中具有不可替代的作用。

在小学阶段,儿童对周围世界有着强烈的好奇心和探究欲望,他们乐于动手操作具体形象的物体,这一时期是培养科学兴趣、体验科学过程、发展科学精神的重要时期。从低年龄段开始进行科学教育,是当代国际科学教育改革发展的一个重要趋势。20世纪八九十年代,美、英、法等发达国家就开始进行5~18岁连续的科学教育。比如,英国《1988年教育改革法》规定国家课程中的三门核心课程为数学、英语、科学,全国统一课程的实施年龄为5~16岁。法国1995年颁布的小学教学大纲里面就有"世界的发现"(基础学习阶段)和"科学与技术"(深入学习阶段)科目的设置,在其实施的动手做探究式科学教育项目中,更是从3岁开始就进行探究式科学教育。1996年《美国国家科学教育标准》明确指出进行K-12年级连续的科学教育。进入21世纪以来,发达国家持续实施5~18岁的科学教育。2011年美国颁布的《K-12科学教育框架:实践、跨学科概念和核心概念》,2013年颁布的《下一代科学标准》(NGSS)是国际科学教育发展的标志性反映。

因此,2017年我国《标准》规定从1年级开始开设科学课程,既是顺应国际科学教育发展的潮流，也是提高我国公民科学素养、增强国家综合实力、建设创新型国家的需要。

(二)小学科学课程是一门实践性课程

1.小学科学课程强调"做中学"

科学是一门以实验为基础的学科，以实验为基础是自然科学的显著性特征。科学实验是人类获得知识、检验知识的一种实践形式。小学生的科学学习活动与科学家的科学认识活动具有本质上的相似性，最重要的体现是小学生的科学学习也必须以实验为基础。因此，小学科学与其他课程的主要区别之一在于，许多情况下学生要通过做实验这种实践方式来学习科学。此外，通过观察、测量，或者制作模型、种植、饲养、科学调查等实践活动来获得感性认识和经验，从而建立与理解科学概念，或者应用科学知识和方法解决简单的实际问题。这些都体现了"做中学"的科学教育理念。

2.小学科学课程把科学探究作为一种重要的教学方式

首先，强调开展探究式学习。学生通过亲身经历和体验科学探究活动，激发科学学习的兴趣，获得科学知识，增进对科学的情感，理解科学的本质，学习科学探究的方法，初步形成科学探究能力。突出科学探究的学习方式，将有利于从根本上改变传统的接受式学习统治课堂教学的现象。其次，强调开展探究式教学。我们把学生进行探究式学习所需要的基本特征和要素，对学生进行探究式学习具有明显支持和促进作用的教学活动和过程通常称为探究式教学。[1]探究式教学与重结果、轻过程，重间接经验传授的教学相比，是一种重过程、重理解和重实践的教学方式，它倡导学生之间、师生之间相互合作，由封闭的教学转变为开放的教学，由师生单向交流转变为师生、生生之间的交流。探究式教学与建构式教学、问题解决式教学具有很强的融合性，它更有利于培养学生的创新精神和实践能力。国际科学教育的大量研究与成功实践证明，探究式教学是最能反映科学教学的本质特征的教学方式。[2]

(三)小学科学课程是一门综合性课程

1.小学科学课程涉及自然科学各个领域内容的整合

根据课程学习内容的性质与组织方式的不同，科学课程有分科科学课程和综合性科学课程。分科科学课程包括物理学、化学、生物学等课程，分别以独立的一门课程开设。而小学科学课程属于综合性科学课程，涉及物理学、化学、生物学、地球与宇宙科学的整合，从而使学生更好地从整体上认识和理解自然界的现象和规律，形成统一的科学概念，而不是以一门学科知识去认识丰富多彩的自然界。

2.小学科学课程涉及自然科学与其他学科的融合

小学科学课程强调科学、技术、工程与数学的融合，即开展STEM跨学科学习。STEM

---

[1] 王磊,毕华林.基础教育新课程师资培训指导·初中化学[M].北京:北京师范大学出版社,2003.
[2] 彭蜀晋,林长春.科学课程与教学论[M].北京:高等教育出版社,2005.

是科学(Science)、技术(Technology)、工程(Engineering)和数学(Mathematics)4个学科领域单词首字母的缩写词。其主要特征是强调4个领域知识的整合性、问题解决的综合性和跨学科性。《标准》首次把"技术与工程领域"作为科学课程的重要学习内容,而且在实施建议中特别强调"倡导跨学科学习方式",开展STEM学习,[①]充分体现了小学科学课程的综合性。

二、小学科学课程的基本理念

(一)面向全体学生

首先,充分体现了我国义务教育的公平性原则。小学科学课程"面向全体学生",要求为每一个学生提供公平的学习科学的机会和有效的指导,而不是培养少数"天才"。这意味着,无论学生存在着怎样的地区差别(比如东部经济发达地区与西部经济发展比较滞后的地区,城市与农村,不同的学校)、民族差异(比如汉族与少数民族)、文化背景差异(比如不同地区由于历史、宗教等原因形成的各具特点的文化背景,以及学生个人由于所在家庭的不同教育、社会背景等方面的差异),乃至学生个人的性别、天资、兴趣等方面的差异,小学科学课程都应该为每一个学生提供公平的科学学习和发展机会,这是我国义务教育的性质所决定的。因此,在小学科学课程教学中,科学教师要面对各种各样的学生,满足每一个学生的学习需求,有针对性地开展科学教学,帮助所有学生在科学学习上取得进步。

其次,反映了现代科技发展对提高全体公民科学素养的根本要求。当今科学技术发展迅猛异常,新的科学发现与技术创新不仅仅对一个国家的社会与经济发展、综合国力提升发挥着越来越大的作用,而且对人们的工作、生活、学习,乃至思维方式、价值观念等方面产生了巨大的影响。比如,智能家用电器、物联网、大数据、云计算等数字化生存方式,都需要人们必须具备相关的基本科学知识和技能,才能适应和享受现代科技带来的现代化生活。与此同时,人们也应该明确科学技术在给人类带来福祉的同时,也给人类带来了一些负面影响,比如,环境污染、生态破坏等。因此,每一位公民都必须正确认识科学、技术、社会与环境之间的关系,树立正确的科学价值观,提高应用科学知识、科学方法、科学技能等处理日常事务中实际问题的能力,这实质上体现了公民科学素养的基本内涵。因此,小学科学课程面向全体学生的这一理念充分反映了现代科技发展对提高全体公民科学素养的根本要求。

(二)倡导探究式学习

小学生该怎样学习科学?教师在科学教学中应该如何突出科学课程学习的本质特

[①] 中华人民共和国教育部.义务教育小学科学课程标准[M].北京:北京师范大学出版社,2017.

征?这些都是小学科学教学中十分重要且关键的问题。探究式学习(Inquiry Based Learning,IBL)可以界定为:学生围绕一定的问题、文本或材料,在教师的帮助和支持下,自主寻求或自主建构答案、意义、信息或理解的活动或过程。[①]也有学者认为,探究式学习是指学生以类似或模拟科学研究的方式所进行的学习。[②]可以看出,探究式学习是一种积极的科学学习过程,也是学生在科学课中自己探索问题的学习方式。为什么要倡导探究式学习?应试教育下占统治地位的学习方式主要表现为:学生以被动接受学习为主,习惯于"讲、记、背、练"的学习方式,轻视或忽略亲身体验所获得的经验,缺乏动手实践和探究的机会,分析解决问题和合作交流的能力得不到应有的锻炼,学生的实践能力和综合解决实际问题的能力差,围绕"应试"进行的机械训练十分严重,学生学习的主体性得不到应有的发挥,个性优势得不到发展。为了改变这一现状,必须改变学生的学习方式。小学科学课程倡导探究式学习,主要根据在于:探究是儿童的一种本能,儿童天生就是探究者;探究式学习有利于促进学生的认知发展;探究式学习有利于培养学生的科学情感、态度与价值观。

(三)保护学生的好奇心和求知欲

好奇心和求知欲是人类的一种基本特质,儿童和成人在认识自然世界方面都有天生的兴趣和疑惑,并就此提出许许多多的问题。比如,蝴蝶是从哪里来的?晚上太阳落到哪里去了?月亮看上去为什么会改变现状?等等。这些问题都显示出儿童渴望了解自然或者为自然现象寻求合理解释的强烈愿望,而这些对激发学生的科学学习动机是至关重要的。因此,小学科学课程与教学必须重视学生这种本能的好奇心与求知欲,从而提供良好的科学学习环境和丰富多彩的科学学习活动。比如,在科学课程内容方面,选择既贴近儿童生活,又符合现代科学技术发展趋势,适应社会发展需要的科学基础知识与技能作为科学课程的学习内容,使科学课程内容满足学生发展与社会发展的双重需要。在教学方式上,实施基于探究式的科学教学,教师为学生精心设计组织探究式学习活动,最大限度地让学生亲自体验科学发现的过程,让学生从中获得科学学习的满足感、兴奋感、获得感,增强科学学习的自信心。在学习空间上,实施开放式的科学教学,为学生提供学校、家庭、社会、大自然、科技场馆、网络等科学学习空间,将学生的科学学习置于广阔的学习环境之中,帮助学生不断扩展对周围世界中的科学现象与信息的亲身体验,丰富他们的学习经历。

(四)突出学生的主体地位

在科学教学过程中,突出学生的主体地位就是要充分体现学生学习的主动性,发挥其能动性,这是学习的建构性本质和探究式学习方式的特征所决定的。学习不是知识由

---

① 任长松.探究式学习——学生知识的自主结构[M].北京:教育科学出版社,2005.
② 靳玉乐.探究教学的学习与辅导[M].北京:中国人事出版社,2002.

外部(家长、教师、书本等)向学习者传递的过程,而是学习者主动建构自己知识的过程。学习者不是被动的信息接收者,而是意义的建构者,这种建构不可能由他人代替。[①]探究式学习的特征是强调"动手做、动脑做",突出科学学习的"未知性与问题性、发现性与探索性、过程性与开放性、主动性与合作性"。因此,科学教学中教师必须充分尊重学生的主体性,给学生探究学习、合作学习创造足够的机会和空间。

小学科学课程强调突出学生的主体地位,实质上是教师应该树立什么样的学生观的问题。要实现学生在科学学习中的主体地位,关键是要求教师转变学生观,重新定位科学课堂教学中的师生关系。首先,教师要将学生视作具有独立人格、思想感情、主观能动性和认知潜能的活生生的人,而不能把学生当作简单接受教师传授知识的"容器"或者"空瓶子"。其次,科学教师要重塑教师角色,即教师是学生科学学习活动的组织者、引领者和亲密的伙伴,而不是包办者、灌输者、权威者。科学教师必须实现三方面转变:由知识的传授者、灌输者转变为学生科学学习活动的组织者、参与者、引导者、促进者和管理者;由封闭的科学教学转变为开放的科学教学;由师生单向交流转变为师生、生生交流。只有这样,才能使学生真正成为科学学习的主体。

第三节 小学科学课程的目标与内容

(1)理解科学素养的含义与构成。(重点)
(2)理解科学本质、科学态度、STSE、STEM的含义。
(3)理解小学科学课程目标的体系及结构。(重点,难点)
(4)理解小学科学课程内容的体系结构及其特点。(重点,难点)

一、小学科学课程的目标体系与结构

(一)小学科学课程目标体系结构

2017年颁布的《标准》在"第二部分 课程目标"中指出,"小学科学课程的总目标是培养学生的科学素养,并为他们继续学习、成为合格公民和终身发展奠定良好的基础。""本标准分别从'科学知识''科学探究''科学态度''科学、技术、社会与环境'4个方面阐述

[①] 冯忠良,等.教育心理学[M].北京:人民教育出版社,2000.

具体目标。"①这4个方面的目标分别给出了总目标和学段目标。这里，我们可以把"4个方面的目标"看成小学科学课程的分目标，包括科学知识、科学探究、科学态度、科学、技术、社会与环境。因此，分目标实际上是对总目标的具体陈述。学段目标包括1~2年级、3~4年级、5~6年级3个学段目标，是对每一个分目标在不同学段的具体要求。可以看出，《标准》中的目标体系结构由课程总目标、课程分目标、课程学段目标3个层次构成。第一个层次是小学科学课程的总目标——提高学生的科学素养，包括6个方面的概括性陈述，对小学科学课程的具体内容标准以及课程实施建议起着顶层设计的作用。第二个层次是小学科学课程的分目标（4个方面），它是小学科学课程总目标的具体化，是科学素养的组成要素。其中，科学知识目标、科学探究目标、科学态度目标分别包括4个方面的具体陈述，科学、技术、社会与环境目标包括3个方面。第三个层次是小学科学课程的学段目标，是各个分目标的进一步细化。通过以上分析不难发现，小学科学课程总目标决定课程分目标，课程分目标决定课程学段目标。反过来讲，课程学段目标细化课程分目标，课程分目标体现课程总目标。它们之间相互联系、相互作用、相互渗透、相互影响。小学科学课程目标体系结构可用图2-2表示。

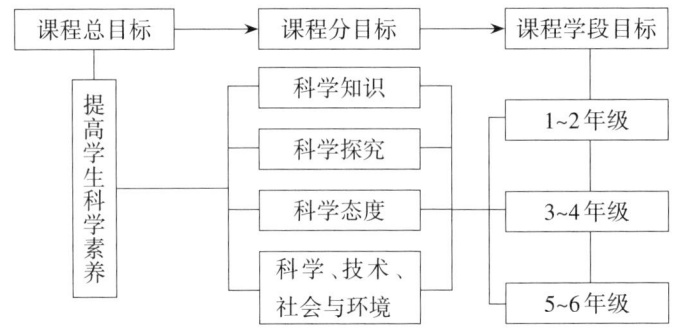

图2-2 小学科学课程目标体系结构

（二）科学知识总目标与学段目标

2017年颁布的《标准》提出的科学知识总目标包括物质科学、生命科学、地球与宇宙科学、技术与工程4个领域的具体科学知识。

《标准》根据不同年龄阶段学生思维发展的特点和科学学科的特点，把小学6年学程分为1~2年级、3~4年级、5~6年级3个学段，基于核心概念的学习进阶分别设计各个科学知识领域的学段目标。其中，1~2年级的学段目标主要是认识具体事物的外部特征；3~4年级的学段目标主要是知道事物的性能、作用、分类、原因和规律等；5~6年级的学段目标主要是了解事物的结构、功能、变化与相互关系等。整个学段目标设计充分反映了小学生的思维发展特点，即由具体的形象思维到抽象的逻辑思维的发展。科学知识目标体系结构如图2-3所示。

---

① 中华人民共和国教育部.义务教育小学科学课程标准[M].北京：北京师范大学出版社，2017.

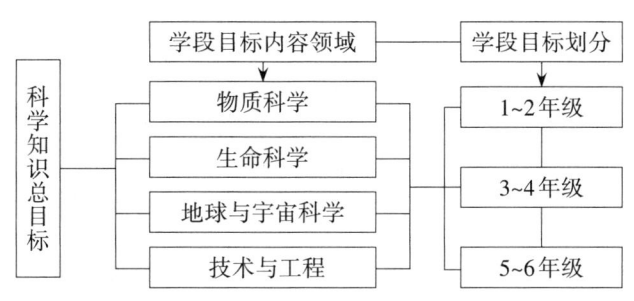

图 2-3 科学知识目标体系结构

(三)科学探究总目标与学段目标

《标准》按照 1~6 年级将"科学探究总目标"(简称"总目标")分解为"科学探究学段目标"(简称"学段目标")。"学段目标"将小学 6 年学程分解为 1~2 年级、3~4 年级、5~6 年级 3 个学段。每一个学段目标的内容都涉及科学探究的 8 个要素。由于小学生在不同学段的思维发展、知识水平、能力水平存在差异,因此,即使是同一个探究要素,不同学段学生达到的程度或者目标要求也是不一样的,从而呈现出低、中、高 3 种水平的差异。科学探究的"总目标"与"学段目标"的关系如图 2-4 所示。

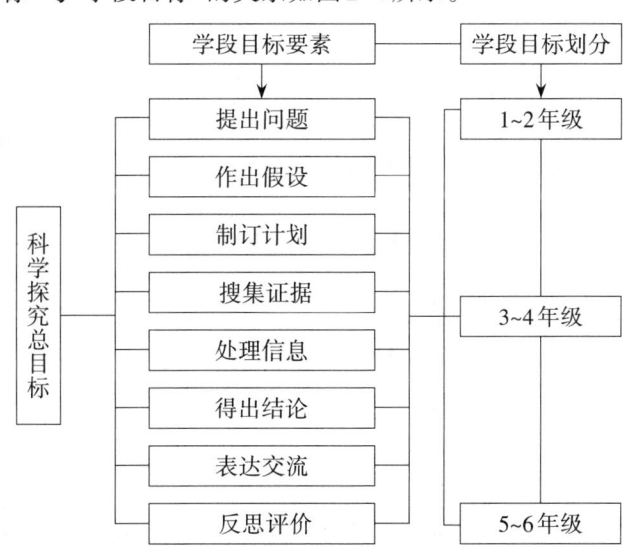

资料卡片:《标准》科学探究总目标

图 2-4 科学探究总目标与学段目标关系图

(四)科学态度总目标与学段目标

2017 年颁布的《标准》中提出的科学态度学段目标包括探究兴趣、实事求是、追求创新、合作分享等 4 个维度。4 个维度的内容全部分解在小学 6 年的科学课程学习中,根据学生年龄特征分为 1~2 年级、3~4 年级、5~6 年级 3 个学段。

综上所述,科学态度目标体系结构可用图 2-5 表示。

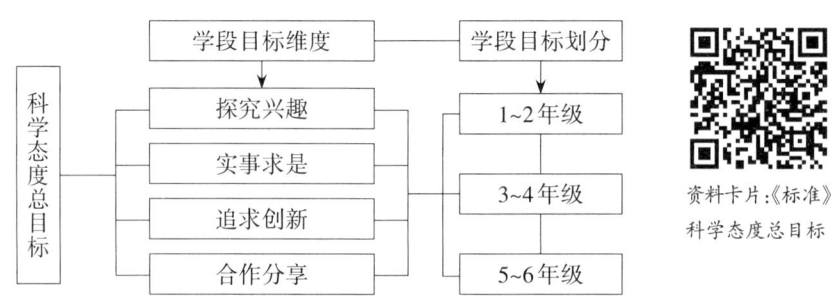

图 2-5 科学态度目标体系结构

资料卡片:《标准》科学态度总目标

(五)科学、技术、社会与环境总目标与学段目标

2017 年颁布的《标准》在"科学、技术、社会与环境"目标中设计了"科学、技术、社会与环境总目标"(简称"总目标")和"科学、技术、社会与环境学段目标"(简称"学段目标")。在"学段目标"的设计上,把小学 6 年学程分为 1~2 年级、3~4 年级、5~6 年级 3 个学段,内容均包括科学技术与日常生活的联系、科学技术与社会发展的联系、人类与自然和谐相处 3 个方面。该领域目标是按照由简单到复杂、由具体到抽象、由知识到观念、由意识到行动的螺旋式阶段发展设计的。科学、技术、社会与环境的总目标、学段目标及其相互关系可用图 2-6 表示。

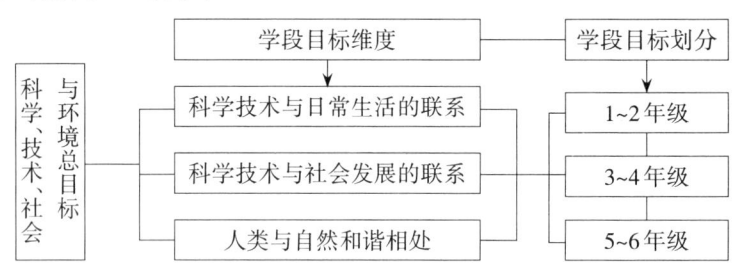

资料卡片:《标准》STSE 总目标

图 2-6 科学、技术、社会与环境目标体系结构

【问题讨论】

1. 如何认识和理解小学科学课程总目标?
2. 小学科学课程目标体系是怎样设计的?总目标与分目标、学段目标的关系是什么?

二、小学科学课程目标涉及的几个重要概念

(一)科学素养

2017 年我国的《标准》对科学素养的定义为:科学素养是指了解必要的科学技术知识及其对社会与个人的影响,知道基本的科学方法,认识科学本质,树立科学思想,崇尚科

学精神,并具备一定的运用它们处理实际问题、参与公共事务的能力。①

科学素养(Scientific Literacy)是20世纪50年代以来中小学科学教育改革发展过程中具有里程碑意义的重要理念,它对中小学科学教育观念、科学课程设计、科学教学与评价方式等变革产生了前所未有的积极影响。无论是美国的"2061计划"、《美国国家科学教育标准》,英国的《国家课程标准:科学》,还是我国的小学科学课程标准(2001年,2017年)都把培养学生的科学素养作为科学教育的中心目标。因此,作为一名小学科学教师有必要对科学素养的内涵及其教育价值有深刻的认识,并在科学教学中努力践行。

【问题讨论】

1. 通过以上阅读,你对科学教育中的科学素养有哪些认识?
2. 为什么《标准》把培养学生的科学素养作为小学科学课程的总目标?

资料卡片:科学素养的国际定义

(二)科学本质

科学本质(Nature of Science)是科学教育的核心概念之一。科学本质是一个内涵十分丰富的概念。目前比较公认的是美国科学促进协会制订的"2061计划"中关于科学本质教育的内涵界定,主要包括"科学世界观""科学探究"和"科学事业"等3个维度,其具体构成如下:

(1)科学世界观(Scientific World View)。

①自然界是可认识的;②科学知识是可改变的;③科学知识并非很容易被推翻;④科学无法为解决任何问题提供答案。

(2)科学探究(Scientific Inquiry)。

①证据对科学而言是重要的;②科学是逻辑与想象的共构体;③科学知识除了能说明自然界现象外,也具有预测的功能;④科学家会对科学理论试探性地验证,以尽量避免误差;⑤科学知识并不具有永久性的权威地位,常态科学会影响科学的研究方向,必要时会产生科学革命。

(3)科学事业(Scientific Enterprise)。

①科学是许多不同科学领域的集合;②科学事业由各种机构来承担,如政府、产业界、大学等;③各领域的科学家活跃于世界各地;④科学活动受到社会价值观的影响;⑤科学知识因信息传播的发达而促进着科学的进步;⑥从事科学工作必须考虑伦理原则;⑦科学家既是专家也是公民,科学家利用科学思维的特性来解决公众事务。

(三)科学探究

科学探究也是科学教育的核心概念之一。自20世纪60年代以来,科学探究作为科学教育的重要教学方式与学习方式备受国际科学教育界的高度关注。那么,什么是科学

---

① 中华人民共和国教育部.义务教育小学科学课程标准[M].北京:北京师范大学出版社,2017.

探究呢？目前科学教育学术界比较认同的定义是1996年的《美国国家科学教育标准》中的界定：科学探究指的是科学家们用以研究自然界并基于此种研究获得的证据提出种种解释的多种不同途径。科学探究也指学生们用以获取知识、领悟科学的观念、领悟科学家们研究自然界所用的方法而进行的各种活动。①

【问题讨论】
科学家的探究与学生的探究的区别与联系。

（四）科学态度

科学态度的内涵较为丰富，国内外很多学者对科学态度做了大量的研究，从多视角、多方面来分析科学态度，在面向不同对象和目的时，其内涵和外延也不尽相同。在国外文献中常用的词语有"Science Attitude""Scientific Attitude""Science-related Attitude""Attitude Toward Science"等。

1975年，Gardner将科学态度划分为"科学的态度"（Scientific Attitude）与"对于科学的态度"（Attitude Toward Science）两类。一般认为"科学的态度"与科学思维与科学方法有关，较偏向认知的部分，是一种品质或是科学家研究治学的方式，包括强烈的求知欲和好奇心，勤于反思、质疑，善于探究，讲究逻辑推理、实证研究等严谨的治学求知的态度等，也被认为是学习科学的基本条件。而"对于科学的态度"则更偏向于情意，主要指对与科学及科学学习相关的人、事、关系，包括科学本质，学校科学教育，科学教师，科学价值、用途、责任及科学家等的评价。②

（五）科学、技术、社会与环境教育（STSE教育）

《标准》新增加了"科学、技术、社会与环境目标"课程目标，这是在2001年《全日制义务教育科学(3~6年级)课程标准（实验稿）》中"情感态度与价值观"目标中对待科学、技术和社会的关系的基础上的完善与发展，也是国际科学教育改革发展趋势的时代反映。

从当代国际科学教育发展历史进程来看，STSE教育经历了STS教育、环境教育、STSE教育的发展演变过程。STS教育始于20世纪60—70年代西方发达国家。科学技术迅速发展，带来了经济发达、社会繁荣、人们生活幸福，但与科学技术发展有关的重大社会问题（如环境、生态、人口、能源、资源等）也随之不断出现。为了解决这些问题，STS研究和STS教育应运而生。美国科学促进协会的《面向全体美国人的科学》中的科学教育内容包括科学的本质、技术的本质、自然环境、生存环境、人类社会、被改造了的世界等。实际上这些都是对"科学、技术、社会、环境"的统一设计，体现了从STS教育、环境教育发展到STSE教育的科学教育新理念和新趋势。2007年，加拿大安大略省修订的科学课程标准

---
① [美]国家研究理事会.美国国家科学教育标准[M].戢守志,等,译.北京:科学技术文献出版社,1999.
② Gardner P. L. Attitudes to Science: A Review[J]. *Studies in Science Education*, 1975(2): 1-41.

《科学与技术:1~8年级》强调学生具备科学素养、技术素养和环境素养的重要性,明确提出科学与技术、社会、环境相联系,从而真正实现STSE教育。

综上所述,STSE教育体现了STS教育、环境教育的基本理念、观点、内容,但并不是两者的简单叠加,而是具有更丰富深刻的内涵。STSE教育高度重视学生对科学、技术与社会、环境的相互关系的了解,要求学生重视科学、技术在社会生产,以及生活环境和社会发展中的作用,理解科学与技术的本质,认识科学与技术的功能与价值,突出科学课程学习的综合性,加深学生对于STSE议题的感知与认识,培养学生参与社会公共事务并做决策的能力和技能。因而,STSE教育成为当今国际科学教育的重要理念和科学课程的重要目标以及内容组织的重要方式。

【问题讨论】

你对STSE教育的内涵如何理解?你认为科学、技术、社会与环境(STSE)的关系是怎样的?

(六)STEM教育

《标准》首次将"技术与工程"作为知识领域在我国小学科学课程标准中出现,充分借鉴和反映了当前国际科学教育改革中大力倡导的STEM教育理念,使我国新时代的小学科学教育与发达的国际科学教育改革进一步接轨,彰显我国小学科学教育改革的国际化特征。

STEM教育的目的在于引导学生建构跨学科知识整合的能力,提升参与STEM学习的兴趣,进而形成STEM领域的就业能力,并养成21世纪世界公民应有的STEM素养。STEM素养包含:科学素养(Scientific Literacy)、技术素养(Technological Literacy)、工程素养(Engineering Literacy)、数学素养(Mathematical Literacy)。[1]从本质来看,在科学方面,着重科学知识与科学概念的发展,培养科学探究以及独立进行客观决策的能力,并能从科学、科技的角度了解并思考科学议题;在技术方面,重视培养使用、管理、评鉴科技的能力,包含科技选用、问题解决、批判思考与决策能力;在工程方面,则着重统整应用材料、工具、技术及科学和数学知识,通过设计的历程发展科技产物,以适切地解决问题或满足人类的需求;在数学方面,着重引导学生具有能力判断及理解数学在生活中所扮演的角色,并能通过逻辑的思维,做出客观的判断以解决问题。[2]应该指出的是,STEM素养并不是科学素养、技术素养、工程素养和数学素养的简单组合,而是把学生学习到的零碎知识与机械过程转变成一个探究世界相互联系的不同侧面的过程。

---

[1] Alan Zollman. Learning for STEM Literacy: STEM Literacy for Learning[J]. *School Science and Mathematics*, 2012, 112 (1): 12-19.
[2] 范斯淳,游光昭.科技教育融入STEM课程的核心价值与实践[J].教育科学研究期刊,2016(2):153-183.

三、小学科学课程内容的体系结构与特点

(一)小学科学课程内容的体系结构

按照以科学大概念、核心概念设计小学科学课程内容的思路,《标准》在科学课程内容设计方面,考虑学生的实际情况,以学生能够感知到的科学、技术、工程中一些比较直观、学生有兴趣学习的重要内容为载体,选择了18个主要概念(大概念)作为小学科学课程的学习内容。其中,物质科学领域、生命科学领域分别有6个主要概念,地球与宇宙科学领域、技术与工程领域分别有3个主要概念。这四大领域的18个主要概念被分解为75条学习内容,分布在1~2年级、3~4年级、5~6年级等3个学段中,如图2-7所示。

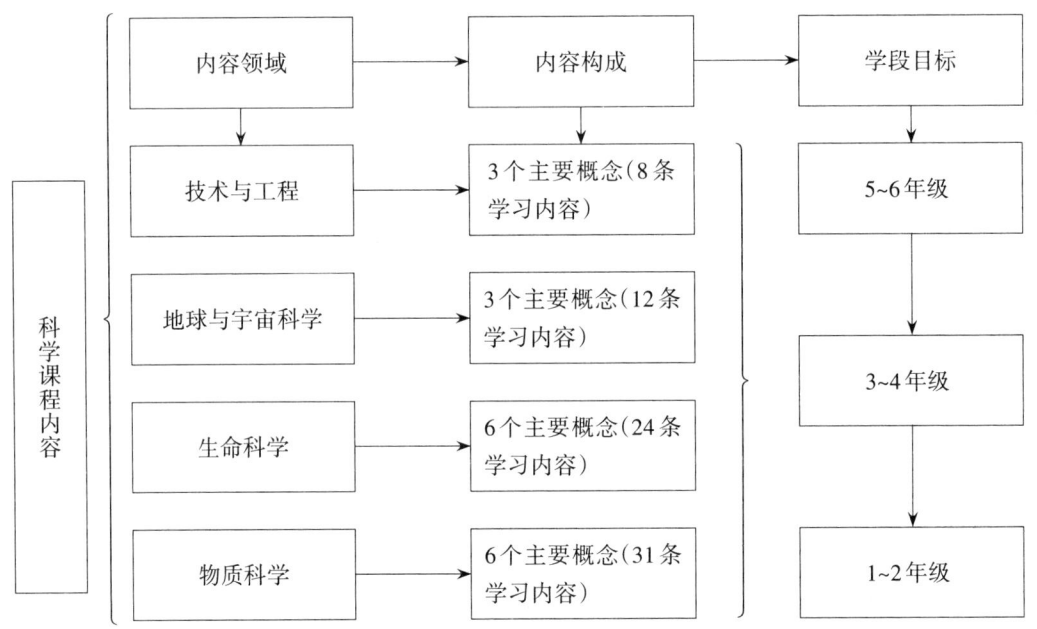

图2-7 《标准》中的科学课程内容体系结构图

以上的小学科学课程内容体系较好地反映了当今国际科学教育与课程改革的新动态,也反映了被广泛认同的科学大概念、核心概念、学习进阶对课程内容设计的新思想,标志着我国小学科学教育在课程改革方面迈向新时代的新起点,对小学科学教材的编写、小学科学教学、小学科学教学评价等都具有重要的实践指导意义,大大增强了《标准》的指导性与可操作性。

(二)小学科学课程内容的各个领域知识结构与特点

1.物质科学领域知识体系整体结构及其特点

在《标准》中,物质科学领域的课程内容包括6个主要概念,涉及物理学、化学学科的基本知识。这6个主要概念之间有着本质的内在联系,其整体结构关系如图2-8所示。

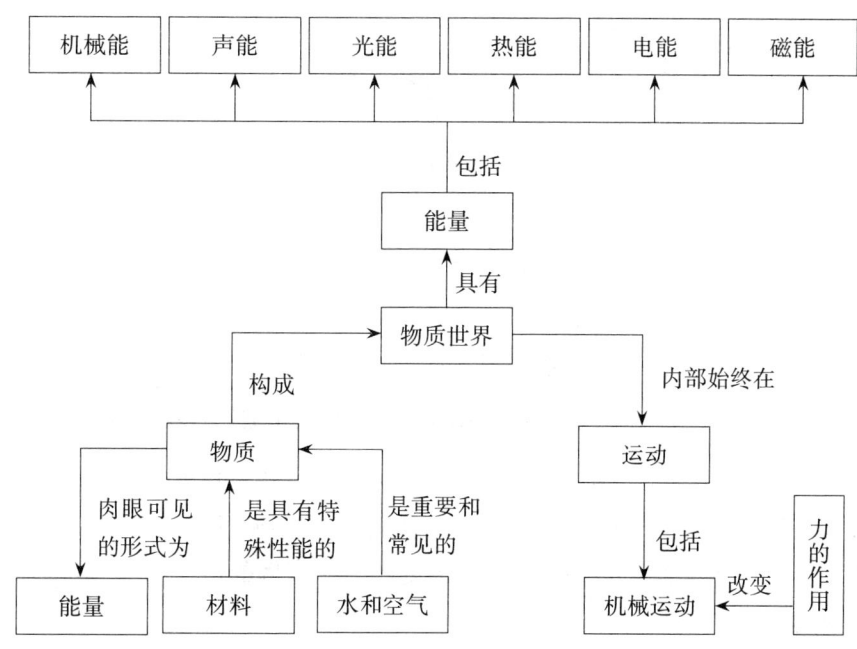

图 2-8 物质科学领域知识结构图

从以上结构图可以看出,物质科学领域的知识结构具有如下特点。

(1)物质科学领域的6个主要概念具有3个层级,第一层级"物质世界",反映了物质科学研究的对象和领域(涉及物理学、化学);第二层级涉及"物质""运动""能量",它们都属于物质科学的3个核心主题,也是物质科学的3个跨学科核心概念;第三层级分别是3个跨学科概念的具体化。

(2)"物质""运动""能量"3个跨学科概念概括了"物质世界"的主要特征。"物质"概念反映了"世界是物质的"物质观;"运动"概念反映了"物质是运动的"运动观;"能量"概念反映了"运动是需要能量的"能量观。

(3)3个跨学科概念分别以更具体的形式呈现。一方面,以下位的具体形式展开,比如,"能量"这一跨学科概念分解为机械能、声能、光能、热能、电能、磁能等更具体的学科概念;另一方面,以更具体的知识概念呈现,比如,在"物质"这一跨学科概念下列出了"水和空气是重要的和常见的物质"这一具体的单一概念。

2. 生命科学领域知识体系整体结构及其特点

生命科学领域的课程内容包括6个主要概念,涉及个体的外部形态、结构和生命活动、繁殖,以及个体与周围环境的关系等内容。小学生通过对这些内容的学习,逐步形成对生命世界初步的整体认识。这6个主要概念之间有着本质的内在联系,其整体结构关系如图2-9所示。

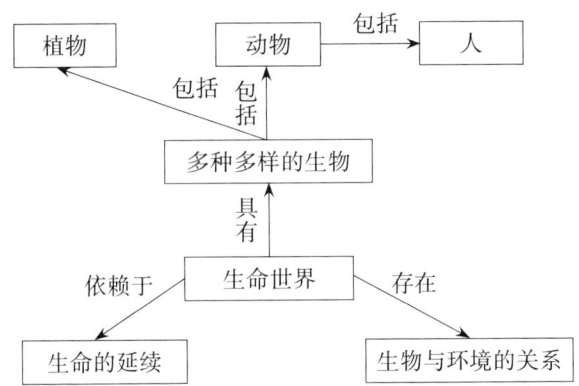

图 2-9 生命科学领域知识结构图

从以上结构可以看出,生命科学领域知识结构具有如下特点。

(1)体现了整体与个别的认识思维。主要概念7(参见《标准》,后同)从整体、宏观的角度说明生物的多样性;主要概念8、9、10则主要从个体的形态结构和生命活动的层面认识不同类型的生物。

(2)体现了系统与要素的认识思维。主要概念11从个体间信息传递的角度分析遗传和变异现象,而主要概念12则从系统的角度介绍生态系统中各个要素之间的相互作用。

3. 地球与宇宙科学领域知识体系整体结构及其特点

地球与宇宙科学领域的课程内容包括3个主要概念,涉及地球存在的宇宙空间、宇宙与地球的物质组成及其结构、地球的圈层结构,以及人类与地球之间的关系等相关知识。这3个主要概念之间有着本质的内在联系,其整体结构关系如图2-10所示。

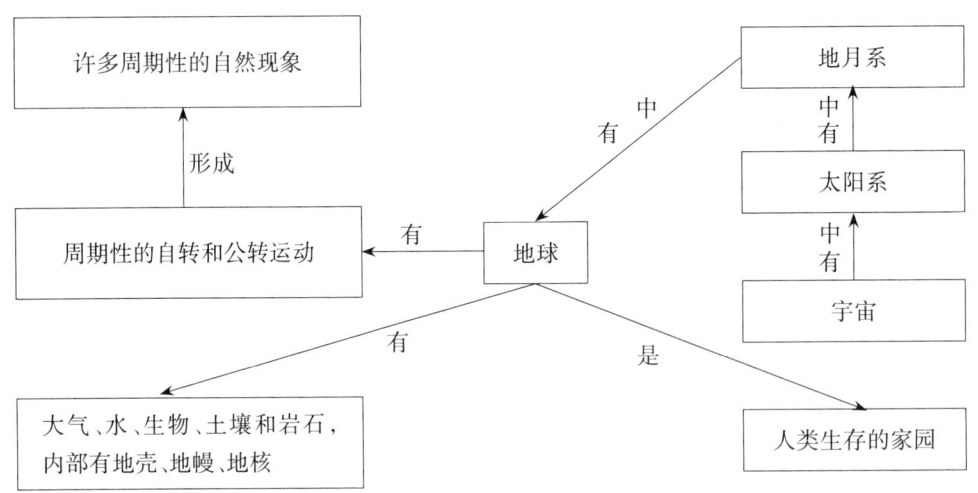

图 2-10 地球与宇宙科学领域知识结构图

从以上结构可以看出,地球与宇宙科学领域知识结构具有如下特点。

(1)体现了系统与要素的认识思维。本领域的主要概念13、14要求学生能够认识到地球、太阳系、地月系是宇宙巨大系统的子系统,同时进一步学习地球环境中的大气、水、生物、土壤和岩石等自然要素的知识。

（2）体现了认识世界的唯物辩证观。本领域的主要概念要求学生认识到各个自然要素之间是互相联系、互相影响、互相制约的。同时呈现了自然界中的天体、地球与自然环境的运动与变化，呈现了人与自然环境的和谐相处。这些实际上体现了世界的物质性、运动性、规律性等唯物辩证观。

4. 技术与工程领域知识体系整体结构及其特点

技术与工程领域的课程内容包括3个主要概念，涉及技术、工程、人工世界、设计、发明等知识。这3个主要概念之间本质的、内在的联系如图2-11所示。

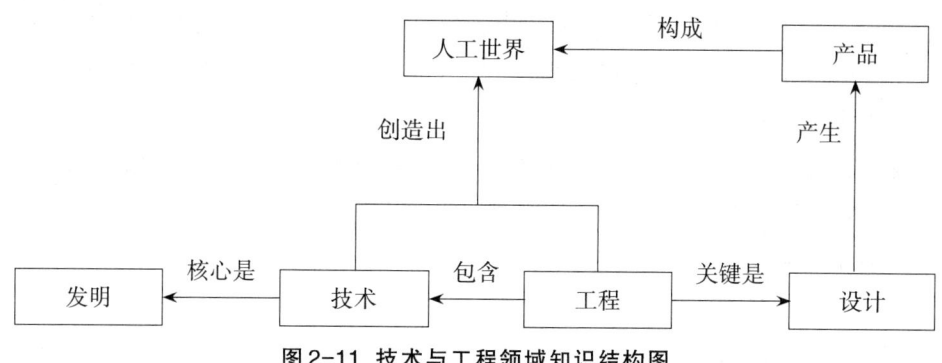

图2-11 技术与工程领域知识结构图

从以上结构可以看出，技术与工程领域知识结构图具有如下特点。

（1）呈现了技术与工程的关系及其作用。技术与工程创造了丰富多彩的人工世界，满足了人类生存与发展的需要，共同推动人类社会的发展。工程包含技术，一项工程包含若干技术系统。

（2）呈现了技术与工程的核心和关键。技术的核心是发明，工程的关键是设计。

【问题讨论】

1. 小学科学课程各个领域学习内容的主要概念之间、概念内部具有什么样的结构和特点？

2. 小学科学课程各个领域学习内容的主要概念对应的学习内容与学习目标具有什么特点？

第四节　小学科学教材概述

（1）了解小学科学教材的含义。

（2）理解小学科学教材的结构和功能。（重点）

一、小学科学教材与教科书

教材是课程与教学中极其重要的基本用语之一,在课程与教学理论和实践研究中具有举足轻重的地位和作用。什么是教材(Teaching Material)？教材的定义有广义和狭义之分。广义的教材泛指在课程实施过程中教师和学生使用的所有教学材料,包括教科书、教学参考书、复印材料、报刊、幻灯片、实物模型等。总之,凡是有利于学习者全面发展的材料均可称之为教材。狭义的教材就是指教科书(Textbook)。《中国大百科全书·教育》中对教科书的定义为:教科书是根据教学大纲(或课程标准)编订的、系统地反映学科内容的教学用书。[①]钟启泉认为,教科书是指学校或是任何学习集团在学习一定领域的知识时所运用的教材,以便于教学的方式编辑的图书,是教师和学生倚重的一种教学媒体。[②]

一般来讲,教科书就是根据课程标准编制的教学用书。教科书通常语言准确、图表规范,并根据一定的逻辑顺序系统、清晰地反映学科教学内容,体现课程标准和课程目标。教科书在大多数情况下是由学科专家组织相关的学科教学工作者编写的,但这也并不排除教师自己撰写教科书的情况。通常,教科书包含目录、正文、习题、实验、图表、注释、附录等若干部分,这些部分恰当地组织在一起,构建了教科书明确、规范、合理、科学的体系结构,为教师教学、学生学习提供了良好的蓝本。

因此,教科书不等于教材,教材的概念比教科书概念的外延更大,教科书只是教材的一种形式,是学科的主要教材。在本书中,采用的是狭义的教材概念,即教材就是指教科书,这样符合通俗和习惯。另外,在口语中,有时也把教科书称为课本,这只是一种习惯,在没有专门说明的情况下,通常认为"教材""教科书"和"课本"的内涵是相同的。

综上所述,我们认为,小学科学教材的含义也有广义和狭义之分。广义的小学科学教材是教师在小学科学教学活动中所利用的一切素材,包括小学科学教科书、教师参考书、学生活动手册、挂图等书面印刷材料,也包括小学科学教学录像带、光盘、教学软件等。狭义的小学科学教材就是指小学科学教科书,是依据小学科学课程标准编制的、系统反映小学科学学科内容的教学用书,是小学科学课程标准的具体化。通常情况下,我们所说的小学科学教材是狭义的概念,即小学科学教科书。

【问题讨论】

小学科学课程、小学科学课程标准、小学科学教材、小学科学教科书之间是什么关系？

[①] 中国大百科全书总编辑委员会《教育》编辑委员会.中国大百科全书·教育[M].北京:中国大百科全书出版社,1985.
[②] 钟启泉.现代课程论(新版)[M].上海:上海教育出版社,2003.

二、小学科学教材的结构与功能

(一)小学科学教材的结构

我国有不少学者对教材结构进行了研究,比较典型的定义有:叶立群认为教材结构指的是教材由哪几部分、哪几种形式组成。通常采用的是文字的阐述(课文)、图画、图表、表解、实验、作业(练习)等。[1] 廖哲勋认为,教材的基本结构是教材内部各要素、各成分之间合乎规律的组织形式。各要素包括知识要素、技能要素、能力要素以及必要的思想教育要素,还应含有某些审美要素和心理要素。各成分指教材目标、教材内容和各科学习活动的方式。[2] 教材结构是由教材系统中各基本要素之间的连接方式、组织秩序及其时空表现形式组成的有机整体。

教材的结构按照其性质不同分为深层结构和表层结构。深层结构指教材所选择的知识要素、技能要素和道德情感要素构成的体系,包含基本原理、基本价值等根本的、普遍的文化要素的选择与组织。深层结构决定教师教什么、学生学什么、培养什么等,体现了教材的内容特性。很显然,小学科学教材的深层结构主要包括科学知识,科学探究,科学态度,以及科学、技术、社会与环境等内容要素的不同整合。

表层结构是为了使学生更有效地内化深层结构而赋予教材的表现形式,包括单元或章节的提示、导言,课文,学习活动,习题与评定,小结,参考资料,附录,各种图表,与教科书配套的教学资源等。其中学习活动包括动脑的活动(如想一想、思考与讨论等)、动手的活动(如实验、做一做等)、综合性活动(如角色扮演、社会调查、访问等)。表层结构决定了教师怎样教和学生怎样学,体现了教材的教学特性,在很大程度上引导着教师的教学方式和学生的学习方式。根据以上讨论,我们不难得出小学科学教材的表层结构如图2-12所示。

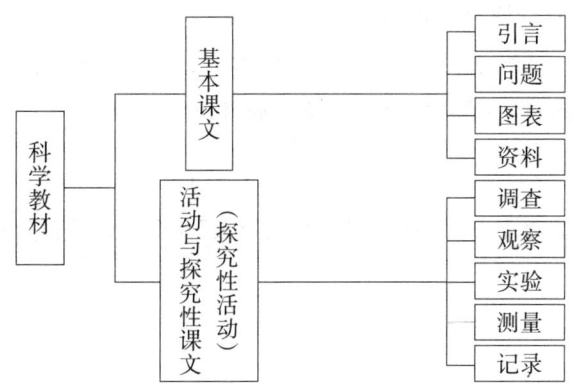

图2-12 小学科学教材的表层结构

---

[1] 叶立群.课程教材改革探索[M].北京:人民教育出版社,1997.
[2] 廖哲勋.课程学[M].武汉:华中师范大学出版社,1991.

(二)小学科学教材的功能

什么是教材的功能?简言之,它是指教材在学校教学中所能够发挥的作用和价值。关于教材的重要性或者功能,有不少专家学者的著述。比如,我国课程论学者钟启泉认为,任何一套教材都应具备三大功能,即信息功能、结构化功能、学习指导功能。①沈晓敏认为,教材具有五大功能:唤起学习欲望的功能、提示学习课题的功能、提示学习方法的功能、促进学习个性化和个别化的功能、巩固学习成果的功能。②

事实上,结构决定功能,根据上述学者有关教材的功能的观点,结合小学科学教材的表层结构和深层结构,我们可以从两个方面来认识小学科学教材的功能。

1.促进学生学习的功能——基本功能

小学科学教材作为小学科学课程的重要组成部分,是学生学习的主要工具和资源。一方面,在新课程改革背景下,教材不仅仅要提供具体的科学知识,还要设计多样化的活动和栏目向学生展示科学知识获得的过程与方法,即呈现科学探究活动过程和科学方法,让学生在教师的指导下经历科学探究的过程,提出问题,作出猜想与假设,设计实验方案,搜集证据,处理、分析信息,获得结论,开展交流与评价等。这改变了传统教学的"教师讲,学生听,学生记"的学习方式,有利于开展小组合作学习、探究学习,从而形成优化的学习方式,促进学生的有效学习。另一方面,在新课程改革背景下,教材的编写充分采用了图文并茂、生动活泼的呈现方式。教材中有大量的精美彩色图片、图表、漫画等,还有丰富的活动栏目,比如实验与观察、讨论与思考、资料阅读拓展等,这些都能够增加教材的可读性、趣味性,从而激发学生的学习兴趣和学习动机,促进学生的学习。

2.促进学生发展的功能——核心功能

小学科学教材作为小学科学课程的重要组成部分,是实现小学科学课程目标的重要载体。《标准》提出的课程总目标是提高学生的科学素养,因此,小学科学教材作为学生学习的资源、教师的教学依据,应该具有促进学生科学素养提高的功能,即促进学生发展的功能,这是小学科学教材最核心的功能,是由小学科学教材的深层结构所决定的。无论是科学知识建构、科学探究活动开展、科学态度形成,乃至对科学、技术、社会与环境的认识等,都是通过教材内容的有效组织与呈现来展开的。

【问题讨论】

新课程改革提倡教师要由"教教材"向"用教材教"转变。你是如何理解的?

---

① 钟启泉.现代课程论(新版)[M].上海:上海教育出版社,2003.
② 沈晓敏.关于新媒体时代教科书的性质与功能之研究[J].全球教育展望,2001(3):23-28.

三、国内小学科学教材简介

(一)小学科学教材的出版情况

自2001年我国基础教育课程改革中教材实行"一标多本"以来,我国小学科学教材编写也呈现出百花齐放的局面。2017年由教育部中小学教材审定委员会审定通过了八套小学科学教材,它们分别是:教育科学出版社《科学》(简称教科版《科学》)、江苏教育出版社《科学》(简称苏教版《科学》)、人民教育出版社和湖北教育出版社《科学》(简称人教鄂教版《科学》)、河北人民出版社《科学》(简称冀人版《科学》)、青岛出版社《科学》(简称青岛版《科学》)、广东教育出版社《科学》(简称粤教版《科学》)、湖南科技出版社《科学》(简称湘科版《科学》)、大象出版社《科学》(简称大象版《科学》)。

(二)小学科学教材编写的指导思想

尽管每一套小学科学教材的编写各有特色,但是其编写的主要依据都是2017年教育部颁布的《标准》的精神和要求。其指导思想主要体现在以下几个方面。

(1)使学生保持对自然现象的好奇心和求知欲,养成与自然界和谐相处的生活态度。

(2)使学生了解基本的科学知识,学会或掌握一定的基本方法和技能,能解释一些常见的自然现象,解决有关的实际问题。

(3)引导学生经历科学探究过程,增进对科学探究的理解,发展初步的科学探究能力,初步养成科学实践的习惯,增强创新意识和实践能力。

(4)促进学生养成科学的思维习惯,逐步形成用科学的知识、方法和态度去看待和解决个人与社会问题的意识。

(5)引领学生了解科学、技术、社会、环境之间的关系,深化对科学的认识,关心科技进展,关注有关的社会热点问题,初步形成可持续发展的观念。

(三)小学科学教材的编写特点

以《标准》背景下的人教鄂教版小学科学教材为例,小学科学教材体现了如下编写特点①。

1.强调以科学实践为核心的学习过程

科学实践包括科学探究和工程技术活动。本套教材突出科学实践在科学教学中的核心地位,每一课设计1~2个主题明确的科学实践活动,让儿童亲历科学探究和工程技术过程,在此过程中,建构科学概念,理解工程技术的本质,使学生的科学概念、科学探究能力以及科学态度得到全面提升。

---

① 黄海旺.人教鄂教版小学《科学》教材简介[J].湖北教育(科学课),2017(5):8-10.(有删减)

2. 注重科学思维能力的培养

培养学生的科学思维能力是科学教育的重点。小学生的科学思维能力是指在科学实践中进行思考所应有的个性心理特征。学生在科学实践中，运用分析、综合、比较、分类、抽象、概括、推理、类比等思维方法，形成对科学的综合理解。为了突出科学思维能力的培养，本套教材在每一课的首页设置问题情境，使学生的科学实践活动从问题出发，引发学生的思维。之后，在科学实践中，每一环节设置一个问题，形成环环相扣的问题环，引导科学实践的进程，使学生的科学实践建立在科学思维的基础上，学生手脑并用，可以在科学实践过程中发展科学思维。

3. 重视科学概念的建构

建构科学概念是科学教学的核心。围绕科学概念进行教学是当前国际上科学教育界的共识。科学概念的建构是一个反复的过程，学生有时知道很多科学知识，但他们并不一定真正理解这些知识。在科学概念的形成以学生原有的科学概念为基础，由前科学概念到科学概念，需要经历一系列的科学实践过程。在科学教学中，首先要了解儿童的已有观念，然后设计一些有意义、有结构的科学实践活动，帮助他们一步步形成正确的科学概念。本套教材结合学生已有的认知，创设情境引出问题，针对概念的建构过程设计科学实践活动，让学生通过亲历科学实践来建构科学概念。通过科学实践，学生对科学概念会有一定的理解，但可能还达不到准确表达和灵活运用的程度。为此，本套教材安排"拓展与应用"的内容，帮助学生进一步理解和应用科学概念。科学概念是一个有结构的体系。本套教材在每个单元后有单元回顾，对本单元所涉及的科学概念进行梳理，使科学概念之间建立联系，帮助学生形成结构化的科学概念体系。

4. 加强STEM教育，培养学生的动手能力和创新能力

21世纪是知识与经济全球化的时代，各国为了应对竞争压力急需创新人才。为了储备足够的参与未来世界竞争的专业人才，欧美一些国家正在大力提高STEM教育的质量。《标准》增加了技术与工程领域，为在小学科学教学中开展STEM教育提供了依据。本套教材每一册有一个STEM单元。STEM单元基于学生的生活情境提出任务或问题，通过任务驱动，让学生经历设计、制作、测试、展示和改进等一系列环节，完成任务或解决问题。STEM单元为加强技术与工程教育、培养学生的动手能力和创新能力提供了基础。

5. 增强教材的可操作性

科学教学目标的落实，主要依靠广大一线教师"用教材教"来实现。有利于广大教师的教学是实现教材价值的重要方面，本套教材在可操作性方面做了很多努力。一是教学内容源自学生生活经验圈，认识对象直观性强。二是教学活动所涉及的材料易找、易得，有利于每个学生的参与。三是力求将科学实践过程与教学过程相融合。好的教学过程一定符合儿童的思维特点，科学实践的每个活动步骤，既要考虑学生的思维特点，又要考虑教师的教学过程。四是使学生活动手册与科学实践紧密配合。学生活动手册紧密配合教科书中的核心教学内容,根据不同年龄段儿童的特点,采取简便易行的方式帮助学生记录和表达科学想法。在低年级段,学生活动手册主要以图片的形式呈现,用绘画或符号的形式进行记录。在中、高年级段逐步增加文字记录。学生活动手册要尽量给儿童提供更多的思维空间,在确保必要的科学实践信息的基础上,尽量减少学生的记录时间。

本章小结　认识和理解小学科学课程标准与教材是小学科学教师开展教学活动的重要基础。本章在介绍课程、小学科学课程的基础上,简要讨论了小学科学课程标准的含义、结构与功能,重点解读了小学科学课程标准提出的课程性质、课程理念、课程目标及体系、课程内容结构及其特点,最后简要讨论了小学科学教材与教科书的含义、小学科学教材的结构与功能,介绍了我国小学科学新教材的编写指导思想和编写特点。

【思维导图】

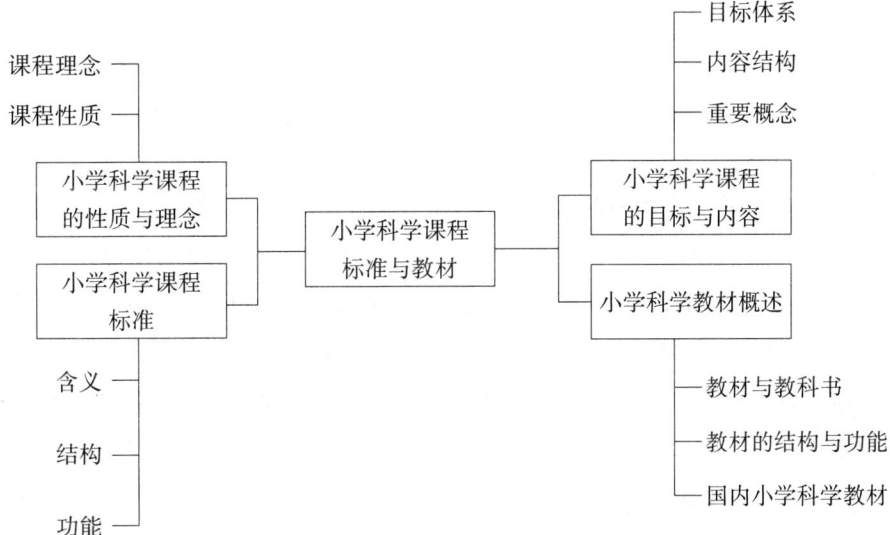

【思考与实践】

1. 结合我国实际,试述为什么《标准》提出的小学科学课程总目标是培养学生的科学素养。

2. 查阅中外文期刊中有关科学素养、科学探究、科学本质、STSE教育、STEM教育的研究论文,写出5篇索引,各下载1篇全文,阅读并且做好阅读笔记,进行思考。

3. 查阅文献,比较2017年我国各个版本小学科学教材的特色。

4. 列表比较小学科学课程、小学科学课程标准、小学科学教材、小学科学教科书概念的区别与联系。

5.搜索有关小学科学教材的结构与功能的文献,归纳相关的观点,并且加以评价。

【学习评价】

评价维度	评价内容				
	评价标准	评价等级			
		A	B	C	D
知识与技能	了解小学科学课程标准与教材的含义;理解小学科学课程标准与教材的结构和功能;理解小学科学课程的性质、基本理念;理解小学科学课程总目标与学段目标及其相互关系;理解科学素养的含义与构成,了解科学本质、科学态度、STSE、STEM的含义;理解小学科学课程的内容标准及其特点				
过程与方法	学会运用小学科学课程的理念和目标分析小学科学课堂教学的优缺点				
情感、态度、价值观	增强对小学科学教师的责任感和使命感的认识				

【推荐阅读】

1.中华人民共和国教育部.义务教育小学科学课程标准[M].北京:北京师范大学出版社,2017.

2.刘恩山.义务教育小学科学课程标准解读[M].北京:高等教育出版社,2017.

3.江山野.简明国际教育百科全书·课程[M].北京:教育科学出版社,1991.

4.杨启亮.教材的功能:一种超越知识观的解释[J].课程·教材·教法,2002(12):10-13.

5.刘继和."教材"概念的解析及其重建[J].全球教育展望,2005(2):47-51.

6.任长松.探究式学习——学生知识的自主结构[M].北京:教育科学出版社,2005.

第三章 小学科学教学的原理与方法

教师之为教,不在全盘授予,而在相机诱导。

——叶圣陶

不愤不启,不悱不发。

——孔子

教学是实施科学教育的主体环节,也是学习科学、理解科学和培养学习者科学素养的科学教育实践过程。在这一实践过程中,无论是教师的教,还是学生的学,都需要采用一定的方法或模式,并在一定的教学情境中进行。所以,研究怎样教和怎样学,以及怎样评价教学的问题就成为科学教学理论和实践研究的关键所在。这就要求承担科学教学实施任务的科学教师必须对这些问题有一个清楚的认识,并有自己的理解。因此,需要我们对现代科学教学的特征和功能价值,以及科学教学的思想观和方法论有所了解和研究,尤其是需要对我国小学科学课程与教学改革中产生的新理念、新方法、新策略以及实施的新要求有一个全面的认识和理解。

第一节 小学科学教学过程及其特征

(1)理解小学科学教学的过程。

(2)理解小学科学教学的基本特点,认识实施小学科学教学的新理念。(重点)

一、小学科学教学的过程

教学活动是学校教育活动的核心组成部分，也是实现培养目标的主要途径。实施教学是小学科学教师的工作职责和任务，也是学校科学教育实践的一个中心环节。教师通过教学来实施课程，并在这一过程中完成培养学生科学素养、促进学生学业发展的任务。

教学是教师和学生以课堂为主渠道的交往过程，是教师的教和学生的学的统一活动。关于教学过程，教育学中一般将教学过程定义为：教学过程是一个复杂的活动系统，是认识活动、实践活动与交往活动三位一体的整体活动系统，是教师和学生为完成教学任务和实现自身的发展，通过教学中介进行的以认识活动为主的交往活动系统。对以科学技术为教学源泉的科学课程教学而言，科学教学的过程既应反映教学的普遍特征，还应反映科学教育的本质特征。

因此，小学科学教学是以科学探究为中心，以培养学生科学素养为宗旨，借助一定的教学方法和手段，培养学生对科学的兴趣，并促进学生学习科学知识，理解科学价值，掌握科学方法，认识科学本质，理解科学、技术与社会的关系，最终促进师生双方共同发展的交往活动过程。

小学科学教学过程的本质可从这几个方面进行理解：首先，小学科学教学过程是课程内容活化、创造的过程。在特定的教学情境中，每一位教师与学生对给定的课程内容都有自己的解读，因此就需要教师从"以学生发展为本"的教学理念出发进行教学，在教学过程中将教学内容不断转化为适合学生学习的内容，以满足学生成长和发展的需要。其次，小学科学教学过程是学生探究、体验的认识过程。小学科学课程非常倡导探究式学习，目的是让学生经历知识发生、发展和形成过程，经过丰富生动的思考，发展与提升情感体验，从而使教学过程从一种简单的传输和接受过程，转变为一种伴随着学生对科学知识的思考和获得的同时，成为学生人格健全和全面发展的体验过程。最后，小学科学教学过程是师生互动、发展的过程，强调教学过程是教师与学生在平等基础上的交往与互动，从而使师生双方相互交流、相互沟通，并在积极互动过程中共同发展，从而真正实现教学相长。

资料卡片："教学"含义列举

二、小学科学教学的特征

《标准》指出：小学科学课程的总目标是培养学生的科学素养，并为他们继续学习、成为合格公民和终身发展奠定良好的基础。小学科学教学过程应该是小学生积极主动学习的过程，因此，在小学科学教学中应要让学生自己去经历、去探索，而不是单纯灌输前人积累的知识，更重要的是让学生在探究过程中爱上科学、迷上科学。那么，具体而言，以面向全体学生、培养学生科学素养为宗旨的小学科学教学具有哪些基本的特征呢？

(一)教学内容突出整合性

《标准》指出:理解自然现象和解决实际问题需要综合运用不同领域的知识和方法。小学科学课程内容包括物质科学、生命科学、地球与宇宙科学、技术与工程领域的知识,并综合呈现科学知识和方法,强调各领域知识之间的相互渗透和联系。

整合不是简单地强调把不同学科知识进行综合,更关键是通过对内容的整合让学生从整体上认识自然,从基本科学观念上理解科学内容,所以在这里整合有两层含义:一是试图超越学科界限,保留带有结构性的基本内容,注重不同学科领域知识之间的贯通与连接。二是注重科学素养培养要求的整合,将科学知识与技能,过程与方法及科学态度、情感与价值观进行整合,并力求反映出科学、技术与社会的紧密联系。

(二)教学过程突出情境性

小学科学的课程内容以间接经验为主,学习科学家们探索发现的科学与自然的规律等知识。而科学知识与小学阶段其他平行开设课程的学科知识不同,具有其独特的情境性,是科学家们在自然、生活与社会情境下,通过观察、思考、探究、论证这些情境中出现的现象和问题而来。

由于小学科学的课程内容来源于复杂的真实情境,其涉及的领域与学科知识自然体现出综合的倾向。同时,由于小学生以形象直观性思维为主的年龄认知发展特点,小学科学课程内容中抽象知识较少,教师进行课堂教学时,更宜采用情境教学的模式。教师应该努力营造科学发现的课堂情境或带领学生进入真实情境中,比如实验室、植物园、科技馆等地方,让学生在情境中激发兴趣与好奇心,将课本上的间接经验转化为可以感知到的直接经验,体验科学家进行科学探索的思维和过程,有利于学生掌握科学知识并且会在相似的情境中迁移、运用科学知识。

(三)学习活动方式突出探究性

小学科学的学习活动方式以探究式学习为主,科学探究是学生学习科学的重要方式。探究式学习是指学生在教师指导下,为获得科学素养以类似科学探究的方式所开展的学习活动。

小学科学的探究式学习模拟科学家探究发现的过程,要求学生主动去发现和解决问题,并在这个过程中联系自身生活,自己动手、动脑,真正地去体验、去思考,感受科学探索的奥妙和乐趣,更加有利于掌握科学知识与方法,有助于激发和保护学生的求知欲和好奇心。

【问题讨论】

1.你如何认识上面提到的小学科学教学的3个特征?这些特征要求我们在实施科学教学活动时要重视些什么呢?

2.除了这3个特征外,你认为小学科学教学还有哪些值得我们注意的特征?并说出你的理由。

第二节　小学科学教学原则与策略

(1)理解小学科学教学的原则。
(2)理解并能够应用小学科学教学中常用的教学策略。(重点,难点)

一、小学科学教学的原则

教学原则是沟通教学理论和教学实践的桥梁和中介,是根据一定的教学目的和对教学过程规律的认识而制订的对教学的基本要求,是指导教学活动的一般原理。教学原则既是教学规律的反映,又服务于一定的教育目的;既涉及"为什么教"的问题,也涉及"教什么"和"怎样教"的问题,同时还涉及学生"怎样学""学什么"和"怎样评价学的成效"等问题。小学科学课程的教学,有其自身的特点,根据对科学课程的教学规律和科学教育目的的理解,在小学科学教学过程中应当遵循4个指导教学的原则。

(一)科学性原则

科学性原则在这里是指小学科学教学过程中要遵循科学本身的特征和规律,保证教学思想、内容、方法正确无误,体现出教学理念的先进性。因此,遵循科学性原则应当使科学教学的内容和教学过程体现这些基本要求。

第一,保证所教的知识内容是科学的。这要求科学教师首先要保证备课和讲解中没有科学性的错误,把教学建立在科学的事实基础之上,体现出科学清晰、正确的逻辑结构和推理特点。

第二,所选择的教学方法和实施途径是科学的。《标准》把小学划分为3个阶段,即低学段1~2年级、中学段3~4年级、高学段5~6年级,相应的内容标准与之相匹配,学习内容的呈现,融入了学习进阶的理念和成果,使得学生的科学学习呈现螺旋式上升的趋势。因此,教师在科学教学的每个阶段所选择的教学方法和途径应与学生的认知发展规律相适应,以促进学生科学素养的形成和发展。

第三,教学表述和指导是科学的。科学教师在科学教学过程中应注意用语的规范性。首先,在科学教学中对知识内容的表述应是准确、科学和严密的。比如"松树、银杏树能结果实""玉米粒、小麦粒是种子""香蕉是树木、竹是草"等表述就有科学性的错误。其次,教师在科学教学中应注意指导语的规范性。教师规范的科学用语有助于学生学会观察材料,正确捕捉要开展的科学探究活动的信息。

(二)基础性原则

小学科学课程对学生科学素养的形成具有十分重要的作用。通过小学科学课程的学习,学生能为今后的学习生活以及终身发展奠定良好的基础。因此,需要小学科学教师在教学中注意这几个方面。

首先,应根据《标准》的要求,把握好教学内容的深度和广度。教学中,对已经明确删除的内容,建议不再当作必学内容。有些地区和学校,可根据学生的实际情况,适当拓展知识应用方面的内容。在小学科学教学过程中,应更多关注科学知识在生活中的应用,而不应去加深科学概念的教学。

其次,应基于学生的基础进行教学。学生学习的起点是先前已有的知识经验,科学学习必须从学生原有的经验出发,通过一系列的探究活动,逐步达成对概念的理解。在教学过程中,教师也要根据学生和课堂教学的具体情况,及时调整教学内容和方法,确保更好地实现教学目标。

最后,准确把握考试评价的要求。要注重考查学生的探究能力、实践能力和知识应用能力,避免考试过深过难,避免考查死记硬背的知识点。

(三)实践性原则

实践是科学的重要特征之一。《标准》明确提出:小学科学课程是一门实践性课程。小学科学课程把探究活动作为学生学习科学的重要方式。因此,教师在教学过程中应设计多样化的探究实践活动。实践性原则强调从学生熟悉的日常生活出发,与生活中的实际应用相联系,使学生尝试解决简单的生活问题。

首先,重视设计丰富多样的探究活动。探究活动是学生学习科学的重要方式,因此在小学科学教学过程中,教师尤其要重视引导学生从熟悉的生活实际出发,让学生通过亲身经历动手动脑等实践活动,了解科学探究的方法和技能,理解基本的科学知识,并能尝试运用科学方法和科学知识解决生活实际中的简单科学问题。例如组织学生参加种植、养殖劳动,进行植物标本的手工制作,走出校门进行自然水域的污染调查等。

其次,坚持在实践中认识和理解科学、技术、社会与环境的联系。教师在教学中可为学生创设体现科学、技术、社会与环境相互联系的学习情境,例如,利用图片、视频、报刊资料等让学生了解科学、技术是如何造福于人类社会,又会给人类带来怎样的危害。例如,在"生命的延续"教学中,可选取"生物克隆技术的利弊"作为教学议题,让学生通过角色扮演、辩论、讨论等方式进行学习,促进学生更全面地理解科学、技术、社会与环境间的相互影响和联系。

最后,反映科学知识在生产、生活实际中的应用。比如,可以因地制宜,在校园里开辟一块科技角,建设生物园、气象观测站、标本馆、天文馆、科技馆、科技长廊等,作为学生开展科学实践活动的场所。还可以借助少年宫、科技馆、科普单位组织科学考察活动、科学体验活动,以丰富学生的科学实践活动。

(四)趣味性原则

小学生对周围世界具有强烈的好奇心和求知欲,如何在小学科学教学中激发学生学习科学的兴趣,增强科学教学的意义和趣味性是小学科学教师的重要职责。因而需要小学科学教师在科学教学的设计和实施过程中重视4个方面。

第一,寓乐于教之中。要让学生在学习过程中体会到学习科学是一件快乐的事、有趣的事,能够感受探索成功的喜悦。这就要求科学教师重视创设愉快的科学学习情境,让学生在"乐学"与"愿意学"的氛围中体验科学探究、认识科学规律和应用科学解决问题。

第二,寓趣味于活动之中。科学的教学必须具有一定的趣味性,要把趣味性归还给学习过程。这就要求科学教师重视自身的积累,注意收集有关的趣味科学实验、科学报道等资料,但也要注意增进教学的趣味性不是哗众取宠,更不能把低级趣味带入课堂教学之中。

第三,寓美于过程之中。科学具有美感,科学也表现美。因此,在科学教学中教师怀美而教,学生因美而学,可以更好地激发学生的求知欲和创造热情。这就要求科学教师努力挖掘科学教材中各种美的因素,收集反映科学美的各类资料,将其充分运用于科学的教学中。教师上课时应将对学生的热爱、理解和期待的美意表现在精心设计的教学程序、巧妙构思的设问之中。比如,工整的板书、和善的教态、规范的操作、亲切的语言都会激励和感动学生,增进他们对科学的专注和学习科学的兴趣。

第四,寓探究于实践之中。把科学的学习作为认识和体验科学探究的过程,使学生在科学探究的实践中理解科学、学会运用科学解决实际问题。

此外,重视科学教学的全面性,将培养科学能力与学习科学方法相结合以及因材施教、循序渐进等传统教学原则,也在科学教学的过程中有其运用的价值。结合教学的实际情况,尤其是学生学习科学的行为习惯选择性地运用这些原则,对提高科学教学的质量能起到积极的指导作用。

【问题讨论】

1. 根据《标准》关于科学教学的建议,谈谈你对科学教学中如何体现实践性原则的看法。
2. 请你谈谈如何在小学科学教学中体现"保护学生的好奇心和求知欲"这一课程理念。

二、小学科学教学的策略

(一)教学策略的内涵

"策略"一词最早用于军事领域,《辞海》对"策略"的解释是"计策谋略;适合具体情况的做事原则和方式方法"①。从一般意义上说,策略是为了达到某种目的所使用的手段或方法。关于教学策略(Teaching Strategy),学者们从不同的角度对教学策略提出了各自的观点。

资料卡片:教学策略的几种界定

一般而言,我国学者倾向于认为策略是比方法更上位的概念,策略比方法更高远、更抽象、更概括。策略既有技能特性又有系统特性,因而具有普遍意义。而西方学者则常将教学策略看作具体的教学方法。不过,他们通常在特定的教育理念和教学环境中谈教学策略。

我们认为,教学策略是在一定教学理念和思想指导下,在特定的教学情境中,为实现教学目标而开展有效教学的教学活动安排、教学方法选择等系统化的谋划和方略。

(二)小学科学教学的策略及其应用

1.促进概念形成和理解的教学策略

《标准》在课程设计思路部分指出:本标准在物质科学领域选择了6个主要概念,生命科学领域选择了6个主要概念,地球与宇宙科学领域选择了3个主要概念,技术与工程领域选择了3个主要概念。这四大领域的18个主要概念被分解成75个学习内容,分布在3个学段的课程内容中。在小学科学教学中,应关注学生对主要概念的形成和理解,那么,促进概念形成和理解有哪些具体的教学策略和要求呢?

首先,遵循"学生的具体经验——一般性科学概念的获得——主要概念建构"的循序渐进认识过程。通过分析《标准》中对主要概念的描述可以看出,主要概念的教学不是一节课就可以完成的,即便是最简单的主要概念,通常也需要几节课甚至更长时间、多角度的学习才可以形成。低学段教学要为建构主要概念打好基础,低学段学生直接掌握主要概念会有一定困难,教师要根据他们的认知特点,从他们的具体经验出发,指导他们为主要概念的形成积累丰富的科学事实,为中、高学段形成主要概念并运用主要概念去解释相关的事件打好基础。

其次,注意观察、实验和其他直观手段在教学中的运用。教学既可以从问题开始,也可以从直接的观察现象、获得感性认识开始。小学低年级的学生以形象思维为主,因此教师在科学课教学中应着力引导学生积累事实、感受体验,为主要概念的形成进行量的积累。比如,关于磁能概念,在一年级"磁铁'魔法'城堡"单元的教学中,可主要通过对磁铁隔着一定距离吸引铁、镍等材料,磁铁的形状以及磁铁在生活中的应用进行探究,使

---

① 辞海编辑委员会.辞海(第六版)[M].上海:上海辞书出版社,2009.

得学生对磁铁的基本性能有初步的认知,形成对磁铁吸引力的初步体验。

最后,选择和恰当运用科学思维。尤其是科学逻辑方法,如将比较、分析、推理、概括、抽象等用于教学过程的设计之中,以认识和探究问题为起点,通过逻辑的和实践的分析、论证获得科学的认识,使教学体现出探究性、推理性和概括性的特点。比如,学生通过一系列的观察,体会到植物生长在土壤中,并具有根、茎、叶,而且有的植物还有花、果实、种子,种子可以萌发成为新的植株,由此归纳得出植物的一般外部特征;学生通过看到各种各样的动物,有爬行的、有奔跑的、有飞翔的、有游水的等,由此获得动物区别于植物的最大特征是运动。

2.基于概念转变的教学策略

"概念转变理论"认为,科学概念的学习过程并不是新的信息和词汇点滴积累的过程,而是在教学的影响下,儿童的前概念不断转变与发展成为科学概念的过程。概念转变学习应用到实际的科学课堂教学中,具有针对性和可操作性的教学策略一般有这几种。

(1)建立在认知冲突基础上的教学策略。该种教学策略的重点不在于儿童的主动调适过程,而是侧重于教师适当地干预,为儿童建构"科学概念"提供必要的"支架"。一般来说,建立在认知冲突基础上的教学策略包括3个最基本的步骤:第一是初始阶段,其要点在于使儿童明确认识自己的"前概念";第二是认知冲突阶段,通过呈现或操作引发儿童的认知冲突;第三是认知冲突解决阶段,教师鼓励和引导儿童进行认知调整,建构科学概念。

(2)建立在类比基础上的教学策略。将类比策略应用到概念转变教学中,可以说是将儿童的前概念作为教学的出发点或支点,也就是在儿童已知的和未知的事物之间利用类比关系,帮助儿童摒弃原有的前概念,进一步理解与接受科学概念。儿童将前概念与将要学习的科学概念之间进行类比,这就好比在儿童的前概念与科学概念之间架起了一座"桥"。因此,建立在类比基础上的教学策略在概念转变教学中应用最广泛的就是"架桥"策略(Bridging Strategy)。一般包括4个步骤:第一,创设一个"靶子"问题,用以暴露儿童正在讨论的相关主题的前概念;第二,教师举出一个符合儿童直觉的类比例子;第三,要求儿童在"锚例"和目标概念之间做出明确类比,并试图建立类比关系;第四,如果儿童没有接受这种类比,教师再试图找到一种架桥类比(或者一系列架桥类比),即在目标和"锚例"之间插入"概念化的中介物"。

(3)建立在科学史认知分析基础上的教学策略。一般来说,此种教学策略适用于科学史上某一位科学家曾经研究过的自然现象,如落体的变化、植物从哪里获得食物以及燃烧现象等。而教学的过程则分为以下3个基本的阶段:在教学的最初阶段,让儿童的注意力集中于需要转变的某一个概念上,由此产生一个需要解决的问题,并引发儿童的原有概念。教学的第二阶段,教师运用科学史认知分析策略。第三阶段,教师讲解当前的科学概念,即教科书对这种自然现象的解释。这时,教师的讲解将与科学史上的观点形成对比。同时,

案例探析:基于错误前概念突破科学概念的学习

教师还要通过实际操作(包括验证性实验)来证明科学概念,为儿童的概念转变提供必要的认知冲突。儿童通过科学史来探索科学概念,这种教学从本质上说是一种探究的过程,在这个过程中使儿童更加深刻地理解自己所获得的科学概念,实现真正意义上的概念转变。

3.问题设计与探究解决的教学策略

研究表明,不论是直接的还是间接的教学策略,都需要创设问题情境。因为最符合建构主义认知过程和科学推理特征的教学策略,是将组织学习处理成学生认为值得思考的问题情境,其基本目的是让学生成为知识建构的主体。

问题设计的目的主要反映在:引起兴趣和吸引注意力;发现问题及检查;回忆具体知识或信息;课堂管理;鼓励更高层次的思维活动;组织或指导学习。这六条归为一点就是:以触发或形成学习者的回应为目标。

针对不同的学生,还应在设计教学时注意问题设计的复杂程度,包括识记、理解、应用、分析、综合和评价类型的问题。识记型问题要求学生对记忆中已有的知识进行回忆、描述或识别;理解型问题要求学生对已学过的知识进行解释、归纳和说明;应用型问题要求超越记忆中的知识,在新的不同环境中应用已有的知识;分析型问题要求学生能将问题分成几个组成部分,并在各个部分之间建立起联系;综合型问题要求学生针对新的问题设计独特的回答;评价型问题要求学生形成判断并做出决定。

第三节　小学科学教学的模式与方法

(1)理解并能够正确应用小学科学教学常用的教学模式。(重点,难点)
(2)理解并能够正确应用小学科学教学方法。(重点)

一、小学科学教学的基本模式

(一)什么是教学模式

"模式"词义源于"模型",本意是指一种用实物做模的方法,引申后有模范、模仿之意。《现代汉词典》对"模式"的解释为:某种事物的标准形式或使人可以照着做的标准样式。[1]从模式论的角度看,模式是一种经过抽象和概括出来的操作程序,它是理论的具体化和程序化。模式是事物存在的一种形式,大自然充满模式,万物无不以一定的模式存在,教学既然作为一种事物存在形式,因此也具有一定的模式。

人们对教学模式的界定各不相同。例如,乔伊斯和威尔认为教学模式是一种可以用来设置课程、设计教学材料、指导课堂或其他场合的教学计划或类型。[2]保罗·D.埃金认为教学模式就是为完成特定教学目标而设计的、具有规定性的教学策略。[3]持结构说的学者认为,教学模式属于结构的范畴,结构说的典型提法是把模式一词引用到教学理论中,旨在说明一定教学思想或教学理论指导下建立起来的各种类型教学活动的基本结构或框架。[4]还有人认为所谓教学模式,实际上就是教学环境的方法体系。[5]

这些观点分别从不同的角度界定了教学模式。随着教学模式实践和研究的不断深入,大多数人倾向于认为教学模式应以一定的价值观作为基础,它是有效连接教学理论和教学实践的中介和桥梁。从这个意义上说,教学模式是在一定的教学思想或教学理论指导下,为完成特定的教学目标和内容而围绕某一主题形成的稳定、简明的教学结构理论模型及其具体操作的实践活动方式。

(二)小学科学教学的基本模式

科学教育理念要转化成教育实践,必须依靠相应的教学形式来实现。科学的课堂教学要在教师的精心指导下,让孩子们利用有结构的材料或教具,去经历科学知识的探究过程,并在这一过程中爱上科学,理解科学本质。根据已有的理论和经验积累,常用的科学教学模式如下。

1."历史-发现"教学模式

"历史-发现"教学模式是依据情境认知与学习理论,超越了传统的、基于心理学的情境观,从人类学、批判理论、生态学与政治学等相关学科的研究中反思自身的发展而形成的。"历史-发现"教学模式以科学史例为故事,提供丰富的信息来源与真实情境、问题。科学史"情境"问题的提供,连接了科学史发展与学生对科学的认知之关系。该模式体现了建构主义理论的思想,也可被视为一种基于科学史的建构过程模式。

"情境"是"历史-发现"教学模式的核心要素,因此,基于作为"情境"的科学史融入的方式不同,呈现出"历史-发现"教学模式的不同的具体操作程序。比如,Monk 和 Osborne 提出"六段式":呈现、诱导、历史研究、设计实验、科学的想法和实证性测试、回顾

---

[1] 中国社会科学院语言研究所词典编辑室.现代汉语词典(第7版)[M].北京:商务印书馆,2017.
[2] [美]乔伊斯,等.教学模式[M].荆建华,等,译.北京:中国轻工业出版社,2002.
[3] [美]保罗·D.埃金,等.课堂教学策略[M].王维诚,等,译.北京:教育科学出版社,1990.
[4] 冯克诚,西尔枭.实用课堂教学模式与方法改革全书[M].北京:中央编译出版社,1994.
[5] 谢利民.现代教学论纲要[M].西安:陕西人民教育出版社,1998.

与评价,这种操作程序强调科学史与探究型实验的结合。① 交互式历史小故事(IHVs)主要是通过十到十五分钟的历史小故事,呈现科学家对科学问题、社会现象的不同观点与解释,以协助学生联结现在与过去,从而促进学生对概念的理解、批判思考能力的增加及深入理解科学本质。② 基于对科学史与科学探究的认识——科学史与探究型实验的结合,有学者提出了锚定历史(AIH)操作过程,主要探讨科学史教学的功能——利用科学史影像故事作为建立科学史情境的锚定物,以及经由影像里嵌入的科学本质与科学概念议题,促成参与者在科学史情境中学习,分为7个阶段:引入、沉浸、整合、计划、实验、检验、澄清。③

2. 问题解决教学模式

问题解决教学模式是现代科学教育中运用广泛的一种教学模式,这一教学模式的重要特点是从问题出发实施教与学活动,通过问题解决促进学生认识和理解科学知识、掌握科学的方法。

问题解决教学模式的基本思路是:把学习置于复杂的、有意义的问题情境中,通过让学习者合作解决真实的问题,来学习隐含于问题背后的科学知识,获得解决问题的技能,并形成自主学习的能力。问题教学模式实施的关键是问题(或问题串),问题(或问题串)既是教学活动的对象,又是整个问题解决教学过程展开的线索,故问题(或问题串)必须被精心设计。问题解决教学模式具体包括这些环节:创设情境,引入问题;分析问题,收集信息;寻找方法,设计方案;评价方法(或验证假设),得出结论;应用新知,产生迁移。

在运用问题解决教学模式的过程中,教师应当特别注意如何提出一个有意义的问题,并要注意根据学生的知识水平和教材内容的特点精心设计问题,也要重视启发学生对问题的理解、分析和构建解决问题的途径,并注意帮助学生扫清解决问题时的负迁移,使得学生探究解决问题的思路正确、简捷和有效。在问题解决之后,教师还应当进行评价,并针对不同的学生群体总结他们探究问题和解决问题的思维过程和运用方法的特点,帮助学生总结形成具有自己认知风格的问题解决模式。

3. 探究式教学模式

探究教学是现代科学教育的重要理念,也是科学教学的基本方式,更是培养学生科学探究能力的重要途径。《标准》提出了科学探究的8个基本要素:提出问题、作出假设、制订计划、搜集证据、处理信息、得出结论、表达交流、反思评价。

案例探析:5E教学模式在小学科学教学中的应用

探究教学是综合性的学与教的过程,为反映其教学过程的探究性,人

---

① Monk M.& Osborne J. Placing the History and Philosophy of Science on the Curriculum: A Model for the Development of Pedagogy[J]. *Science Education*, 1997(81): 405-424.
② 黄晓. 体现科学本质的科学教学——基于HPS的视角[D]. 上海: 华东师范大学博士论文,2010.
③ 郑子善,张容华,等. 锚定历史教学对职前教师科学概念及学习感受之研究——以月相盈亏概念为例[J]. 屏东教育大学学报(理工类),2007(27): 65-102.

们提出了不同的模式。美国科学教育家施瓦布把探究教学的过程归结为5个基本的步骤：①明确问题；②收集适合问题解决的资料；③提出假说；④验证假说；⑤导出结论。[①]萨奇曼认为实施探究的教学，创设"探究的情境"是首要条件，因此他提出探究教学的基本过程应包含下列几个环节：①提供产生疑惑的情境；②收集释疑的资料；③设计实验；④形成解释；⑤分析探究的类型。[②]美国生物学课程研究（BSCS）在1989年提出了一种基于建构主义教学的"学习环"模式，即"5E"教学模式，包括引入（Engagement）、探究（Exploration）、解释（Explanation）、精致（Elaboration）和评价（Evaluation）5个环节，5E教学模式在对学生新知识的建构和培养学生综合能力等方面有独特的作用和价值。分析这些模式可以发现，探究式教学模式最核心的特点是要求有效整合环境、媒介、方法、策略，支持学生在问题情境中的独立探索和有意义建构。

在教学实施中运用探究教学时，一方面让学生在经历科学探究的过程中体验科学探究的曲折和乐趣，以激发他们对自然的好奇心和对科学的求知欲。另一方面，也要促进他们学习科学方法，理解科学知识，并通过探究接触生活和社会，加深对科学、技术与社会关系的认识。同时，教师也要认识到科学探究虽然是学生学习科学的重要方式，但不是唯一方式。因而需要根据不同的教学内容，选择不同的探究形式和组织不同的探究途径，并运用各种教学方式与策略，让学生将探究式的学习与其他方式的学习结合起来，使探究学习呈现出不同的风格和过程，以便让学生通过探究获得最佳的学习效果，增强他们的探究意识和能力，而不只是简单地接受一些科学的事实和结论。

二、小学科学教学的常用方法

实施小学科学教学必须运用一定的方法，掌握多样的教学方法是进行有效教学的前提。对于教学方法，人们有多种定义，如方式说、途径说、手段说等。概括地讲，教学方法是在教学过程中，教师为实现教学目的、完成教学任务而采取的教与学相互作用的活动方式的总称。在小学科学教学中，常用的教学方法包括：讲授法、谈话法、讨论法、演示法、实践法、参观法、读书指导法、游戏教学法、角色扮演教学法等。

每种教学方法都有各自的特点，常见教学方法的特点如表3-1所示。

---

① 彭蜀晋，等.现代理科教育的进展与课题[M].重庆：重庆出版社，1990.
② 彭蜀晋.探究教学论析[J].化学教育，2002(4)：4-10，16.

表 3-1 常见教学方法的特点[①]

类别		主要特点
讲授法	讲述法	教师运用生动、形象的语言来叙述或描述科学教学内容和学习的有关信息
	讲解法	教师对所学内容在讲述的基础上还加以解析、解释和论证,阐明学习内容的本质,启发学生思维
	讲演法	教师对一个完整的课题或科学事实进行系统的分析、论证并做出科学结论
谈话法		教师根据学生已有知识和经验提出问题,通过对话引导学生积极思考,在交流过程中理解和获得科学认识的方法
讨论法		在教师引导下,学生之间围绕某一中心课题相互启发、研讨,得出结论
演示法		教师在课堂上通过示范性实验或展示各种实物、直观教具,以便学生经过观察获得感性认识
实践法	实验法	教师演示或学生独立运用一定的仪器和材料进行实验操作,以获取知识或验证知识,形成技能,培养实验能力的一种教学方法
	练习法	在教师布置或指导下,学生运用知识、巩固知识以形成技能的一种教学方法
参观法		组织和指导学生进行观察与感知,从而获得感性认识、提高思想认识的一种教学方法
读书指导法		教师指导学生通过阅读教科书、参考书和课外读物获取知识,培养学生独立阅读能力的教学方法
游戏教学法		教师组织学生,运用做游戏的方式,在规则许可的范围内,充分发挥学生的主动性和创造性,以达到规定目标的一种练习方法
角色扮演教学法		角色扮演教学法是学习者在假设环境中按某一角色身份进行活动以达到学习目标的一种教学方法

本章小结

本章从了解小学科学教学的特征出发,探讨了小学科学教学的过程和特点,重点探讨了小学科学教学中常用的教学策略、教学模式和教学方法。小学科学教学具有教学内容突出整合性、教学过程突出情境性、学习活动方式突出探究性等特点,并且在教学过程中应遵循科学性原则、基础性原则、实践性原则、趣味性原则。针对小学科学课程的特点,常用的教学策略主要包括促进概念形成和理解的教学策略、基于概念转变的教学策略、问题设计与探究解决的教学策略。常见的科学教学模式包括"历史-发现"教学模式、问题解决教学模式、探究式教学模式。

[①] 彭蜀晋,林长春.科学教育论[M].成都:四川人民出版社,2002.

【思维导图】

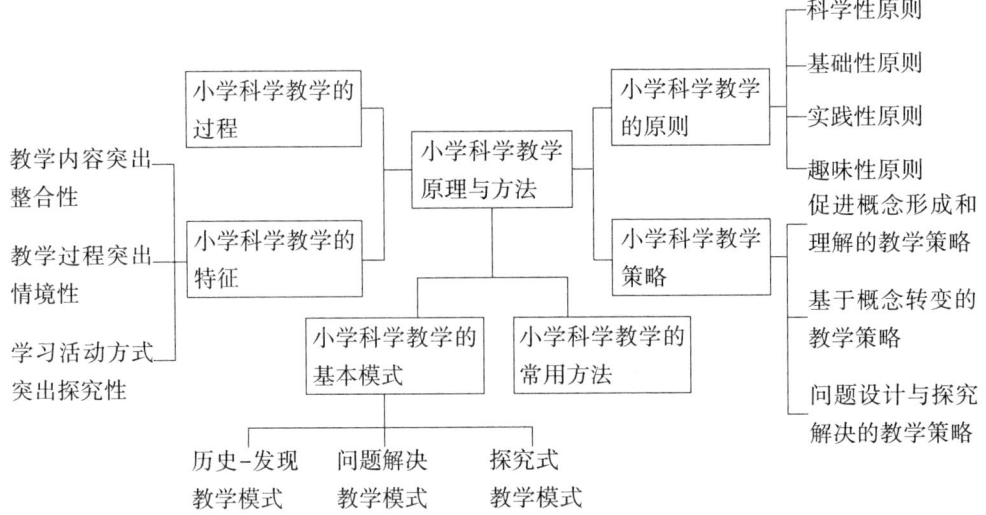

【思考与实践】

1.你认为问题解决教学和探究教学的差异是什么?

2.试就手边拥有的小学科学教材,选取其中一节,按科学探究教学的要求设计一个教学方案。

3.试就手边拥有的小学科学教材,选取其中一个课题,根据基于概念转变教学策略的特点,设计一个用概念图实施教学的教学设计。

4.你认为基于科学史进行科学教学的价值表现有哪些?

5.试比较小学科学教学策略、小学科学教学模式、小学科学教学方法的联系和区别。

【学习评价】

评价维度	评价内容				
	评价标准	评价等级			
		A	B	C	D
知识与技能	能够说出小学科学教学的基本特点和实施小学科学教学的新理念;能够用自己的语言阐述小学科学教学的基本要求;针对不同类型的知识内容,能够选择和利用恰当的教学策略;能够陈述3种典型的小学科学教学模式的基本程序与实施关键;能够评价小学科学教学中常用教学方法各自的优缺点				
过程与方法	通过自主阅读、小组案例研讨等方法,认识小学科学教学的特征和价值功能;经历理论学习、实践活动、评价反思的学习过程,进一步认识小学科学教学中常用教学模式实施的关键				
情感、态度、价值观	树立教师作为学习者主动学习和自主发展的意识;对践行小学科学新课程理念有较高的热情和期待				

【推荐阅读】

1. 乔伊斯,等.教学模式[M].荆建华,等,译.北京:中国轻工业出版社,2002.

2. 杨元魁,叶兆宁.突破STEM教育中科学与工程的链接难题——基于工程问题解决的教学模式[J].人民教育,2018(10):57-62.

3. 袁维新.科学探究教学模式的反思与批判[J].教育学报,2006(4):13-17,30.

4. 李霞,张荻,胡卫平.核心素养价值取向的小学科学教学模式研究[J].课程·教材·教法,2018(5):99-104.

第四章
小学科学探究式教学

教人未见意趣,必不乐学。

——朱熹

一个人在科学探索的道路上,走过弯路,犯过错误,并不是坏事,更不是什么耻辱,要在实践中勇于承认和改正错误。

——爱因斯坦

科学的每一项巨大成就,都是以大胆的幻想为出发点的。

——杜威

科学探究是科学家们研究科学现象,并依据研究获得的证据提出各种解释的过程。科学探究也是学生们用来获得科学概念,领悟科学家们研究科学现象的方法的活动。我国新修订的《标准》中明确指出:"小学科学课程倡导以探究式学习为主的多样化学习方式,促进学生主动探究。"这就要求小学科学教师必须充分理解探究教学的现实意义,形成探究教学的理念,掌握实施探究教学的基本方法和施教技能。本章就对小学科学中实施探究教学涉及的理念、理论和实践途径等问题进行深入的探讨。

第一节 小学科学探究式教学概述

(1)了解科学探究的教育价值。
(2)理解小学科学探究式教学的特征。(重点)
(3)理解小学科学探究式教学的层次和水平。(重点,难点)

一、科学探究的教育价值

科学探究式教学强调小学生通过科学探究自主解决问题,促进学生对科学知识的理解和建构,培养学生的科学探究精神,使其掌握科学探究的方法,形成解决问题的技能和自主创新的能力。

(一)建构和理解科学概念

科学探究式教学不仅能让小学生主动地将前概念应用于科学探究的每个环节,更能交流与反思、精致化前概念,从而加深小学生对科学概念的理解。例如,小学生都有"金属在水中都会下沉"的前概念,为了实现概念转变,教师可以准备各种形状和结构的金属物体,将它们放入水槽中,学生观察后会发现:一些盘形或船形的金属物体会漂浮在水面上。教师抓住时机进一步引导探究:"是不是所有的金属物体在水中都下沉,那漂浮在水面和下沉在水中的金属有什么共性吗?"学生分别测量金属物体的排水量,在实践基础上建立了金属的沉浮与排开水量有关的科学概念。

(二)发展科学探究能力

科学探究式教学是科学教育的重要教学模式,能促进学生科学探究能力的提升。例如,在教学"摆长"时,学生通过实践发现摆的次数与摆绳的长短有关后,教师又出示了两个摆绳长度一样,摆锤长度不一样的摆,学生推测两个摆的快慢情况。当事实告诉学生两个摆绳长度一样的摆摆动次数不一样时,这与原有的认知产生了矛盾,学生又提出摆锤长度会影响摆动次数的推测,并且制订新的探究方案:学生准备了3个摆绳长度一样,摆锤长度不一样的摆,分别测试它们单位时间内摆的次数。经过反复实践探究,学生不仅对摆长概念的建构逐渐深刻化、科学化,科学探究能力也得到逐步提升。

(三)理解科学本质

科学探究式教学的主要目的是使小学生经历探究科学知识的发生过程,掌握科学的思维方法,其指导思想是按照科学研究的一般程序设计教学过程,其核心是让学生通过自我探索、收集科学资料,并阐明把这些资料转化为科学结论与解决问题的途径与方法,理解科学的历史和本质,并内化为学生的科学素养。小学生的科学探究过程和其持有的科学本质观有关。采用科学探究式教学可以让小学生经历发现问题、提出问题、探索问题和解决问题的过程,学生就会像科学家那样,经历痛苦、茫然、焦虑与挫折,体验惊奇、激动、顿悟、充实与兴奋,从而认识和领悟科学的探究本质。

(四)发展科学思维能力

科学探究是以学生为中心的主动学习过程,必须包括"做中学"和"学中思"两个内涵。数据处理是运用数据揭示事物和现象的本质及其联系的过程,对记录的实验结果加以整理分析,包括实验误差的分析、有效数字的运算和其他实验数据的处理,并对整理后的观察实验结果进行概括,与已有的理论联系起来,从而验证探究假设,解决探究问题。在此基础上,要检查和评价整个探究过程,对解决问题的情况和效果及时进行检查、评价和反馈,然后,根据反馈结果对解决问题的活动采取补救措施。

资料卡片:青少年的科学思维能力

(五)发展科学语言能力

科学教育的重要目标是训练学生像科学家一样运用科学语言,经由科学探究过程说服自己并与他人进行沟通的能力。美国《下一代科学标准》非常重视科学语言的规范和合理运用,认为科学语言在科学实践中占有重要地位。科学家研究发现,除了对话之外,成果的发表还必须借助书面的文字,让科学社群能够认同和肯定其研究价值;同时,所形成的科学知识,更需要通过文字加以传递。教师可以通过科学写作,训练学生建构知识、发展逻辑思维和表达能力,并学习如何进行科学探究,像科学家一样与人沟通。

【问题讨论】

1. 谈谈你对科学探究重要性的理解。
2. 你认为科学探究还有哪些教育价值?为什么?

二、小学科学探究式教学的特征

(一)问题性

小学科学探究式教学是以科学问题解决为目标的教学,具有问题性特征。科学探究是以科学问题为导向的,科学探究的过程也就是发现问题、解决问题的过程。小学生的科学问题与科学家的科学问题相比,在性质上有所不同。小学生探究的问题只是对小学生来说是未知的,而对成人或整个人类而言,这些问题可能已经不属于未知领域,如"地球是什么形状的""为什么空中的物体会落回到地面""人为什么要呼吸"等等,但正是这些问题的存在,引发小学生进行探究,从而不断地丰富和扩展其对客观世界的认识和理解,建立科学的世界观。

(二)建构性

小学科学探究式教学是一种学生主动建构的活动,具有建构性特征。在科学探究活动中,当学生已有的知识经验不足以解释科学现象或解决科学问题时,就会产生认知冲突。为了解决冲突,实现认知平衡,小学生必须不断围绕科学现象和科学问题进行思考,通过各种途径获取有关信息,制订探究计划,对科学问题做出基于已有经验的分析、推论、综合和概括,将自己的发现与他人的发现进行比较,做出反思与评价,并调整探究方案等。

（三）思维性

小学科学探究式教学是一种学生进行科学思维的过程,具有思维性特征。在这一过程中,学生不仅要使用观察、分类、交流、测量、推论、预测、假设等一系列的科学方法,而且要使用概括、分析、类比、归纳、推理等思维方法来形成并修正科学解释,识别和分析各种模型,交流和应用得出的科学结论。与科学家相比,小学生的思维能力可能不足以阐明科学理论,如,他们主要以直接经验的感性认识而不是理性认识为基础来形成关于自然现象的认识,因此倾向于以自我为中心来看待世界;对事物因果关系的思考表现出更多简单化、表面化的特征,很难同时把握太多的因素等。

（四）合作性

小学科学探究式教学重视交流与合作,具有合作性特征。科学发展的历史表明,合作探究学习是一个混合术语,它的意义来自科学教学对探究的要求,是一个具有挑战性的学习方式,可以激发小学生学习科学的动机,并能学会像科学家一样合作探究,理解科学的本质。由于小学生在日常生活中可能会形成许多不正确的概念且较顽固,合作探究则能够促使小学生在表达自己的观点、交流和讨论不同意见的过程中转变原来不正确的看法,重构新概念,形成新的更为科学的理解。

三、小学科学探究式教学的层次与水平

区分科学探究式教学的不同类型,有助于科学教师正确理解科学探究式教学,并促使他们根据自身的条件、教学内容的特点及学生的具体情况,选择适合自己班级的科学探究式教学方式和方法。科学探究式教学通常以开放的程度作为分类与区别,至于开放的程度学者们各有其认定。

美国课程学者施瓦布提倡要以科学探究的方式进行科学教学。他将实验活动依据实验问题或假设、实验步骤、实验结果分为3个层次,并将科学探究活动区分为开放式探究(Open Inquiry)与引导式探究(Guided Inquiry)两类[1]。由表4-1施瓦布提出的探究层次可以发现,第一层由教师提供实验问题、实验步骤和方法,学生只需要验证实验结果。第二层则是教师提供实验问题,实验步骤与方法则由学生自行思考决定,并由此得到实验结果。而第三层则完全由学生去找寻问题,实验步骤与方法也要由学生自行决定,最后得到实验结果,此类型开放程度最高。因此,层次愈低,教师介入程度愈高,学生开放程度愈低,反之则以学生为主要学习核心,教师介入程度较低。此3种模式于教学现场常可见到,第一层次类似教材中的实验,实验问题、步骤与方法都经教师提供,而实验结果

---

[1] Schwab J.H. Analysis of the Experimental Lesion of Connective Tissue Produced By A Complex of YCY Polysaccharide From Group A Streptococci: Influence of Age And Hypersensitivity[J]. *Journal of Experimental Medicine*, 1964, 119(3): 401-408.

需要学生自己动手操作。第二层次则接近引导式探究类型,由教师设计活动并设定实验问题,经由同学间讨论与合作将实验过程研拟出来,并得出实验结果。第三层次则比较类似科学展览活动,由学生主动从生活议题中找寻问题,并自行决定实验方法与步骤以解决提出的问题,并得到实验结果。因此,不同层次的活动类型各有其特色,但教师要懂得在适当时机采用合适的策略。赫伦延续了施瓦布的实验探究水平分类体系,只是在层次 1 的上面加上 0 的层次,形成 4 个层次,如同表 4-1 所示,增加的 level 0 层次是教师将问题、操作方法、操作步骤、实验结果都一并提供给学生,其分类说明如下:

(1)Level 0 - 确认(Confirmation Inquiry)层次:在此层次中,实验问题、实验步骤与方法以及实验结果均提供给学生,学生只需依实验步骤进行操作,验证已知的结果。

(2)Level 1 - 结构性探究(Structured Inquiry)层次:教师提供给学生实验问题、实验步骤与方法,但不提供实验结果,学生依步骤进行操作,就可以得到原本未知的结果。

(3)Level 2 - 引导性探究(Guided Inquiry)层次:教师提供实验问题,学生必须针对问题自行设计实验步骤与方法以解决问题,最后得到实验结果与相关原理。

(4)Level 3 - 开放性探究(Open Inquiry)层次:学生主动探索与主题相关的问题,实验问题和实验步骤与方法皆由学生自己设计和选择,最后得到实验结果与相关原理。

表 4-1 科学探究式教学的 4 个层次

层次	实验问题	实验步骤与方法	实验结果	一般名称
0	○	○	○	确认
1	○	○	×	结构性探究
2	○	×	×	引导性探究
3	×	×	×	开放性探究

除了以上的分类之外,科尔伯恩指出,科学探究活动并非是均一化地被创造,它可以分为 4 种形式。

(1)结构性探究(Structured Inquiry)。教师给予学生指令化的步骤,包含设计好的实验步骤和实验表格等,学生只要记录他们所观察到的现象即可。

(2)指引性探究(Guided Inquiry)。给予学生实验所需材料,并给予一定的实验指示,确认学生完成第一部分实验,再给予后续实验内容的提示。

(3)开放性探究(Open Inquiry)。给予学生实验所需材料,不告诉他们实验目的,学生自主进行实验。

(4)学习环(Learning Cycle)。学生依照引导完成实验,教师参与实验结果讨论,并给予可以应用这些实验结果进行讨论的新情境题目。在开放式探究中,学生必须要进行研究设计并选择实验程序,并在教师批准后进行实验并下结论。

从以上学者的论点可看出,探究活动可针对不同类型的课程与概念属性进行最适当的设计,《美国国家科学教育标准》曾指出许多人对科学探究有所迷失,认为所有教学活动都必须采用探究方式进行,但也必须考虑小学生都还不熟悉基本概念与科学技能,就要小学生进行探究,对小学生而言过于困难的实际情况,因此,小学科学探究式教学也要循序渐进,因材施教。

【问题讨论】

1.你认为小学科学教学过程中如何充分体现科学探究的特征?这些特征反映在教学的哪些方面?

2.你对科学探究式教学有什么新认识或不同的理解?

第二节　小学科学探究式教学的实施

(1)理解小学科学探究式教学的过程。(重点)

(2)理解并能够正确应用小学科学探究式教学的实施策略。(重点,难点)

(3)理解小学科学探究式教学的实施要求。(重点)

一、小学科学探究式教学的过程

科学探究作为一个过程,有一定的活动程序和操作步骤。其基本过程大致要经过6个基本的环节或者步骤。

(一)提出科学问题

教育家孔子在《论语》中提出"不愤不启,不悱不发",意即教师要善于捕捉学生心愤口悱的时机,在学生处于"心求通而未得,口欲言而不能"的时候设置疑义,调动学生的求知欲望。在科学教学中,提出问题对诱发学生探究动机,明确探究方向,引导学生进入主动探究状态,激发学生的创造性思维,做出大胆的猜想等具有重要作用。这里的科学问题要与学生学习的科学知识与能力相联系,教师要引导学生在观察、调查、实验、阅读等情境中发现问题,能对自然现象、生活现象、实验现象产生好奇心,经过启发或者独立发现一些有探究价值的问题,并能够清楚地表述所发现的问题。

(二)进行猜想和假设

科学猜想和假设是人们对未知的事实及其规律提出的推测性看法。猜想和假设是学生科学探究中的一种预见性活动,也是探究中很重要的一个环节,在学生科学探究的过程中起着举足轻重的作用。科学教学中,教师可结合具体的探究问题引导和鼓励学生在已有的科学知识或者生活经验的基础上,尝试对问题提出可能的答案,做出大胆的猜想和假设。教师要赞赏那些异想天开的学生,努力营造一种民主的、生动活泼的、和谐的教学氛围,让学生有一种安全感。另外猜想必须符合逻辑,有所创新,并要培养学生对猜想和假设做出论证的意识。

(三)制订计划与设计实验

学生能够针对探究的目标和条件,制订探究计划,设计并且选择合适的探究方案。探究计划应包括探究的实验器材、设备、技术和资料的准备和选用,探究的程序与过程(包括观察、实验、调查,实验变量的控制,信息和数据的收集与处理,影响实验结果的因素,具体的操作步骤等),对少数学生可以让他们去设计一些既有一定创新意识,又符合自身认知特点的探究方案。

(四)观察与实验以获取事实与证据

学生在教师的指导下,根据探究方案,利用观察、测量、实验、调查、检索和其他的方法与技术,收集与解决科学问题有关的数据、资料和信息。要求学生能够正确、安全地使用基本实验仪器,能进行一系列观察、比较和测量,进行实验变量的控制,科学记录实验现象和数据,实验过程中注意将观察与思考结合,不断发现问题和解决问题。例如,在学生进行观察和实验时,要让学生设计多种可靠易行的探究方案,鼓励学生多次收集和如实记录实验数据。在学生探究的时候,教师要检查学生的实验记录单,了解学生的实验进度和参与程度。教师还要鼓励学生重复实验,提醒学生不要为寻求和自己观点一致的结论而随意取舍数据、修改数据。

(五)检验与评价

检验是指用科学知识和原理、科学方法去确证科学探究结果是否与所提出的假设一致,以获得正确的结论。因此,需要教师引导学生整理收集到的各种信息、实验数据和证据,将其与有关的科学概念、原理、定律等建立联系,应用图表等方式分析、处理实验结果等有关数据和信息,与猜想和假设进行比较,并注意到与预想不一致的现象,做出简单的分析,对事实与证据进行归纳概括,最后得出符合事实和证据的结论。学生要有对探究结果的可靠性进行评价的意识,能提出改进的方法或建议,收集更多的事实和证据来支持解释,检验在探究过程和方法上是否存在问题,能对与事实不符的猜想和假设做出否定,提出新的假设继续探究,直到得出正确的结论。

(六)表达与交流

在形成关于某一现象或问题的结论、解释后,学生还需要与他人进行相互交流。在这种交流中,一方面,学生要准确地向其他人阐明自己所探究的问题、方法、过程以及结果,并倾听他人对证据和解释的看法和态度;另一方面,他人也有机会就这些结论、解释提出疑问,指出其中有悖于事实证据的地方,或者就相同的观察提出不同的解释等。最后,学生还需要将其所获得的结论应用到其他情境中,以进一步验证结论,并扩大和丰富对自然世界的认识。

二、小学科学探究式教学的实施策略

案例探析:开关的研究

小学科学探究式教学是以学生为中心的,这与以往讲述式教学中,学生只是被动地接受知识大不相同。那么小学科学探究式教学中教师要如何教,学生要如何进行科学探究呢?

(一)创设氛围激发科学探究兴趣

学习是学生参与学习活动的一种行为,教师发现学生的兴趣点,创建一个情境将学生们巧妙地带入其中,学生的探究兴趣、求知欲才能够得到充分的激发,学生的思维才能够得到充分的发散,创新意识和个性才能够得到充分的张扬。例如,在教科版《科学》三年级下册"磁铁的两极"探究活动中,教师在最后环节又给了学生一块断磁铁,探究内容与步骤布置如下:(1)一根磁铁断开后有几个磁极?(2)两根断磁铁重新接成一根后有几个磁极?(3)将两块磁铁接在一起,会出现什么情况呢?学生面对全新的问题,面对有吸引力的挑战,探究激情又一次被激发,加深了对磁极概念的建构,对磁极奥秘的探究,一块断磁铁的探究价值发挥到了极致。同时,学生意识到科学探究永无止境。长久以往,学生在探究时也会从多个角度、多个方位思考,为良好科学探究品质的养成提供了沃土。

(二)科学探究主题内容与生活紧密联系

小学科学探究式教学应该在真实的情境中进行,使用真实生活中的问题情境能激发学生的科学探究热情。通过教师的引导,学生进行实际问题的解决。例如,以在教科版《科学》四年级下册"电"单元第5课"导体与绝缘体"基础上实施的一节拓展课为例,介绍基于社会科学问题的探究教学。学生对人体、大地、水等这些特殊的导体并不是很清楚,又因为用课堂中的电路检测器无法检测出来,所以对这一结论的认同度不高。因此,本节课可以通过高灵敏度的验电器,让学生测试自来水、土豆、食盐、人体、干湿毛巾等,使学生通过直观现象认识更多的导体,同时,也让学生建立导体与绝缘体在一定条件下可以互相转化的概念。因此,教师应该以体验式教学为依据,通过实验体验、思维体验,注重科学概念的逐步深化,注重对学生思维能力的培养,注重科学联系生活,在生活情境中进行应用。

(三)提供适时适度的探究指导

小学科学探究式教学充分突出小学生的主体地位,学生根据自己的先备知识决定自己要学什么,教师所需提供的是一个理想的学习情境,但这并不意味着教师要放弃指导。为了保证指导的适时有效,教师要对学生在探究中出现的问题保持高度的敏感,必要时给予适当的启发性的指导。[①]例如,在讲教科版《科学》五年级上册"光的反射"一课前,教师可以让学生们准备自己认为能够改变光传播方向的东西,然后在下节课展示给其他学生看。在上课时,大多数学生都拿的平面镜,有的学生却伸出手把手表对着太阳在另一边的墙上产生了小亮点。学生将生活中的细心观察与所学的知识串联起来,有助于他们对这堂课内容的理解。如果一开始教师就让每个人准备一面小镜子,那么就不会有人动脑筋去思考,很可能就会错过学生们的闪光点。当然,放手让学生们自己去思考、去设计也需要把握尺度,这就需要教师在实际教学中慢慢摸索,不断探究。

(四)重视小组合作学习

小学科学探究式教学过程倡导合作性学习。教师可以结合班级实际,从科学编排实验小组入手,改变以前随意"按座位编排实验小组"的方法,把每个班级学生根据学习爱好、个性特长、动手能力等情况进行分组,把积极好动的学生和胆小、被动、游离、不善交往的学生分散在各个小组里,差异互补,为他们搭建起交往的平台。例如,教科版《科学》六年级上册"滑轮组"一课中,仪器室铁架台和滑轮都很多,让学生两人一组做实验,这样每一个同学都有事可做,每一个同学都能动手。通过同伴间相互阐述自己的观点和倾听他人的意见,学生可以更好地对自己的论证和思维过程进行审视,从而深化自己的认识,建构出新的假设和对问题更深层的理解。

(五)运用和发展学生的高层次认知能力

根据皮亚杰认知发展理论,教学中应采用与学生认知发展水平相适应的科学探究活动,而科学探究活动要求学生必须具有高层次的认知能力。第一,科学过程能力包含观察、比较、分类、组织关联、归纳、分析与判断、传达;第二,科学与技术认知包含知道、理解、应用;第三,科学思维能力包含科学论证能力、批判思维能力、创造性思维能力和问题解决能力等。科学教学强调科学探究与培养基础知识和基本技能并不冲突,而是要在"双基"的基础上发展学生更高层次的认知能力。

三、小学科学探究式教学的实施要求

(一)鼓励学生勇于提出问题,科学质疑

小学科学探究式教学是以科学问题解决为中心,学生通过发现问题、分析问题、创造性解决问题等步骤去掌握知识、培养创造力、勇于提问和科学质疑。

[①] Duschl, R. A. *Assessment of Inquiry* [M]. In J. M. Atkin & J. E. Coffey (Eds.), Everyday assessment . Arlington: NSTA, 2003.

(二)鼓励学生独立思考,积极发表自己的意见

小学科学探究式教学是结合实际问题动手与动脑相结合的过程。科学探究重在思考,重在对实际问题进行思考,这与传统科学教学中的"讲解—阅读—验证实验"中的动手存在着本质上的差异。

(三)鼓励学生主动与同伴合作、交流,科学协调同伴的关系

小学科学探究式教学中,学生相互讨论各自对问题的解释,能够引发新的问题,有助于学生将实验证据、已有的科学知识和他们所提出的解释这三者之间更紧密地联系起来。

(四)培养学生正确的科学态度和科学精神

小学科学探究式教学的开展就是为了模拟科学家如何探索科学真理,比起一味片面地追求科学知识的接受式教学更能培养学生正确的科学态度和求实、创新、献身的科学精神。

【问题讨论】

1. 请举例说明小学科学探究式教学还可以采取哪些策略。
2. 请举例解释小学科学探究式教学的实施要求。

第三节　小学生科学探究能力的培养

(1)了解小学生科学探究能力的构成。
(2)理解和运用小学生科学探究能力的培养策略。(重点,难点)

一、小学生科学探究能力的特征与构成

科学探究能力是指尚无确切的科学知识和经验去回答或解决某一问题时,只能采用一定的程序和方法去收集和处理信息,以实证的方式回答或解决科学问题的能力。

(一)科学探究能力的特征

科学探究能力是保证学生顺利完成探究性活动的能力。科学探究能力具有7个主要特点。

（1）科学探究能力表现在学生进行探究式学习的活动中，并在活动中得到发展。

（2）科学探究能力离不开科学知识和科学技能，缺乏科学知识，科学探究就无从谈起；缺乏科学技能，也无法进行科学探究。

（3）科学探究能力具有外显性，体现在科学探究过程中的每一个环节。

（4）科学探究能力具有灵活性和协调性。一般来说，可以把科学探究过程分为7个要素，但在实际进行探究活动时，不一定按照这7个要素的排列顺序进行，可以交叉进行，也可以将后面的要素提到前面进行，应该根据探究的要求灵活掌握，使探究活动协调进行。

（5）科学探究能力具有集体性、合作性和交流性。对于简单的问题，可以由学生个人来进行，对于比较复杂的问题，可以通过小组活动甚至全班性活动进行，学生间进行交流和合作。

（6）科学探究能力具有循序渐进性。学生经历的探究活动应该由简单到复杂，使探究活动的水平循序渐进地提高。

（7）科学探究能力具有创新性。教师要鼓励学生独立思考，提出不同的见解，在这样的过程中，不断培养和发展学生富有创新的探究个性。

（二）科学探究能力的构成

理解科学探究能力的内涵与特征后，以下说明科学探究能力的构成。

表4-2 不同国家和地区的科学探究能力构成

《美国国家科学教育标准》（NSES）	定义和确认科学探究问题；设计与进行科学探究活动；使用适当的工具和科技来收集、分析与解释资料；根据发现的证据来发展适当的科学解释、预测或模式；使用逻辑和批判思考以连接解释和证据间的关系；认识与分析可能存在的另类解释与预测；有效地与别人沟通科学探究的过程与结果；在科学探究过程中使用数学
美国《K-12科学教学框架：实践、跨学科概念和核心概念》	科学问题，明确工程难题；建立和使用模型；设计和实施调查研究；分析和解释资料；利用数学、信息与计算机技术和计算思维能力；建构科学的解释，设计工程解决方案；基于证据的辩论；获得、评估和交流信息
加拿大安大略省的科学课程标准	提出问题和制订计划；实验和记录；分析和解释；交流和沟通
英国新版科学课程标准	核心概念；理解科学本质；科学过程和科学方法；科学的运用及其启示；分析评价
台湾地区九年一贯课程纲要——自然与生活科技学习领域	实验操作；提出假设；设计实验过程；收集数据；作图；推论；反思批判性思维能力
国际数学与科学趋势研究项目（TIMSS，2015）	根据观察提出假设或问题；生成证据；处理数据；回答研究问题；根据观察和证据做出论证
科学素养测评框架（PISA，2015）	解释科学现象；设计和评价科学探究；科学地解释数据和证据
美国国家教育进展评估（NAEP，2015）	学生能设计实验；分析探究结果和数据；对结论进行证明和批判

我国《标准》将科学探究作为科学课程和实施教学的基本理念之一,并将科学探究式教学的总目标分列为4个方面。

(1)了解科学探究是获取科学知识的主要途径,是通过多种方法寻找证据、运用创造性思维和逻辑推理解决问题,并通过评价与交流等方式达成共识的过程。

(2)知道科学探究需要围绕已提出和聚焦的问题设计研究方案,通过收集和分析信息获取证据,经过推理得出结论,并通过有效表达与他人交流自己的探究结果和观点;能运用科学探究方法解决比较简单的日常生活问题。

(3)初步了解分析、综合、比较、分类、抽象、概括、推理、类比等思维方法,发展学习能力、思维能力、实践能力和创新能力,以及运用科学语言与他人交流和沟通的能力。

(4)初步了解通过科学探究达成共识的科学知识在一定阶段是正确的,但是随着新证据的增加,会不断完善和深入,甚至会发展变化。

科学探究能力有概念认知、内在动力、过程技能及思考智能,学者从不同的维度切入分析,更可以理解科学探究能力的全貌。学生在心理因素、理性思考与科学过程技能结合下,运用原有知识概念在解决问题的同时得到新的科学知识,在过程中使用的能力即科学探究能力,在过程中可以观察到的外显表现主要包括:(1)提出科学问题的能力:能基于所学的知识,从事物的结构、功能、变化及相互关系等角度提出可探究的科学问题。(2)猜想与假设的能力:能基于所学的知识,从事物的结构、功能、变化及相互关系等角度提出有针对性的假设,并能说明假设的依据。(3)探究设计的能力:能基于所学的知识,制订比较完整的探究计划,初步具备实验设计的能力和控制变量的意识,并能设计单一变量的实验方案。(4)搜集证据的能力:能基于所学的知识,通过观察、实验、查阅资料、调查、案例分析等方式获取事物的信息。(5)表达与交流的能力:能正确讲述自己的探究过程与结论,能倾听别人的意见,并与之交流。(6)解释与论证的能力:能基于所学的知识,运用分析、比较、推理、概括等方法得出科学探究的结论并基于证据质疑并评价别人的探究报告。(7)反思与评价的能力:能对探究活动进行过程性反思,及时调整,并对探究活动进行总结性评价,完善探究报告。

【问题讨论】

1.科学探究仅仅是要求学生"做中学"吗?

2.科学家的科学探究能力与学生的科学探究能力有什么区别与联系?

二、小学生科学探究能力的培养策略

(一)提出科学问题能力的培养

提出问题是科学探究的首要环节,教师要启发和鼓励学生提出有探究价值的科学问题,可采取如下教学策略发展学生提出科学问题的能力。

1. 创设提出问题的情境

教师应指导学生提炼、选择适合探究的问题,并在关键点创设科学问题情境。其次,应在学生争辩的热点处设立科学问题情境。例如,在教科版《科学》四年级上册"一杯水能溶解多少食盐"一课中,学生制订研究计划应该是这节课的关键。因此,教师在教学"制订研究计划"这一环节时设置了问题:

(1)对一杯水里能溶解多少克食盐这个研究问题有什么疑问?

(2)研究的时候需要准备哪些材料?

(3)研究的时候需要注意哪些问题?

在需要注意哪些问题时又设置了两个小问题:①我们应该怎样放盐?②放盐的时候需要注意哪些问题?学生就围绕这些富有启发性的问题进行了思考、研讨,研究计划在他们的研讨中逐步成熟,学生在问题的引领下解决了这一课探究的重难点。

2. 营造和谐气氛,培养学生质疑的思维方式

教师不仅要解答问题,更要启发思考,教给学生质疑的思维方式,比如,比较法、逆向法、因果法、联想法、发散法等,培养学生由质疑而求异,养成思考问题的习惯。例如,在教科版四年级下册"食物包装上的信息"一课,有的学生认为牛奶保质期越长越好,有的认为保质期短好,双方各抒己见,争辩得面红耳赤。这时,教师提问:到底是哪些原因影响了牛奶的保质期呢?一个提问,使学生的争论声小了很多,把讨论的热点转移到了研究影响牛奶保质期长短的因素上,并把眼光共同瞄准了保质期有长有短的两种牛奶的食物配料表,依据观察食物的配料表对争辩的问题做出客观分析。可见,教师的这一提问就像给大海中迷路的船提供的指向灯,使学生在科学探究中有了正确方向,使学生的科学探究更加明确化,提高了学习效率,也给学生提供了解决问题的典范。

3. 留给学生独立思考、提出问题的时间和空间

有些教师一提出问题就请学生作答,这样做的本意,可能是为了节约时间,但教育心理学研究表明,要回答一个有难度的问题,学生必须经历由浅入深、由表及里的思维过程。对问题的深层的探究,选择准确的语言,提出创造性的方案,这些都需要一定的时间保证。例如,让学生回答"怎样使一块糖溶解得快一些",学生就必须去联系生活,再在头脑中整理,作答。如果教师根据自己所提问题的难易程度,提问后都做适当时间的停顿,让学生自觉深入地进行思考,学生的思维就会更加平稳和成熟,同时,也培养了学生脚踏实地的科学态度。

(二)猜想与假设能力的培养

猜想与假设是制订探究计划、设计实验方案的基础。小学科学探究式教学中,教师应让小学生体验猜想与假设在整个探究活动中的重要作用,鼓励、启发学生主动地、大胆地对问题可能的答案做出猜想或假设。在科学教学过程中,培养学生的猜想与假设能力

应当重视以下各方面：

(1)注意激发学生的自信心,引导学生敢于怀疑、敢于猜想。

(2)创设探究学习的情境,鼓励学生勇于提问,变猜想为假设。

(3)营造联想与思索的环境,启发学生利用日常经验或科学事实进行广泛的猜想。

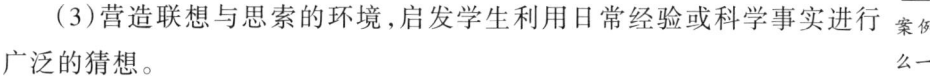

案例探析：为什么一年有四季

(4)加强指导,引导学生捕捉问题、对探究的方向和可能出现的结果进行推测与假设。

(三)探究设计能力的培养

经过猜想与假设后,学生为了验证自己的猜想是否正确,就要制订一个切实可行的计划。

1. 让学生经历制订探究计划的过程

制订探究计划和设计实验是科学探究过程中的重要环节。教师应引导或组织学生讨论,分析要探究解决的问题及其方法,构思出探究方案,并注意加强对以下几方面的指导：(1)让学生明确所要探究的问题的关键在哪里。(2)询问学生是否收集到了足够的资料或者证据。(3)观察学生对所收集的证据是否进行了整理和选择。(4)制订探究计划的重心是什么？相关条件具备吗？(5)实验证实的关键点在哪里？用什么方法和途径去尝试？

2. 充分发挥学生在实验设计中的能动性

实验设计是指实验者在探究科学问题前,根据一定的实验目的和要求,运用有关知识和技能,在头脑中对实验的仪器装置、步骤和方法所进行的一种规划和设想。学生在实验设计中的能动性主要表现在这样几个方面：明确实验原理；合理选用实验用品及规格；构思实验装置、实验步骤,选择实验方法；确定实验结果的处理方式；优选实验方案。教师应结合具体的探究问题指导学生从以上几个方面来设计实验方案。

例如,教科版《科学》五年级下册"为什么一年有四季",在学生"立竿见影"实验后,分发地轴不倾斜的地球仪,再次"立竿见影"观察影子长短是否还会发生变化。学生经过两次"立竿见影"的实验,有了更加丰富的实验体验与发现,两次实验现象形成鲜明的对比,学生对四季的成因形成了一个整体的认识,分析也更有科学性,给了学生更广、更深的探究空间。

(四)搜集证据能力的培养

1. 通过具体实例培养学生的证据意识

资料卡片：基于证据的学习

科学事实是支持科学结论的重要证据,如果只进行实验,而不注意收集实验事实(包括实验数据),科学探究就无法开展下去,也就不可能得出探究问题的答案或结论。教师应引导学生对进行实验与搜集证据时的偶然失误导致错误的结论或得不出科学结论的事例做认真分析,从具体的事例中看到不重视证据收集的严重后果,培养学生的实证意识,加深学生对进行实验与搜集实验证据在科学探究中的重要性的认识。

2.重视证据记录方法的训练

为了保证在探究过程中获得的证据的准确性和可靠性,学生必须及时地做好观察记录,因为探究过程中所使用的实验仪器、装置,实验步骤、方法,发现的实验现象,以及观测、测量得到的实验数据等单凭头脑是记不准确、记不全面的。在科学探究教学中,教师应在以下几方面指导学生:

(1)用文字、科学语言、实验仪器和装置图、线图、表格、计量单位等对观察到的实验现象、数据等进行简要、概括的描述或记录。

(2)发挥原有的经验和科学知识的指导作用,用科学语言把观察中获得的对实验对象的知觉表述出来。

(3)能够正确地把观察到的现象与对现象的推断或解释严格区分开来,不可混淆。

(五)表达与交流能力的培养

科学探究式教学需要有效的交流研讨,真正互动交流的科学探究是充满生机和活力的,它是教师展示教育智慧,引领学生自主探究真知的过程。我们渴望教师精心设计交流研讨,组织好科学探究过程中的互动交流,提高互动交流的有效性。

1.有效整合探究活动,给予学生充分的互动交流时间

要提高学生在探究时的互动效率,首先要给学生充分的交流时间,保证学生充分地表达与交流。例如,教科版《科学》五年级下册"用水测量时间"一课,建议教师在教学时把活动改成"200毫升水流出第1个10毫升和第2个10毫升各需要多少时间"和"200毫升水流出第1个100毫升和第2个100毫升各需要多少时间"两个活动。学生通过第一个活动发现水流速度是均匀的,根据这样的结果学生对流出2个100毫升所需的时间进行了预测,但实际验证后发现水流速度又不均匀了,学生很自然地会思考两个100毫升水流速度为什么不一样,使学生的思维更进一步。通过交流发现水位高低影响了水流速度,水流速度并不是固定不变的。这样把3个活动整合成两个活动,让学生有了足够的时间参与探究,也让学生有了充分互动交流的可能。

2.让学生完整、充分地表达和交流,确保交流的清晰性

组织学生表达与交流是探究教学中比较难把握的一个环节,首先要给学生充分的交流研讨空间,保证学生充分地表达与交流。探究过程中,学生除了交流观察到的现象或探究结果外,还可以交流实验过程、分析实验成功与失败的原因、体会与同学合作的感受、评价别组的探究情况等。例如,在教科版《科学》四年级上册"一杯水能溶解多少食盐"一课的交流阶段,在学生汇报完实验结果后,教师可以有意识地引导学生分析溶解盐量的数据,找一找溶解盐量不同的原因,还可以引导学生回顾整个实验过程,说说小组同学是怎样合作完成这个实验的,在具体实验中还有哪些具体的发现和感受等。

(六)解释与论证能力的培养

科学教育应该以对话或是陈述的方法来指导学生理解自然现象,并要求学生运用自己的语言加以解释,并通过论证得出结论。

1.初步训练学生对事实与证据进行加工整理的方法

科学解释是学生进行科学活动的重要产物,当学生以科学解释说明自然世界的现象如何发生及为何发生,并以符合逻辑的推理,向他人做出详细的、令人信服的描述,将能发展对科学更深层的理解。教师必须为学生创造探究的机会和条件,让他们自己发现已有经验与事实间的不一致甚至矛盾之处,引发其认知冲突,促使其审视、反思并修正自己的经验和认识,从而建构起更为科学的新解释和新概念。

2.让学生经历实验事实到形成结论的过程

随着科学教育研究的不断深入和科学教学改革的不断深化,科学论证已经逐渐成为科学探究最重要的特征,可以分为3种类型:第一,浸入式教学策略。该教学策略将论证活动整合到学生科学实践中促进学生学习和理解科学论证,如科学写作启发式方法(Science Writing Heuristic,SWH)[1]和论证探究模型(Argument-Driven Inquiry,ADI)[2]。第二,结构式教学策略。该策略主要讲授论证的结构并要求学生将论证应用于各种科学实践活动。第三,社会科学式教学策略。该教学策略利用社会科学性的议题(Socio-scientific issues),让学生理解社会和科学的相互作用来学习科学论证。

(七)反思与评价能力的培养

1.循序渐进,激发和深化学生的反思和评价意识

教师应在科学探究结束后,要求学生进行实验设计、实验过程、实验结果和实验问题的反思和评价。反思和评价的过程可能促使学生发现新问题,推动探究新问题,会给学生带来意外的惊喜和收获。例如,在教科版《科学》三年级上册"空气占据空间吗"一课的反思讨论阶段,学生说:"手推活塞,活塞被推了进去,空气变少了。"针对学生的回答,教师马上反问:"空气真的变少了,逃到外面去了吗?"学生马上意识到自己的表达出了问题。教师又趁机追问:"那空气为什么由30毫升变成了10毫升,这些现象说明了什么?"学生在一番探讨后都认为空气没有少而是被压缩了。教师又问:"空气到底能压缩到多少呢?能不能压缩到0毫升?"教师适时的点拨,引起学生间的互动,激发思维,学生对压缩空气的理解层层递进,将所观察到的现象从感性认识上升到理性认识。

2.营造和谐的反思和评价环境,鼓励生生互动质疑

反思和评价时,教师允许学生发表不同的见解,多问几个"你是怎么想的?""你有不同意见吗?"有时还可放下预设内容,采用辩论赛的形式,可能会取得意想不到的效果。

---

[1] Choi A., Hand B. & Greenbowe T. Students' Written Arguments in General Chemistry Laboratory Investigations [J]. *Research in Science Education*, 2013, 43(5): 1763-1783.

[2] Grooms J., Sampson V. & Golden B. Comparing the Effectiveness of Verification and Inquiry Laboratories in Supporting Undergraduate Science Students in Constructing Arguments Around Socioscientific issues [J]. *International Journal of Science Education*, 2014, 36(9): 1412-1433.

例如,教科版《科学》六年级下册"我们来造环形山"一课,教师就可以把学生分成正反两方,让学生分别从模拟实验的现象中找出证据反驳他人观点,证明自己观点的正确性。如反方说:"大的环形山应该大而深,但月面图上却是大而浅,请你们解释为什么会这样?"正方回应:"因为有的陨石虽然大但可能较轻,而且有的速度很慢,这样环形山就会大而浅。"学生沉浸在辩论赛的角色中,想出种种证据来为自己的观点辩护,教师把课堂交给了学生,让学生经历了一次像科学家一样验证自己观点正确性的辩论过程。因此,教师科学合理地精心设计反思和评价过程,组织探究每一次反思与评价,才能实现科学四维目标的有效达成。

【问题讨论】

反思与评价在小学科学探究式教学中起着重要作用,请结合实际谈谈如何结合小学生的特点培养他们的反思与评价能力。

本章小结

本章从科学探究在小学科学教育中的价值入手,重点对小学科学探究式教学的实施及小学生科学探究能力的培养进行了探讨。小学科学课程强调做中学和学中思,通过合作与探究,逐步培养小学生提出科学问题的能力、猜想与假设的能力、探究设计的能力、搜集证据的能力、表达与交流的能力、解释与论证的能力、反思与评价的能力,发展小学生的创造性、批判性思维和想象力。小学科学探究式教学符合小学科学课程教育理念,重视结合小学生原有的知识经验选取学生生活中能引起兴趣的问题作为探究的主题,进行分组探究,提出大胆的假设,通过观察和设计实验,获取相应的数据和文字记录,分析和评价多方面的信息资料,解释和说明科学探究活动中的现象,验证和论证科学观点,讨论和交流探究的结果。通过动手动脑的科学探究活动有利于小学生对科学概念的理解和建构,掌握科学探究的方法,培养小学生科学探究能力和科学思维能力,发展小学生主动与他人合作,积极参与交流和讨论,以及善于从不同角度思考问题,追求创新的科学态度和科学精神。

【思维导图】

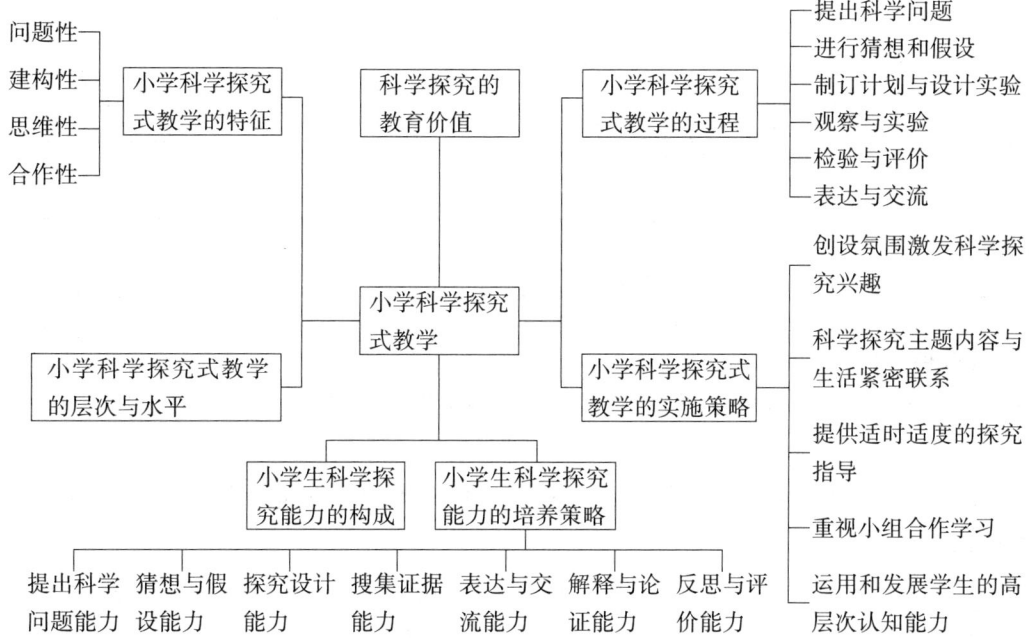

【思考与实践】

1. 我国《标准》中的科学探究目标和理念是什么?
2. 查阅资料,了解小学科学探究式教学有哪些常用的模式。
3. 从科学教材中任意选择一个教学内容,设计能够体现科学探究环节的教学方案。
4. 请举例说明在小学科学探究式教学过程中如何培养学生的科学探究能力。
5. 阅读下面的内容,思考科学课堂教学中探究式教学存在的问题,提出改进的基本途径。

一般的科学课堂中,科学探究的过程总是基本完整的,有激发兴趣的情境,有猜想和假设,有制订并完善计划的环节,还有实施、论证、反馈、思考交流以及拓展延伸等环节。多数教师在上科学课的时候总是要去追求完整,给学生一两分钟时间装模作样地讨论,提供给学生一大堆实验用品却要求在三五分钟内结束实验的例子屡见不鲜。实际上,科学探究的真正魅力并不在于这套固定的程式,而是探究的各个环节所承载的内容。如果为追求探究过程的完整性而"挤压"或"架空"它们,将会造成对探究本质的极大误解,使得探究式教学成为形式化标签。

【学习评价】

评价维度	评价内容				
	评价标准	评价等级			
		A	B	C	D
知识与技能	理解小学科学探究式教学的特征；了解小学科学探究式教学的过程				
过程与方法	灵活运用科学探究式教学策略，按照教学要求培养小学生的科学探究能力				
情感、态度、价值观	在科学探究教学中积极参与交流和讨论，运用批判性思维大胆质疑，善于从不同角度思考问题，追求教学创新				

【推荐阅读】

1. 中华人民共和国教育部. 义务教育小学科学课程标准[M]. 北京：北京师范大学出版，2017.

2. 韩葵葵. 中学生的科学论证能力——结构、测评、发展及培养[D]. 西安：陕西师范大学，2016.

3. 首新，等. 小学科学教科书"科学探究"设计的微观发生法比较——以中美日三国"磁"内容为例[J]. 湖南师范大学教育科学学报，2017(5):35-42.

4. Bybee R.W. *Scientific Inquiry and Science Teaching* [M]. In L.B. Flick & N.G. Lederman (Eds), Scientific Inquiry and Nature of Science: Implications for Teaching, Learning, and Teacher Education. Dordrecht, the Netherlands, 2006.

第五章
小学科学实验教学

纸上得来终觉浅,绝知此事须躬行。

——陆游

任何人都承认实验是科学之母,这是确定不移的真理,谁也不会否认。

——米丘林

一切推理都必须从观察与实验得来。

——伽利略

"实践是检验真理的唯一标准",科学是从经验事实中推导出来的知识,实验活动是最能反映科学方法的活动,也是认知上较高层次的探究活动。在小学科学教学中,教师应广泛开展科学实验教学,帮助学生了解实验探究的方法,通过实验获取科学知识和方法,并形成正确的科学态度。

第一节 科学实验及其教育价值

(1)理解小学科学实验教学与科学教学的关系。
(2)理解科学实验在小学科学教学中的价值。

一、科学实验与小学科学实验教学

(一)科学实验与小学科学实验教学的含义

一般来讲,科学实验是指为了达到一定的研究目的,利用科学仪器、设备等通过人为控制来观察、研究自然现象,并得出其规律性,从而获取经验事实或检验科学假说、判断理论真理性的实践活动。

在小学科学实验教学中,教师设置一定的教学情境,将科学实验贯穿于其中,学生通过各类实验活动,完成对知识和规律的探究,形成知识或方法。这种充分利用科学实验的教育功能,以科学实验作为学习内容和方法实施的教学过程就是小学科学实验教学。

小学科学实验教学的特征在于将科学研究过程与教学过程高度统一,既是学生动手动脑,"像科学家一样探究"的过程,也是其学习科学概念、形成科学方法、培养科学精神的学习过程。

(二)小学科学实验教学与科学教学的关系

1. 小学科学实验教学是科学教学的重要内容

实验是科学的根本特征,也是实施科学教育的重要基础。在科学教学的众多方法中,实验教学最能体现出科学的本质属性和科学课堂的教育理念,是科学教学不可缺少的实践环节。

通过实验探究,学生体验到科学家从事科学研究的过程,获得了科学知识,学习了科学研究的基本方法,掌握了科学研究的基本操作和技能,培养了正确的科学态度和价值观。

2. 小学科学实验教学是科学教学的重要方法和手段

在科学教学可采用的众多教学方法中,科学实验无疑是最能体现科学探究教学理念的教学方式。

科学实验教学中,教师辅助学生再现经典实验,通过实验验证猜想、设计和完成科学探究活动,以及在实验中创新创造,促使学生参与到科学实验研究活动中。而学生利用科学器材和工具完成实验,获取知识,正是科学教学区别于其他科目教学的教学手段,有助于提升学生的科学素养,发展其创新能力,确保科学教学的效果。

二、科学实验的教育价值

科学实验是科学教学的重要基础之一,是培养学生科学素养,提升学生探究能力,培养学生科学态度,形成学生创新精神的重要途径。

(一)科学实验是培养学生科学素养的有效途径

科学实验从学生提出问题开始,进行符合逻辑的问题分析,依靠科学思维制订和筛选严谨的实验方案,运用科学手段调控实验条件,进行观察和测量并得到证据,利用归纳、演绎、模型等科学方法分析和得出结论,以求实的精神对实验结果进行分析和判断,用较精确的科学术语进行交流、讨论和评价。

学生可以在较短时间内像科学家那样观察、测量、分析，有机会运用和融合多种科学方法，形成多种科学方法的应用能力。

在众多对科学素养的基本理解中，学者们一致认为运用科学知识，确定问题和做出具有证据的结论，并对研究结果进行社会性的评价和判断是科学素养的3个主要组成部分。科学实验的过程蕴含了科学素养的基本要素。通过科学实验提升学生科学素养，是实施科学教育不可或缺的基本要素。

(二)科学实验是提升学生探究能力的重要途径

科学探究是探索和了解自然、获得科学知识的重要方法，是小学科学最重要的学习方式，具有重要的教育价值。学生的科学探究一般包括提出问题、作出假设、制订计划、搜集证据、处理信息、得出结论、表达交流、反思评价等过程，科学实验正是将探究过程具体化、情境化，学生在实践中体验和积累探究经验，提升探究能力。

同时，科学实验过程中还要求学生掌握正确规范的实验操作方法，理解和运用基本的实验器材和工具，处理实验中的一些突发状况以及及时调整实验方式方法。科学实验培养学生的探究操作技能，提升学生的整体探究能力。

(三)科学实验是培育学生科学态度的基本手段

学生对科学实验充满了好奇心，无论是观察和参与教师演示的实验，还是亲历探究实验的完整过程，抑或亲自设计和动手制作，都可以激发出学生浓厚的科学学习兴趣。

在科学实验过程中忠于实验数据、尊重客观事实、基于证据进行结果分析、大胆批判和质疑、多角度思考问题、善始善终不畏挫折，以及主动与他人合作、积极参与交流和讨论、尊重他人的情感和态度、求真务实、求新求变，都有助于学生树立正确的科学态度和价值观。

(四)科学实验是培育学生创新精神的有效途径

实验是科学家进行科学创新的主要方法，同样也是培养学生创新精神的有效途径。要完成科学实验的每一步，都需要学生具有一定的实验能力和创新精神，特别是在设计实验和调整实验方案的过程中，以及在实验遇到瓶颈时，都不可能有统一的解决方法，也不能完全靠教师来解决，这时学生的创新精神就在实践中得以产生和完善。

【问题讨论】

1.结合实例谈谈小学科学教学与科学实验之间的关系。

2.思考科学实验在科学研究和科学教学中的地位和价值的异同点，谈谈你的想法。

第二节 小学科学实验的类型与教学目标

学习提要

(1)了解小学科学实验的基本类型。
(2)理解小学科学实验教学的目标及要求。(重点,难点)

案例探析:"各种各样的岩石"观察实验教学

一、小学科学实验的类型

(一)观察型实验

观察型实验是在自然状态下对研究对象的特征进行观察、测量、记录,并对结果进行描述和对比分析的实验形式。此类实验在小学科学课程中占比较大。观察型实验可以培养学生有序观察、比较观察、归纳观察等观察的方法以及通过观察获取科学证据的能力。

表 5-1 可设计为观察型的实验举例

知识领域	实验内容举例	实验目标
生命科学	观察蚂蚁、鱼、蚯蚓、蜗牛等动物	学会使用一些简单的观察工具;了解和描述常见动物的形态及生活习性,进行简单的分类和比较
	观察树木、花草、种子、水生植物的整体或其部分	学会使用一些简单的观察工具;了解和描述常见植物的结构、形态及生长环境等,进行简单的分类和比较
	观察我们的身体	学会观察的基本方法,了解人的感官及人体的基本特征
	观察种子的构造	了解种子的基本构造及功能,学会有序观察的方法
	种植植物,观察植物生长	了解植物的生长,学习和掌握观察日记的写法,掌握测定植物各生长指标的多种测量手段
	饲养和观察记录动植物(如蚕)的生长过程	观察和了解动植物(如蚕)生长过程各阶段的外形及行为,运用观察日记进行信息记录
	观察洋葱表皮细胞	掌握显微镜的使用方法,了解细胞等生物学概念
物质科学	观察水、空气、土壤等物质	学会多种观察的方法;了解和描述水、空气、土壤等物质的基本特征
	观察和比较各类材料	了解不同材料的基本性质;掌握对比材料性质的基本角度和方法
地球与宇宙科学	观察太阳运动、月相、各种各样的天气、季节等	了解多种自然现象的表现和特征、自然现象对人类生活的影响;掌握天气符号,学会制作天气日历,掌握气温变化柱状图等天气现象的统计方法
	岩石、矿物、土壤等的识别	了解不同岩石、矿物、土壤等的基本特征;应用已有方法观察未知岩石、矿物并进行基本分类

(二)验证型实验

验证型实验是针对一定的科学认识或科学假说进行猜想,设计并进行实验,用来验证猜想是否正确的实验。验证实验可以分为三类,第一类是根据已有认识或假说,推论出某一可能结论,再设计实验验证这一结论是否正确,从而推断假说的可靠性;第二类是在同一条件下验证已有实验的可重复性;第三类是模拟实验,即通过创设一定实验室条件或制作模拟设备,完成对某一现象或过程的模拟再现。

案例探析:"纸的吸水性"验证实验教学

学生验证型实验过程中并不能获得新知识,其重点在于根据理论进行猜想、推论以及设计实验的过程。

表5-2 可设计为验证型的实验举例

知识领域	实验内容举例	实验目标
生命科学	呼出气体与吸入空气成分的比较	知道呼出气体与呼入空气在成分上的不同;理解二氧化碳与氧气对人体的作用;学会对自身已有概念进行认识和评价
	食物在口腔的变化	了解口腔中各部分在食物消化过程中的作用
	相貌各异的我们	了解人的典型相貌特征,掌握比较的研究方法
	植物的向光、向水、向地性	知道植物生长的基本特性,掌握验证实验的设计方法
物质科学	水的三态变化	知道水三态变化的条件,掌握设计实验以验证已有知识的方法
	导体和绝缘体	掌握导体和绝缘体的概念,掌握利用已有设备进行定性检测的方法
	液体和气体的热胀冷缩	了解物质热胀冷缩的性质;应用已有知识设计验证方法
地球与宇宙科学	日食、月食、昼夜的形成	了解日食、月食时日、地、月三者的位置关系

(三)探究型实验

探究型实验是在不知道实验结果的前提下,采用一定的实验手段和方法进行实验、分析、判断,从而得知未知事物或现象的内在性质或规律的一类科学实验,其结果往往具有发现性。这类实验的目的在于培养学生设计解决问题的方案及动手完成探究操作的能力。

表5-3 可设计为探究型的实验举例

知识领域	实验内容举例	实验目标
生命科学	种子萌发的条件	探究种子萌发的必需条件
	面包发霉的条件	设计探究型实验,了解霉菌生长的基本环境条件
物质科学	认识不同的材料	了解分类的科学方法;了解不同的材料;探究不同材料硬度、韧性等性质的不同;设计性质对比的探究型实验
	磁铁的特性	了解磁铁的各种性质,初步了解根据实验目的设计实验方案的基本方法
	加快水蒸发的方法	掌握加快水蒸发的方法,对不同探究方法进行评价

续表

知识领域	实验内容举例	实验目标
	材料的吸水性	了解不同材料吸水性的不同;设计对比吸水性的探究型实验
	不同物质在水中的溶解能力,溶解的快慢	掌握物质在水中溶解的不同情况,掌握加快溶解的方法
	声音的产生和传播	掌握声音产生、传播的条件
	影响声音高低、强弱的因素	了解影响声音高低、强弱的基本因素
	简单电路	知道简单电路的正确连接方法,知道组成电路的基本要素
	影子是怎样形成的	知道影子产生的基本要素,并应用已有知识制造和调节影子
	曲面镜的性质	了解凸、凹透镜的基本特性及用途
	得到更多的光和热	了解阳光本身及物质颜色、表面状态等对吸光和吸热现象的影响
	影响摩擦力大小的因素	了解摩擦力大小与接触面积、物体质量等的关系
	杠杆、斜面、滑轮与滑轮组的特征	了解杠杆等简单机械的基本原理
	抵抗弯曲	了解影响材料抗弯曲程度的因素
	电磁铁的基本性质	了解电与磁的关系;掌握电磁铁的一般性质;掌握影响电磁铁磁力大小的因素
	物质变化及其常见现象	了解物理变化和化学变化的基本概念和特征;了解淀粉与碘酒、白醋与小苏打等的简单化学反应
	铁生锈的条件	设计实验探究铁生锈所需要的条件
地球与宇宙科学	四季的成因	了解四季成因与地球公转的关系
	月相的变化	了解月相产生的原因,日、地、月三者的位置关系
	影子一天的运动特征	了解影子变化与太阳高度之间的关系

【案例探析】

"空气能热胀冷缩吗"探究型实验教学

(湖南第一师范学院第二附属小学 文时时)

环节一:新闻导入

1.多媒体展示:播放爆胎新闻。

2.师生交流:为什么夏季容易爆胎?轮胎里面什么发生了变化?

环节二:设计探究方案

1.师生交流:空气是否具备热胀冷缩的特点呢?怎样证明?

2.师生活动:认识材料。

准备3套材料(热水、常温水、冰水、烧瓶30个;气球、橡皮筋、试管;海绵、试管;注射器、抹布)。

3.怎样用这几套实验材料研究空气的热胀冷缩？小组讨论,设计和确定方案。

环节三:探究活动

1.教师提示:①各小组根据自己组的实验设计,先选取一套实验材料做探究实验;②实验成功后,组长在黑板上相应的位置给自己组画上星星,再换另一套材料进行实验;③选择材料时要保证实验成功,一定要实事求是。

2.学生实验,教师巡视指导。

预设实验一:将海绵放入烧瓶中,密封烧瓶,将其先放入热水中,再放入冷水中,反复操作。海绵在热水中会往瓶口跑,在冷水中会被吸进去,说明里面的空气遇热膨胀,而遇冷收缩。

预设实验二:将封住口的注射器放入热水中,活塞往上推动,说明里面的空气遇热膨胀。把它放入冷水中,活塞往下缩,说明里面的空气受冷收缩。

预设实验三:将烧瓶口涂抹泡泡水产生一层泡泡膜,将有泡泡膜的烧瓶放入热水中,泡泡迅速变大,说明空气遇热膨胀;将有泡泡膜的烧瓶放入冷水时,泡泡迅速缩小,说明空气遇冷收缩。

3.师生、生生交流:①怎样进行实验的？②通过实验看到了什么现象？③为什么会出现这样的现象？

4.拓展应用:如何帮助车主减少发生汽车爆胎的事故？

(四)设计与制作型实验

设计与制作型实验通常是在具有一定"现实意义"的设计目标情境下,学生对已有知识进行高度融合,设计制作方案,根据给定材料或自己寻找材料,完成制作要求,实验过程中贯穿STEM教育理念。

案例探析:飞行距离

设计与制作型实验将各学科知识和技能深度融合,以解决实际问题为背景,对学生创新意识的形成、创新能力的提升有重要意义。

表5-4 可设计为设计与制作型的实验举例

知识领域	实验内容举例	实验目标
生命科学	制作反应速度尺	利用已有知识,设计、制作工具
	制作生态瓶	掌握形成生态环境的基本要素,应用已有知识设计、制作和调节生态瓶
物质科学	做一顶帽子	认识和了解不同材料的特性,了解设计和制作的基本流程
	让小车动起来	设计多种让小车动起来的方案,能够对设计方案进行简单的比较和判断
	制作各类指南针	利用已有知识设计和制作多种指南针
	制作过滤装置	学习过滤装置的制作方法和用法
	制作电路检测器	应用已有知识设计和制作电路检测器,并掌握用其检测电路的方法
	做个小开关	应用已有知识设计多种开关方案并进行比较和调整

续表

知识领域	实验内容举例	实验目标
	制作潜望镜	应用有关光的反射等知识,利用一定材料设计和制作潜望镜
	制作太阳能热水器	应用影响吸光吸热的各种因素制作效果尽量好的太阳能热水器,并掌握对设计方案及产品进行分析和评价的方法
	制作简单机械	应用杠杆、斜面、轮轴、滑轮组等原理制作简单机械
	制作电动机	应用有关电磁铁知识制作简单电动机
	制作神秘便笺	应用化学反应进行制作
	制作自行车	利用链条传动和齿轮传动等原理制作和拼装简易型自行车
地球与宇宙科学	制作风向标、雨量器	应用已有知识设计和制作可测量风向和风速的风向标及可测量降水多少的雨量器
	制作活动观星图	应用已有星座知识制作活动观星图
技术与工程	掌握基本实验仪器的用法	掌握酒精灯、放大镜、显微镜等实验室常用设备的原理、用途、使用方法和操作规则
	掌握基本测量仪器的用法	掌握温度计、量筒、尺、弹簧测力计等基本测量工具的原理、用途、基本用法
	掌握基本工具的用法	了解基本工具如螺丝刀、锤子等的基本用法
	制作多种动力小赛车	应用反冲原理设计和制作小车
	做一艘船	综合利用科学、技术、工程、数学等知识,对设计要求进行全面思考和设计,制作成品
	保护鸡蛋	综合利用科学、技术、工程、数学等知识,对设计要求进行全面思考和设计,完成任务
	建一座桥	综合应用已有结构知识,建造一座承重的桥

【问题讨论】

1. 结合实际教学片段,谈谈4种基本小学科学实验类型的特点。
2. 阅读《标准》,总结课程标准提出的对科学实验教学的要求。

【案例探析】

"磁悬浮小车"设计与制作实验教学设计

(麓山国际实验学校 李志鹏)

环节一:玩磁铁

1. 微课导入:有A、B、C 3个磁铁,磁铁A可以把磁铁C送到蓝色小房子里,磁铁B可以把磁铁C送到黄色小房子里。但是磁铁C的家在中间的红色小房子里,它现在要回家了,A、B两个磁铁不能进入这个红色轨道内,你有办法帮助磁铁C回家吗?

2. 学生活动,展示交流。

3. 师生交流:你们运用了什么科学知识?(同极相互排斥)能够运用这个发现,制作一个磁悬浮小车吗?

环节二:做模型

1.师生交流:教师给大家提供了这些材料,同学们要做的是让小车模型悬浮在底座上,请同学们将磁铁画入卡槽中,并且标注南、北极。

2.交流汇报预设:主要交流磁铁2的摆放位置,南极或者北极朝同一个方向。

3.学生活动:使用材料,根据设计制作模型。

环节三:修改设计图

1.师生交流:请对着桌上的模型把磁悬浮小车的结构图画下来。通过小组互相评价,选出最优秀的小组上台展示,并且要说明理由。

2.学生活动,制作、交流、展示设计图。

3.教师讲解:对设计图进行评价,是不是可以更好地表达你们的想法。如果让你们再画一个设计图,你们会画吗?工程师创造产品的时候也要经历先画简图再做模型,然后不断完善的过程。

4.播放微课:磁悬浮列车模型制作过程。

5.教师讲解:真正的磁悬浮列车与这个模型原理并不完全相同,这个模型只是磁悬浮列车玩具。同学们可以自己设计一辆磁悬浮列车玩具,将设计画在纸上,用3D打印机打印出来。

二、小学科学实验教学的目标[①]

科学实验教学的总目标在于通过多种实验活动提升学生科学素养,应分别从实验知识与技能、实验方法与能力、实验兴趣与态度3个维度设计和达成教学目标。[②]

(一)实验知识与技能

1.科学实验知识目标内容

(1)实验器材知识,包括小学科学实验室常用实验器材及工具的名称、构造、用途、用法,常用实验材料的名称、规格、基本性状、存放和取用等知识。

(2)实验方法知识,包括基本的实验方法及它们在科学实验中的应用,如实验法、控制变量法、分类法以及实验过程中数据记录的方法、绘制趋势图及表格的方法等。

(3)实验安全知识,包括对科学实验中可能发生的紧急情况的基本认识和预防处置的基本知识。

2.科学实验技能目标内容

(1)实验基本工具和仪器的使用技能。小学科学实验室基本工具和仪器的使用技能

[①] 彭蜀晋,林长春.科学课程与教学论[M].北京:高等教育出版社,2005.
[②] 王强.小学科学实验教学论[M].北京:人民教育出版社,2015.

包括基本测量工具、加工工具以及物理、化学、生物、地球与宇宙科学常用仪器等。

（2）基本操作技能。操作基本仪器和工具进行实验、测量、加工等技能。

（3）器材和工具的选择技能。根据实验仪器、工具、材料的种类和用途进行基本的选择和使用，根据不同实验环境和要求对器材工具进行组合式应用。

3.科学实验知识和技能的目标层次

表5-5 科学实验知识与技能的目标层次

领域	层次	基本要求
科学实验知识	了解	能描述科学实验过程中的现象和事实；说出实验器材、工具的名称、基本用途和用法；能够用一定的专业术语描述实验中的基本现象等
	理解	理解实验器材使用方法和基本原理；理解科学实验现象和事实的相互联系，解释其本质原因
	应用	会设计多种实验方法，根据实际情况选择适当的仪器设备或工具；能够独立操作工具仪器完成实验，并能够根据实验情况改进探究实验方案；运用已有科学知识对实验现象进行科学解释和推论；能够撰写科学实验报告
	评价	认清实验目的、原理、方法等之间的关系，对实验误差进行简单分析；能够对实验系统局限性有所认识
科学实验技能	模仿	能够在教师示范指导下，对演示实验操作进行仿效，可以是分解模仿，模仿每一个具体操作，也可以是整体模仿，模仿整套操作过程
	独立操作	能够掌握操作和调试实验仪器的技能；能够独立进行实验现象的记录和实验结果的推论；可以独立地、连续地利用已有实验条件完成实验操作，并达到实验要求
	迁移	可以自主选定所需仪器设备，进行调试和使用；能够完整、规范地完成操作步骤；能够通过设计或模拟实验等解决一些简单的实验问题；能够连贯完成整套实验操作，并解决简单的突发性情况；能够自主掌控整个实验操作过程；有良好的实验习惯

（二）实验方法与能力

实验方法与能力的目标内容包括：掌握科学实验探究的一般过程和相应的科学方法。科学实验探究的一般过程包括作出假设、制订与实施研究方案、收集和分析数据、得出结论、表达交流、反思评价等要素。科学方法一般包括观察、分类、控制变量等方法，以及在科学实验过程中记录数据和现象、制作图表的方法等。

科学实验方法和能力的目标层次可划分为以下层次。

表5-6 科学实验方法与能力的目标层次

领域	层次	基本要求
科学实验方法与能力	了解	经历完整的科学实验过程，了解和意识到科学方法在科学实验中的重要作用，初步了解科学方法的含义、作用、要求及步骤等
	模仿	根据教师指导和示范进行基本的模仿操作，基本完成某一实验中相关科学方法的应用和操作，并对科学方法的选择有一定认识

续表

领域	层次	基本要求
	应用	能对科学实验进行基本的设计和调控；能够独立进行科学方法的应用；能够根据实际情况选择和操作工具仪器；能够运用已有科学方法知识对实验进行基本的观测；能够运用比较、分类、归纳和概括等方法得出科学结论；对自己或他人的科学方法进行适当的评价

（三）实验兴趣与态度

科学实验的兴趣与态度的目标内容包括：实验兴趣、实验态度、实验习惯和实验观等。

（1）实验兴趣是指学生在科学实验过程中倾向于认识、研究并获得实验相关知识的心理特征，是推动学生全身心投入科学实验活动的一种内在力量。

（2）实验态度是指学生在实验过程中表现出来的心理反应，包括是否持续关注实验、认真细致，是否实事求是、严谨务实，是否勇于创新、乐于协作等。

（3）实验习惯是指学生在实验过程中经过反复练习形成的，贯穿于实验全过程的自觉行为方式。学生良好的科学实验习惯具体包括：实验前预习的习惯；实验过程中严格遵守实验操作过程，认真观察、记录，注意实验卫生和安全的习惯；实验结束后收纳实验器材，清理实验场地的习惯等。

（4）实验观是指学生对实验的总的看法和根本观点。正确的科学实验观可以从科学实验的本质和科学实验的价值两方面进行培养。科学实验的本质观是指实验者能够认识到科学实验是人们利用科学仪器设备和工具收集科学事实、获得感性材料的基本方法，同时也是检验科学假说，形成科学理论的实践基础。科学实验的价值观是指实验者能够认识到科学实验在认识自然过程中有着独特的认识功能，是科学认识的来源和基础，是检验科学知识真理性的根本标准和科学发展的直接动力。没有科学实验，就没有科学的产生和发展，也就没有现代科学理论的发展。

科学实验兴趣与态度的目标层次可划分为3个层次。

表 5-7 科学实验兴趣与态度的目标层次

领域	层次	基本要求
科学实验兴趣与态度	接受	体验、感受到科学实验对自己的影响，具有接受科学实验的愿望；乐于从事科学实验活动，学会与学习伙伴进行交流和合作
	反应	主动参与科学实验并做出积极的行为反应；不仅愿意注意实验现象，而且产生积极的态度行为，表现为爱好、愉悦；能够从科学实验中获得成就感，对实验操作具有主动性、自觉性、积极性和浓厚的好奇心；有较强的主动参与性
	领悟	在科学实验兴趣、意志、态度、习惯、价值观等方面得到强化，形成对科学实验持久、专注的态度；对科学实验在科学学习、学科发展及社会发展中的重要地位有一定认识，初步形成正确的实验意识或信念

第三节　小学科学实验教学的实施

(1) 理解小学科学实验教学的理念。
(2) 理解并能够正确应用小学科学实验教学的模式与策略。(重点,难点)

一、小学科学实验教学的理念

(一)面向全体学生,确保人人做实验

科学课程要面向全体学生,实验教学也不例外。科学实验是科学学习过程中最为重要的部分,实施过程中应面向全体学生,教师应尽可能利用各类资源,创造各种条件,使每一位学生都有动手动脑参与到实验过程中的机会,并在实验中形成相关技能和能力。

(二)提升实验兴趣,促进人人爱实验

提升学生参与科学实验的兴趣,形成重视实验的科学学习氛围。教师要设计内涵丰富、形式多样的实验活动,在科学课堂教学中形成浓郁的重视实验的氛围,帮助学生对科学实验产生深厚的兴趣,促使学生持久地投入其中,深入地研究和学习。

(三)突出科学探究,坚持人人会实验

在实验教学中重视科学探究是提高学生探究能力和创新能力的重要手段。教师在实验教学中应注意突出科学实验为科学探究服务的地位和目的,引导学生主动设计、选择和调整科学可行的实验方案;鼓励学生独立操作仪器和工具,规范地完成实验操作,重视基本实验技能和良好实验习惯的养成;强调观察实现现象、记录实验数据的重要性,指导学生进行实验信息的采集。

(四)强调思维培育,做到人人懂实验

科学实验促使学生自己设计、独立研究、合作与沟通,这都有利于学生创造性思维的培育。利用科学实验帮助学生形成正确的思维与推理方式,从自然事物中总结和提炼科学规律、推论,同时培养其比较、分类、分析、综合、归纳、演绎等科学研究方法,都有助于学生科学思维的形成与发展,并进而提升其创造性思维能力。

(五)渗透科学精神,推进人人重实验

"实践是检验真理的唯一标准",科学实验是从科学探究过程中获得科学证据,得到

科学结论的基本方法。科学实验要求研究者实事求是,严谨客观,不畏困难,探索创新,互助合作等,都体现出良好的科学态度和科学精神,这也体现出科学实验在价值观上的意义和价值。

二、小学科学实验教学的过程

小学科学实验教学的过程是一个以提出实验探究问题为出发点,经过实验设计、实验操作与观察记录,分析实验数据而获得实验结论的过程。这个过程通常由五大基本环节构成。

(一)提出实验问题

提出问题是科学实验教学的第一步,通过教师一定的引导,学生提出需要用实验检验或解决的问题。问题应明确化,有确定的指向性。学生对解决问题的途径进行一定的猜想或设计,做好实验探究的准备。

(二)实验设计

学生根据提出的实验问题,确定实验中需观察的现象或需测量的数据等,明确因果变量之间的相互关系;设计具体实验方案、操作步骤,并进行讨论、判断和改进,得到最为合理的探究实验设计;选择需要用到的仪器、设备、器材、药品及它们的组合方式;设计对实验结果的处理方式;预计可能出现的意外情况并设计应对措施。

(三)实验实施

学生动手操作,进行实验,并进行观察和记录,得到实验现象或数据,解决提出的实验问题。教师进行协助和引导,帮助学生进行正确的实验操作,督促学生得到准确的实验数据和记录。

(四)实验信息处理与分析

对实验实施过程中得到的现象、数据、信息进行科学的整理和分析,并通过对现象的判断和对实验数据等的分析得出符合逻辑的科学结论。将实验结果与实验预期进行对照,判断实验是否完成了对问题的验证。对实验结果进行客观评价,对实验中出现的问题进行理性分析,提出进一步解决的方案。

(五)实验讨论与交流

将实验过程、实验数据、实验结论进行整理和总结,形成书面或口头报告,进行交流和讨论。对本组或本人实验进行简洁精要的阐述,对他人实验结果进行客观准确的评价。

资料卡片:《K-12科学教育框架》中的科学和工程实践

三、小学科学实验教学的模式与策略

(一)小学科学实验教学模式

1. 演示实验模式

演示实验是课堂上主要由教师示范操作,并启发和引导学生对实验进行观察和思考,以达到一定目的的实验教学方式。[1]

对于学生实验操作水平不足以完成的实验,可以以演示实验的方式进行。演示实验时教师可独自负责完成实验,也可邀请学生作为实验助手,让学生进行观察或记录。

2. 学生实验模式

学生实验是根据实验目的,在教师的组织和指导下,由学生在实验室进行分组实验,从而完成学习任务的一种实验教学模式。[2]

学生实验是以学生操作为主、教师引导为辅的科学实验,可以是独自一人完成的个人实验,也可以是几人分工合作的小组实验。第一,教师引导或由学生独立提出问题和确定实验内容;第二,制订实验计划,讨论交流后由教师对实验方案进行评价和确定,最终可形成一套或多套实验计划;第三,完成实验,观察记录,搜集证据;第四,讨论和交流实验证据,形成结论和进行反思。

3. 师生协作实验模式[3]

师生协作实验是指教师讲解与学生实验相结合,通过师生双边活动来完成科学实验的一种科学课堂实验教学类型。教学过程中,教师引导与学生操作同时进行,介于演示实验和学生实验之间。

师生协作实验时,教师将实验分解为若干步骤或设计成多个任务,分步进行讲解示范或发布任务,学生根据教师指导完成相应操作,最终完成全部实验探究。这种模式的实验教学过程中,学生主体地位突出,还可以把师生、生生等多边活动结合在一起,方式灵活。

4. 课外实验活动模式

这里的课外实验活动是指科学教学计划以外的科学实验活动或教学,常与综合实践活动、课外科技小组等教学形式相结合,具有兴趣性实验的特征。课外实验活动地点、方式、参与人员都较灵活多样,实验的目的、内容和方法都具有较大的可变性。这类实验往往比较注重实验技能、方法和形式的综合,强调实验中的合作和交流。

课外实验活动可以补充科学课堂内实验教学在时间、空间、资源等方面的不足,增加学生接触社会和自然的机会,促进对科学知识、技能、方法等的综合应用。

---

[1] 蔡铁权,等. 科学实验教学与研究[M]. 上海:华东师范大学出版社,2008.
[2] 蔡铁权,等. 科学实验教学与研究[M]. 上海:华东师范大学出版社,2008.
[3] 彭蜀晋,等. 林长春. 科学教育论[M]. 成都:四川人民出版社,2002.

(二)小学科学实验教学实施策略

1. 演示实验的基本策略

演示实验教学过程中,教师通常可采用观察、启发思维和示范指导3种方法相结合的教学方式。

首先,引导学生对演示实验进行有序观察,特别是容易被忽略和较不明显的实验现象,应事先向学生提示。其次,要用提问、讨论等方法启发学生科学思维,通过实验建立初步的表象。再根据实验提出更深一层次的问题,鼓励学生积极思考,找出规律。应用规律和现象可进一步做出判断或推测,并由实验中的现象加以验证。

2. 学生实验的基本策略

学生实验教学一般分为设计实验、实验操作和总结交流3个部分。

教师首先引导学生根据实验目的进行实验方案的设计、比较和完善,理解实验原理,了解实验需要使用的仪器和工具。

实验操作过程中,学生分组分工完成实验,填写实验报告单,教师采取巡视指导的方法协助学生。为了保证指导的适时有效,教师要对学生在探究中出现的问题保持高度的敏感,必要时给予适当的指导。指导要富于启发,最好是在教师的提示下学生自己发现问题所在。[①]

在总结交流阶段,学生进行汇报,得出实验结论,认识到实验中存在的问题等,加深对实验的认识。

3. 师生协作实验的基本策略

师生协作实验过程中教师采用启发式的讲解方式,学生根据教师讲解完成实验任务,一般可分为划分任务、分步完成和总结交流等几个部分。

首先师生共同明确实验的目的,教师分步讲解示范,学生根据教师的讲解分步完成实验操作,师生配合,最终完成全部实验活动。在总结交流阶段,可采用师生交流的方式对实验过程进行总结和评价,并提出改进的方案或后续研究的问题。

4. 课外实验活动的基本策略

课外实验活动形式多样,可以采用学生分组实验的形式,也可以采用师生协作的方式来完成,可以是探究实验、观测记录实验,也可以是设计和制作型实验。

一般的课外实验活动包括提出问题、作出假设、制订与实施研究方案、收集和分析数据、得出结论、表达交流、反思评价等部分。在实验过程中教师应鼓励学生自主动手动脑开展实验活动,解决实验问题,培养学生科学思维能力。

科学教师应采用能激发学生兴趣、符合学生认知发展规律,以及能充分调动学生积极性的教学方法和教学策略,如戏剧表演、科学游戏、模型制作、现场考察、科学辩论会

---

①中华人民共和国教育部.义务教育小学科学课程标准[M].北京:北京师范大学出版社,2017.

等,都是课外科学实验教学的有效方式。

四、小学科学实验教学的基本要求

(一)演示实验教学的基本要求

教学中能够设计为学生实验的实验项目应尽量由学生动手完成,只有实验条件不具备、教学时间不允许、学生实验操作水平不足以完成,或存在一定危险性等条件下,采取教师演示实验的方式完成。

(1)实验选择阶段。为了保证演示实验的效果,教师应尽量选择实验现象明显、易于观察的实验作为演示实验。

(2)实验测试阶段。明确实验目的,确保实验成功。首先教师应认真钻研课程标准和教材,明确演示实验的目的。围绕实验目的处理演示实验与整堂课程教学的关系,设计适当的演示和授课方法。预先设计好如何引导学生观察和参与到演示实验中来,如何用启发性的问题带动学生的思维探究活动等问题。

准备实验期间,教师应多次试做,选择合适的仪器、设备、工具,调试药品浓度,选取实验效果最明显的药品配比或器材。准备过程中要寻找能够使实验现象更明显更易观察的实验改进方案,如选用读数更大更清晰的仪器,利用现代投屏技术放大实验现象,用实用软件使每个学生都能观察到实验数据等。同时,还要通过试做找出实验成败的关键,准确测试合适的实验条件和时间。

(3)演示实验阶段。演示之前应向学生讲解清楚实验的目的、方法、步骤和学生应重点观察或记录哪些现象或数据,最好能够配合具有启发式的问题激发学生观察和思考的兴趣。

演示过程中应做到操作步骤规范,实验过程完整,配以详细解说。应注意向学生演示实验基本操作技能、器材使用规范流程等,还应特别注意对学生实验习惯和严谨的科学作风进行潜移默化的影响,演示过程中使用物品、操作均井然有序,对待实验现象和问题实事求是,严谨客观。

对于有一定难度的实验,还应配以实验装置图、实验原理图等辅助手段向学生讲解,促使学生将实验过程和现象与要学习的科学知识产生联系。

实验过程中还应注意对学生科学思维的启发和引导。教师应利用边演示、边讲解、边提问、边板书等方法,引导学生把观察到的实验现象和已有科学认知联系起来。实验后要组织学生进行详尽的实验回顾,形成实验结论,强调实验操作重点。

(二)学生实验教学的基本要求

学生实验是以学生操作为主、教师引导为辅的科学实验,是科学课堂教学的首选实验模式。

(1)实验设计阶段。做好实验预设,对整堂课的探究实验活动进行全面的研究和设计,设计教学情境、实验方案,对教学设计不断进行优化和改进,提供有结构的材料供学生进行实验的设计和探究活动。

(2)设计情境阶段。教师启发、引导学生提出实验问题、确定实验内容。以学生为主体,制订实验计划,并用文字、图式等手段表示实验的基本装置、主要步骤和需要测量的数据。师生、生生讨论交流后共同对计划进行评价和确定,最终形成一套或多套实验方案。

(3)实验实施阶段。教师根据确定的实验方案讲解实验注意事项,形成"安全第一"的实验室安全意识。学生进行实验,观察记录,搜集证据,完成实验记录单的填写。对于实验中出现的困难和问题,教师和学生共同分析商讨,找到解决方案。

(4)讨论交流阶段。讨论和交流实验信息,进行实验效果的评比,对实验操作进行评价,形成实验结论,撰写实验报告,进行实验反思。

(三)师生协作实验教学的基本要求

师生协作实验教学适用于学生具备一定的科学探究能力,但其对新的实验仪器或设备使用还不熟练,或实验过程较长较复杂,需要教师介入指导时,或整个实验过程适合以多步任务形式完成等情况。师生协作实验需要教师引导与学生操作同时进行,介于演示实验和学生实验之间。

(1)实验设计阶段。教师进行实验预试和设计,拟订周密的教学计划,把握实验成败的关键,估计学生可能出现的问题点,并预设解决方案,按照一定操作流程或逻辑顺序,将实验分解为若干步骤或设计成多个任务。

教师应注意创设问题情境,使学生对所要进行的实验产生疑问并提出一定的方案设计,在此基础上带领学生进行探究。

(2)实验实施阶段。教师根据步骤或任务分步进行讲解示范实验操作流程,并发布任务,学生根据教师指导完成相应操作,最终完成全部实验探究任务。

该阶段教学中,教师先演示,学生再模仿操作,对于实验过程中可能遇到的难点问题,教师做重点讲解示范,或与学生共同探究,得到解决方案。

(3)讨论交流阶段。对比实验效果,评价实验操作,撰写实验报告,进行实验反思,巩固实验知识。

这种模式的实验教学还可以把师生、生生等多边活动结合在一起,方式灵活。

(四)课外实验活动的基本要求

课外实验模式的科学实验教学地点、方式、参与人员都较灵活多样,实验的目的、内容和方法都具有较大的可变性。

(1)选题准备阶段。教师根据学生的研究学习兴趣和专长,鼓励学生自己选定实验题目,确定实验内容,选择实验仪器或工具,设计并确定实验方案。

（2）实验实施阶段。学生进行充分的思考和自主实验研究,教师适时指导。与已有教学设计的课堂科学实验教学相比,课外实验活动面临着更大挑战,随时会出现未曾预料和演练过的"特殊情况",指导教师应鼓励学生勇敢面对困难,自主研讨解决方案,最终完成实验。

（3）总结交流阶段。对学生实验活动过程及结果进行评价,鼓励学生充分思考,形成实验结论或拓展实验内容。

【问题讨论】

1.结合小学科学实验教学的基本理念和要求,运用实际案例谈谈如何在实际中完成科学实验教学目标的确定。

2.结合实际案例,谈谈不同类型小学科学实验教学的基本要求如何达成。

本章小结

本章从科学实验教学在小学科学教育中的价值入手,重点对小学科学实验的类型、目标及其教学策略进行了探讨。小学科学实验教学理念倡导面向全体学生、提升实验兴趣、突出科学探究、强调思维培育、渗透科学精神。科学实验教学过程一般包括提出实验问题、实验设计、实验实施、实验信息处理与分析、实验讨论与交流等5个过程。根据实验类型选择合适的教学策略进行教学是提升学生科学素养与综合素质的关键,常见4种科学实验教学模式有演示实验型、学生实验型、师生协作实验型和课外实验型。

【思维导图】

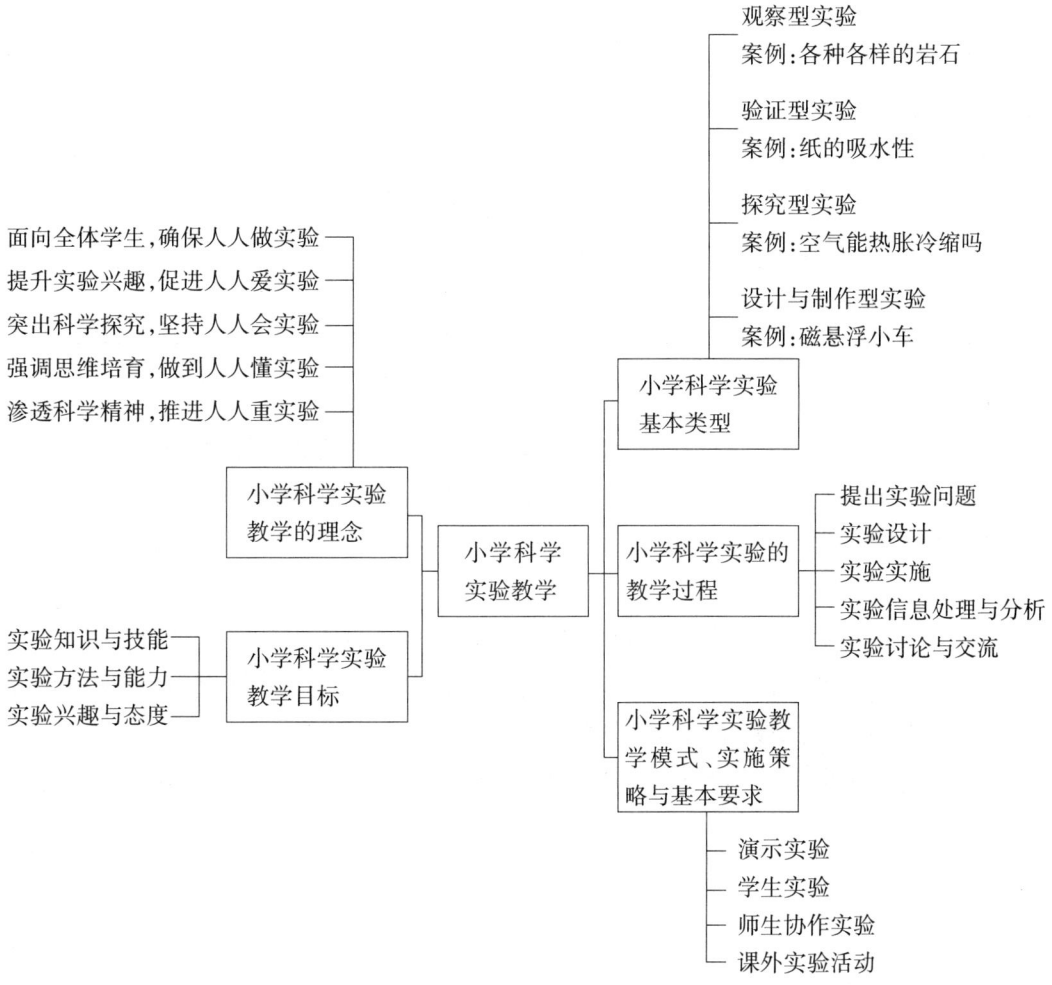

【思考与实践】

1. 收集有关论述我国新一轮基础教育改革中科学课程改革的资料,分析、概括新科学课程对科学实验教学提出的要求,并谈谈你对这些要求的认识。

2. 重视科学实验教学应当采取什么样的措施?谈谈你的看法。

3. 试用案例的方式说明在低年级科学实验教学中如何培养学生的探究能力。

4. 以小学科学教材内容为例,设计观察型、验证型、探究型实验教学案例各一个。

5. 结合实际情况,设计一个课外实验活动,并体现出STEM教育理念。

【学习评价】

评价维度	评价内容				
	评价标准	评价等级			
		A	B	C	D
知识与技能	理解小学科学实验的类型与教学目标;理解小学科学实验教学的基本理念、模式与策略				
过程与方法	掌握小学科学实验教学目标的构建方法与教学策略;掌握小学科学教学方案的设计方法				
情感、态度、价值观	对科学实验及其在小学科学教学中的价值有正确的认识,形成实事求是、求真务实、求新求变的科学精神				

【推荐阅读】

1. 彭蜀晋,林长春.科学课程与教学论[M].北京:高等教育出版社,2005.

2. 王强.小学科学实验教学论[M].北京:人民教育出版社,2015.

3. 淮安市教育技术装备中心.小学科学实验教学指导[M].南京:东南大学出版社,2013.

4. 蔡铁权,等.科学实验教学与研究[M].上海:华东师范大学出版社,2008.

5. [美]玛格丽特·赫尼,大卫·E.坎特.设计·制作·游戏:培养下一代STEM创新者[M].赵中建,等,译.上海:上海科技教育出版社,2015.

6. 陈如平,李佩宁.美国STEM课例设计(小学卷)[M].北京:教育科学出版社,2018.

第六章
小学科学学习指导

> 学者有四失,教者必知之。人之学也,或失则多,或失则寡,或失则易,或失则止。
>
> ——《学记》
>
> 善问者,如攻坚木,先其易者,后其节目,及其久也,相说以解;不善问者反此。
>
> ——《学记》

教与学,是小学科学实施的两个基本环节。教以促进学生学为目的,要学好还需要教师在教好的同时指导好学生的学习。所以,优秀的教师不仅是教得好,更要善于指导学生的学习。善指导者才能更有效地提高学生学习的效能,因而懂得科学学习指导的技能、方法和策略是一位合格的科学教师必备的教学素养。在本章里,我们就对有关小学科学学习指导的理论与实践问题进行深入的探讨。

第一节 小学科学学习概述

(1)了解小学科学学习的特征与类型。

(2)理解小学科学新课程倡导的学习理念。(重点)

(3)理解小学科学新课程倡导的学习方式。(重点)

一、小学科学学习的特征与类型

(一)学习的含义及其类型

什么是学习？我们通常所说的学习,是指在学校教育中学习者的获知行为。这里的"知"概指促进学习者认知经验丰富所涉及的一切认识内涵及其认识方式。人类的学习有两个显著的特征:"作为结果,指由经验或练习引起的个体在能力或倾向方面的变化。作为过程,指个体获得这种变化的过程。"[①]这里的"变化"具体表现在两方面:一是学习者将未知转变成已知,获得或者增长了新的知识,并积累起新的学习经验;二是学习者通过解决具体的问题增强学习理解能力和解决问题能力。因此,从这个意义上说,学习既是促进学习者认识世界、增长经验的过程,也是学习者科学素养不断提升与发展的过程。由此出发,则科学学习就是特指那些以自然科学为对象而产生的认知行为。科学学习的结果就是学习者科学文化素养的不断提升与发展。

科学学习包含哪些范畴呢？概括起来,它包括习得科学知识、科学方法和科学技能,也涉及建构科学观念、科学态度、科学精神和认识科学的价值等诸多方面。科学学习甚至还涉及学习者的科学学习习惯的形成,科学学习模式的建立等方面。因此,科学学习是培养学习者学会学习、学会探究、学会运用科学知识和方法解决实际问题能力的基本途径。

(二)科学学习的类型及其特征

人类的学习具有不同的类型。布鲁姆曾把学校中的学习划分为认知、情感和动作技能等三大领域,加涅提出学习是由言语信息、智慧技能、认知策略、态度和动作技能等5种类型构成。其中,形成智慧技能是学习的核心所在。

小学科学中的学习有哪些基本的类型呢？从小学科学的构成特征和发展要求看,其科学学习由四大基本领域及8种学习类型构成,如图6-1所示。

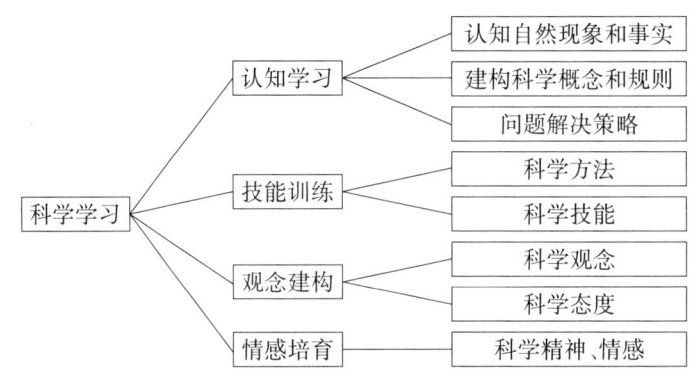

图6-1 科学学习的领域及其学习类型构成

[①] 顾明远.教育大辞典(增订合编本·下)[M].上海:上海教育出版社,1998.

1. 认知学习

认知学习是小学阶段学生认识自然、理解科学的主要学习行为,也是小学科学学习内容构建的基本领域。这一领域的学习以认识自然现象和事实,了解科学常识,建构科学概念和规则为主,也包括建构科学概念、规则所涉及的问题解决策略的学习。其中,"认识自然现象和事实"属于经验性学习,以能够辨析自然现象和事实,积累认识的经验为特征;"建构科学概念和规则"则属于高阶认知学习,以理解知识的本质特征,归纳形成定义性概念或者认识性规律为特征;而"问题解决策略"则属于认知方法的学习,以形成具有针对性的问题解决模式或者策略为特征。所以认知学习是学习者建构科学知识基础、形成问题解决模式的必由之路。

2. 技能训练

这一领域包括科学方法和科学技能两类学习。小学科学里的科学方法学习主要涉及三大方面:①科学思维方法,如比较、分类、类比、分析、综合、抽象、概括、推理等的学习;②一般科学方法,如观察、实验、模型等的学习;③专门科学方法,如生命科学中的动植物分类法,物质科学中的溶解与分离方法、浮力测量方法等的学习。

小学科学里的科学技能训练主要包括科学探究技能、操作技能以及使用工具技能的训练。

(1)科学探究技能:新修订的《标准》提出了8项探究技能要素:提出问题、作出假设、制订计划、搜集证据、处理信息、得出结论、表达交流、反思评价。

(2)操作技能:小学科学涉及的这类技能包括绘制图表、制作模型、记录数据、溶解过滤、连接电路,以及种植、养殖等特殊的技能。

(3)使用工具技能:新修订的《标准》不仅涉及使用温度计、直尺等多种测量工具,也涉及使用放大镜、显微镜等工具,以及使用杠杆、滑轮、轮轴、斜面等简单机械,使用像手机、电饭煲、洗衣机等一类常见科技产品所需要的技能。

3. 观念建构

培养小学生形成初步的科学观念是小学科学教育不可忽视的一项任务,"观念建构"领域由科学观念和科学态度两大学习类型构成。

(1)科学观念:认识和看待科学的思想观念及评判科学的价值作用的准则。在小学科学中有关科学观念的培养主要涉及两大方面。

①辩证唯物主义的科学观:用唯物主义观来看待自然界的变化与发展的科学观念。在小学科学里,就是让小学生逐步建立起世界是物质的,物质是运动的,运动是有规律的,以及物质的形态具有多样性,物质的构成具有层次性等辩证唯物主义的科学观。例如,《标准》就提出:"初步了解通过科学探究达成共识的科学知识在一定阶段是正确的,但是随着新证据的增加,会不断完善和深入,甚至会发展变化。"[1]这就是辩证唯物主义

---

[1] 中华人民共和国教育部.义务教育小学科学课程标准[M].北京:北京师范大学出版社,2017.

科学观的具体体现。

②科学的价值观:用科学的世界观和方法论来看待或评判科学所具有的发展价值和社会价值的观念。在小学科学中,就是让学生逐步树立起用发展变化的观点来看待科学对人类社会、生产、生活实际的价值作用,学会运用所学的科学知识、方法和观念去分析判断面临的实际问题。

(2)科学态度:这是指在认识科学、理解科学和体验科学探究的过程中逐渐形成的对待科学及其应用应当具有的正确态度和责任感。养成科学的态度既是《标准》中的核心目标之一,也是小学科学学习的一项重要构成。因此,在小学科学的教学和归类体验活动之中,如何引导小学生养成正确的科学态度是科学教师的一项重要职责。

4.情感培育

通过科学学习培育学生的科学精神和科学情感既是小学科学的一项基本任务,也是小学科学的一类学习类型。小学科学里的情感培育主要包括科学精神和科学情感两类学习。

(1)科学精神:小学科学里的科学精神主要以了解自然科学发展所形成的优良传统、认知方式、行为规范和价值取向等为核心。因此,培育科学精神着重是培育小学生从学习科学开始就能够认识到实践是检验科学认识真理性的标准,实践也是促进人类科学认识发展的动力,以及不迷信权威,提倡怀疑、批判、不断创新进取的科学精神。

(2)科学情感:在小学科学里培育科学情感着重是培育小学生热爱科学、理解科学、探究科学,以及运用科学造福人类,为社会主义现代化建设服务的情感。

二、小学科学新课程倡导的学习理念

(一)为学生提供更多的探究学习机会,力求科学学习方式的多样化

小学科学是小学生接受科学教育的起始阶段,让学生通过自然观察、实验探究、体验活动等多种途径来学习科学,对培养儿童的科学探究意识至关重要。这就需要科学教师采用丰富多样的教学方式,让小学生学会运用多种多样的方法、途径来探究解决面临的问题。因而也要求科学教师要尽量采用课堂交流对话、小组合作探究、课堂辩论,以及课题调查等形式来施教,让学生在参与讨论、发言、辩论、表演、展示的过程中增进学习的能力。科学教师也应注意采用参观博物馆和动物园、野外考察、自然环境调查等多样化的实践学习方式来使学生感受到科学探究的多种途径和方式,体验多样性探究的有趣与快乐。

(二)通过丰富多样的实践活动培养学生探究学习的意识与能力

通过运用丰富多样的实践活动来培养学生探究学习的意识与能力是小学科学新课程的基本要求。科学教师要注意培养小学生三方面的意识:批判和创新的意识、合作学习的意识和实践体验科学探究的意识。

在探究学习的过程中培养学生哪些能力呢?《标准》提出了培养学生提出科学问题的能力、收集和处理信息的能力、获取新知识的能力、分析问题和解决问题的能力、交流与合作的能力,以及创造性、批判性思维和想象力的要求。这就需要科学教师把这些能力培养的要求具体落实在教学及学习指导的过程之中。

(三)注重动手与动脑相结合,通过做中学与学中思来学习科学

小学科学是一门注重基础性、综合性和实践性的课程。因此,如何在教学的过程中培养学生动手与动脑相结合、注重做中学与学中思是小学科学学习指导的关键所在。动手与动脑相结合包含三方面的要求:一是观察实验的现象与思考现象产生的原因相关联;二是动手操作要与思考依据什么样的原理方法相关联;三是要把获得实践结果与思考它的用途、价值相结合。因而要求科学教师在注重科学课的实践性的同时,启迪学生主动积极地思考解决问题的途径和方法,以培养小学生的探究学习能力。

三、小学科学新课程倡导的学习方式

(一)探究学习

探究学习是小学科学倡导的主要学习方式。《标准》指出:"探究式学习是指在教师的指导、组织和支持下,让学生主动参与、动手动脑、积极体验,经历科学探究的过程,以获取科学知识、领悟科学思想、学习科学方法为目的的学习方式。"[①]因此,从小学科学的探究学习特性来看,可从两种角度对探究学习进行分类,如图6-2所示。

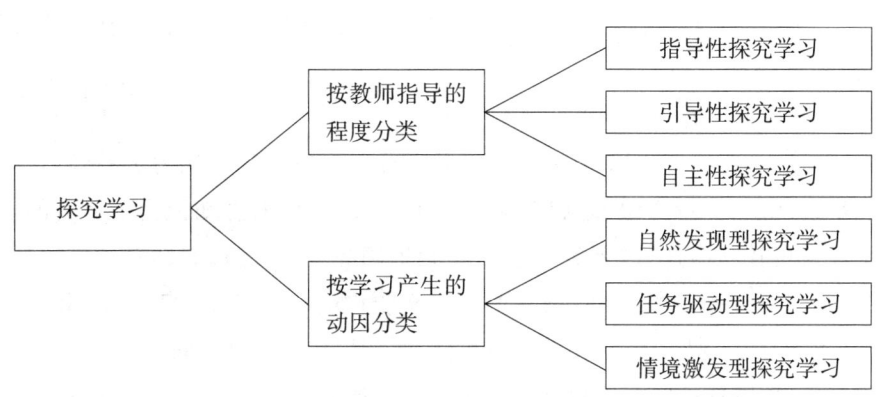

图6-2 小学科学的探究学习类型

1.依据教师指导的程度分类

《标准》把科学探究的学习划分为3个学段:1~2年级为初级学段,在这一学段里以教

---
① 中华人民共和国教育部.义务教育小学科学课程标准[M].北京:北京师范大学出版社,2017.

师指导下的探究学习为主;3~4年级则以教师引导下的探究学习为主;5~6年级则鼓励学生进行自主探究学习。《标准》就是按照教师指导程度依次降低的顺序来构建探究学习的学段进阶目标的,如表6-1和图6-3所示①:

表6-1 《标准》科学探究目标示例

要素	科学探究学段目标		
	1~2年级（低学段）	3~4年级（中学段）	5~6年级（高学段）
提出问题	在教师指导下,能从具体现象与事物的观察、比较中,提出感兴趣的问题	在教师引导下,能从具体现象与事物的观察、比较中,提出可探究的科学问题	能基于所学的知识,从事物的结构、功能、变化及相互关系等角度提出可探究的科学问题

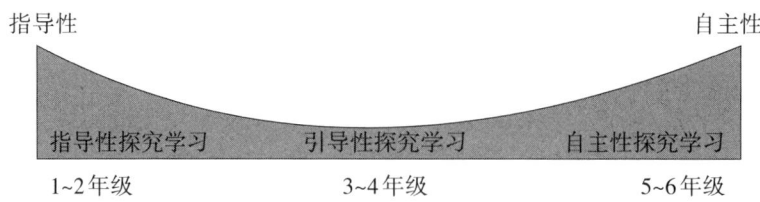

图6-3 小学科学探究学习指导程度的变化

在小学低学段的探究学习中,宜以指导性较多的"扶"为主,着重指导学生知道怎样进行探究学习;在中学段则要逐渐放手,以引导性更多的"牵"为主,培养学生学会探究学习;在高学段则以自主性更多的"放"为主,让学生独立自主地进行探究学习。

2.按学习产生的动因分类

按学习产生的动因也可以把小学阶段的探究学习分为自然发现型、任务驱动型和情境激发型等3种类型。

（1）自然发现型探究学习。

这是一种在自然环境中以观察、寻访、考察自然现象及其变化为主的学习活动。这类学习以观察现象、测量变化、理解影响变化的因素、建构概念知识为主要目的。例如,《标准》中设置的让学生通过"观察水、油、醋和牛奶等液体,尝试归纳总结它们的共同特征",通过"识别常见的动物类别,描述某一类动物（如昆虫、鱼类、鸟类、哺乳类等）的共同特征","通过观察周围的环境,发现自然世界和人工世界的不同",以及参观科技馆、博物馆和实验室,设置种植饲养角等就属于这一类探究学习。

（2）任务驱动型探究学习。

这是一类以科学教师设定明确的探究任务或目标为前提来展开的探究学习。其中的探究任务常常以具体的问题解决要求或者定向性的观察实验目标等形式来呈现。教

---

① 中华人民共和国教育部.义务教育小学科学课程标准[M].北京:北京师范大学出版社,2017.

师在这类探究学习里承担着引领学生明晰探究学习任务,实现探究学习目标的角色。例如,在生命科学领域的学习中,教师提出"调查当地主要的经济作物、观赏植物和珍稀植物;调查当地近年来新出现的食用植物品种",以及像"调查、考察当地水体或空气污染情况,提出一些防治水体或空气污染的合理化建议"就属于这一类型的探究学习。

这类探究学习有5个基本的环节:①明确探究学习的目标或具体任务;②引导学生思考或设计探究解决问题的途径,形成方案;③运用观察实验等科学手段探究解决问题;④指导学生分析收集的证据,获得结论;⑤交流探究学习结果,教师评价。

(3)情境激发型探究学习。

情境激发型探究学习即通过创设探究学习的情境来激发和促进学生进行探究的一类学习。其特点是科学教师充分利用标本、模型、图片、视频等来创设探究的情境,激发学生的探究学习兴趣。例如,像"通过观看燕子冬季飞往南方,夏季又返回北方等图片或视频,初步了解动物适应季节变化的多种方式",以及"利用图片和视频资料,或通过模拟实验,初步了解地震和火山喷发形成的原因"就属于这一类型的探究学习。因此,如何创设具有激励作用的情境是运用好这一类型探究学习模式的关键所在。

(二)合作学习

合作学习是指学生之间通过形成互帮互助的合作形式来进行学习的一种学习形式。在小学科学的教学中,主要有小组合作学习和课题合作学习两种基本的形式。

1. 小组合作学习

小组合作学习是科学教师按照探究学习的内容将学生分成学习小组,指导学生通过分工合作的方式进行探究学习。科学教师在采用这种合作学习形式时,常常把座位相邻的2~4位学生组成一个合作学习小组,要求学生在探究学习的过程中通过相互合作讨论、配合观察、实验、记录等来完成探究学习的任务。因此,在采用这种学习形式时,科学教师应当注意分组不是分工,并要特别要求学生注意相互协作,实时轮换探究学习的项目,使每位学生都有机会尝试不同的探究环节,再集思广益形成合作学习小组解决问题的共同结论。

2. 课题合作学习

课题合作学习是以探究学习的课题作为划分合作学习小组的依据,教师根据探究学习课题的特点将学生组合成一种合作学习小组进行探究学习。这种合作学习的形式常常适合于科学探究室,或者野外寻访、考察等一类探究实践活动。科学教师要注意将有不同学习兴趣和学习特征的学生组合在一起,以利于取长补短、相互帮助,达到提高探究学习效果的目的。

但无论是哪一种的学习形式,科学教师都应当对学生在合作学习中的相互配合和学习分工进行必要的引导,以在合作之中促进学生之间的良性互动,提高学习的成效。

【问题讨论】
1. 新课程提出的小学科学学习方式有哪些？举一例说明其中一种学习方式的特点。
2.《标准》提出了哪些科学学习的新要求？谈谈你对这些学习要求的看法。

第二节 小学科学学习指导的类型与要求

(1) 了解小学科学学习指导的特征与类型。
(2) 理解小学科学学习指导的基本要求。(重点)

一、小学科学学习指导的基本类型

学习指导是指科学教师在实施科学教学的过程中，施行的以改善小学生的学习成效为目的的指导性调节行为。新修订的《标准》就明确提出：科学教师不能只关注自己的教学，更应关注学生的学习。因此注重学习指导是实施好小学科学课程，提高学生学习质量的重要保证。

(一) 个别学习指导

这是以学生个体为对象，教师与学生采取一对一进行的定向学习指导方式。这类学习指导常常有针对性地运用于指导学习进步较慢，或者某些发生学习偏差的学生，以及在某些方面有特殊发展倾向的学生，教师通过这种一对一的、有针对性的学习指导及时纠偏，或者督促学生及时补救学习的不足，或者指导他们改进、调整自己的学习方式，以及及时改善学习的质量。

(二) 课堂学习指导

课堂学习指导是指在教学实施的过程中，教师在教的同时对学生的学习进行有针对性的指导。这类学习指导常有两种具体的形式：一种是教学过程中师生通过提问、对话或者互动交流进行的学习指导；另一种是根据学习内容的特点采取的小组合作探究学习形式，科学教师针对合作小组进行的学习指导。这两种形式都是小学科学教学里教师经常采用的学习指导方式。

(三)课后学习指导

这类学习指导主要是指科学教师实施的以指导学生进行课后作业、课外科普阅读，以及一些课后开展的专门性科技实践活动的指导。对于课后作业的指导，教师应当注意对探究解决问题的学习方法的指导，并引导学生进行课外科普阅读，特别要注意为小学生扩展科学视野，增进其对科技发展的理解，推荐科普阅读书籍，指导他们如何选择科普书籍，如何阅读科普读物和如何将科普阅读与自己的科学知识学习联系起来，让小学生通过阅读理解科学的发展和它的应用价值，使课后的学习指导起到开阔学生认识科学技术发展的视野的作用。

二、小学科学学习指导的基本要求

(一)科学教师应把科学学习建立在探究和亲身实践的基础之上

小学科学新课程强调探究学习，要求科学教师把学习尽可能建立在"探究"的基础之上，让学生通过亲身的"体验"感受科学是一个探究的过程。因此，如何让学生懂得探究是获得科学证据、推导知识结论的有效途径是促进他们积极主动参与探究实践的前提。像小学科学新课程"探究水对种子萌发的影响"等探究活动就是以学生亲身体验参与为目的来设置的。因而也要求科学教师不仅注意引导小学生了解什么是"科学探究"，还要实时组织他们参与体验过程，特别是通过观察、实验、调查寻访等实践性活动让学生感受到探究解决问题的乐趣和艰难。

(二)保护儿童的好奇心、探究热情和爱好，并符合儿童的认知发展规律

学习指导不是教师对学生的包办代替，而是激励他们的学习兴趣，引导他们积极主动地学习。因此，保护儿童在探究学习中的好奇心、探究热情和爱好是激发学生热爱科学、关心科学的重要保证。这就要求科学教师把激励儿童对自然界、身边的事物和现象充满好奇心和探究欲望，喜欢追根求源，爱问、好问作为学习指导的内涵所在。

小学阶段的科学学习指导也要符合儿童的认知发展规律，尤其是把握好兴趣培养与基础知识学习的度，在学习的过程中注意由近及远、由浅入深、由简单到复杂、由现象深入本质，指导儿童从认识身边的自然事物开始学习，逐步扩展他们探究学习的视野。

(三)采用多样化的学习方式和丰富多样的探究活动，提高科学学习的成效

小学科学学习不是单一的知识学习，而是兼具知识学习、探究实践和活动体验等多样化的学习形式。因此，科学教师必须重视运用丰富多彩的学习活动形式来提高学生对科学学习的参与程度，除课堂学习这种主要的学习形式之外，也带领小学生走出教室，在野外进行自然观察和参观科技馆、实验室、植物园、动物园等。即使在课堂学习中，也要

求科学教师充分利用纪实性视频、图片、模型、动植物标本来丰富学习活动,并把讨论、小组合作探究、动手制作等作为促进学生学习的重要活动形式。

(四)重视"教、学、评"一体化,通过以评促学来提高学习指导的有效性

教师应重视评价对学生学习的促进作用,既关注学习结果,也关注学习过程,通过"教、学、评"一体化提高学生的学习成效。小学科学新课程提出的学习评价具体包括学生获得的科学知识、科学探究、科学态度,以及科学、技术、社会与环境等内容。要求科学教师通过对这些方面的评价来为每一位学生的继续学习提出改进的建议。同时,也要求科学教师既要对学生的学习状况进行形成性的评价,也要对学习的结果进行总结性的评价,并通过及时反馈来指导学生改进学习进程。

【问题讨论】

1. 小学科学学习指导有哪些类型?举例说明其中一种学习指导的特点。
2. 学习指导要重视"教、学、评"一体化,谈谈你对这一要求的看法。

第三节 小学科学学习指导的分类实施

学习提要

(1)理解小学科学概念知识学习指导的特点与基本要求。(重点)

(2)理解并能应用小学科学方法与技能学习指导的方式与基本要求。(重点)

(3)理解并能应用小学科学探究活动指导的基本要求。(重点,难点)

一、小学科学概念知识的学习指导

(一)小学科学中的概念知识学习特点

在小学科学教学中,指导学生理解科学概念,并能够运用所学的科学概念解决实际问题是小学科学学习的核心任务之一。因此,要求科学教师必须重视科学概念的学习指导。

概念是反映事物本质属性的思维形式,[①]科学概念则是人们探究自然规律获得的认识结晶。所以,学习科学概念是认识自然及其事物的本质特征、规律的最佳途径。

---

① 《自然辩证法讲义》编写组.自然辩证法讲义(初稿)[M].北京:人民教育出版社,1979.

新修订的《标准》指出:"在小学阶段并不要求学生对科学概念有深入的理解,但是学生必须明确与科学概念相关的自然现象和过程,能够用科学的或接近科学的术语对自然的事物或现象进行描述和解释,能够知道某些科学概念之间的联系,以及各个科学概念的应用范围。"[1]

我国的小学科学课程采取的是"核心概念+主要概念"的基本构建模式,每一个学习领域均以核心概念为中心来建构科学知识的学习结构。小学科学新课程由物质科学、生命科学、地球与宇宙科学和技术与工程等4个领域构成,共编选了18个核心概念和75个主要概念,如表6-2所列。

表6-2 《标准》中的主要概念构成[2]

学习领域	数量(个)	核心概念的构成
物质科学	6	物体、水、空气、运动、力、机械能
生命科学	6	生物、植物、动物、人体、繁殖、相互依存
地球与宇宙科学	3	太阳系、地球构造、生存环境
技术与工程	3	人工世界、技术、工程

以上列核心概念为框架的小学科学知识体系主要涉及3种类型的科学概念学习。

1.事实性概念

这是指以自然的观察事实为内涵,表达"是什么"含义的一类科学概念,如,太阳、月亮、山川、自然界、土壤和岩石、植物、动物、湿地、环境等。这类概念的含义明确、具体,既是小学生认识自然、理解科学必须掌握的一类基础性科学概念,也是小学科学课程中数量最多的一类知识内容。

2.定义性概念

这是指以抽象概括表达科学本质特征为内涵的科学概念,如力、原子、分子、基因,以及物理变化、化学变化、溶解、降雨量、太阳系等概念。尽管这类概念在目前的小学科学课程中数量不多,但对促进学生理解科学的本质属性,培养抽象思维能力起着重要的作用。

3.规律性概念

这是指由一些概括性的知识规律和假说构成的一类概念,如,"磁铁具有同极相互排斥,异极相互吸引的性质","动植物之间、动植物与环境之间存在着相互依存的关系",以及达尔文的进化论等就归属于这类概念。虽然在小学科学课程中,这类概念的数量不多,但对培养小学生的推理建构能力起着重要的作用,因而也是科学学习指导的重要构成。

(二)科学概念学习的基本特征

科学概念的学习和建构过程也是一个认知形成的过程。概念的形成与建构也符合人类认知发展的特点。按照辩证唯物主义认识论的模型,概念的形成与建构的过程可如

---

[1] 中华人民共和国教育部.义务教育小学科学课程标准[M].北京:北京师范大学出版社,2017.
[2] 中华人民共和国教育部.义务教育小学科学课程标准[M].北京:北京师范大学出版社,2017.

图6-4所示。

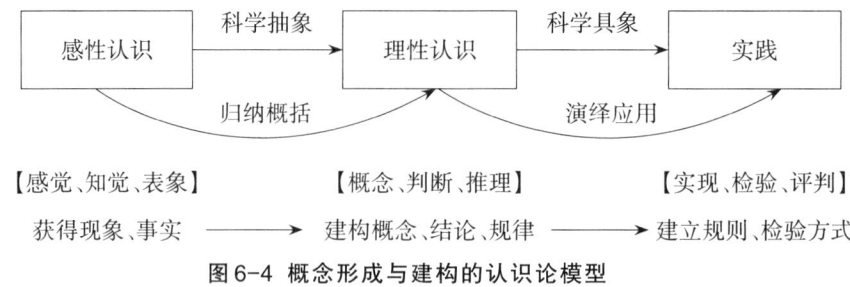

图6-4 概念形成与建构的认识论模型

从图6-4可以看到,形成和建构概念首先是从感觉、知觉和表象出发,通过获得现象、事实,再经思维加工抽象形成概念,形成人的理性认识。因此,通过观察、实验获得证据是归纳概括形成概念的最为有效的途径。所以,让学生通过观察实验来获得感性认识,并通过对那些直接的、具体的现象、事实所蕴含的共同特征进行抽象概括来形成概念是认知学习的有效途径。而在概念形成后,也需要及时指导学生运用所学概念解决实际问题,或者通过进一步的练习来扩展概念、建立新的推论或规则,由此可以达到丰富概念体系的目的。

资料卡片:围绕科学概念来进行小学科学的学习

(三)科学概念的学习指导策略

1. 促进学生理解和建构科学概念的学习指导策略

在小学科学的学习指导过程中,教师应当怎样指导学生理解和建构科学概念呢?其实,"理解概念"关键是指导学生理解清楚概念所反映出的事物的本质属性是什么。比如,小学科学里学习"水是一种常见而重要的单一物质"概念时,首先要指导学生理解"水"是一种物质,它是由单一的被称为"水"的物质组成的。其本质属性就是"水"是由一种物质组成的,而空气则是由包括水蒸气、二氧化碳在内的多种物质组成的,水是纯净物,空气则是混合物。因此,帮助学生理解概念的内涵是提高概念建构有效性的前提。这也就要求科学教师重视制订理解和建构概念的学习指导策略。

学习指导策略1:以观察、实验为基础,通过分析理解事实、现象来建构科学概念。其意图是通过观察、实验来获得有效的证据,再通过对所获现象、事实的归纳概括得出科学的结论。

学习指导策略2:运用直观手段或典型实例分析,引导学生理解科学概念的含义和适用范围。其关键是如何指导学生通过分析典型实例中包含的因果关系、层次关系来判断、辨析问题与结论之间的联系,从而理解科学概念的本质内涵及其适用范围。

学习指导策略3:通过及时的讨论、练习和交流活动,帮助学生理解和建构概念知识的体系。其核心是指导学生如何将科学的结论转化为科学的概念,并能够运用所学的科学概念探究解决实际问题。因此,教师需要指导他们根据新旧科学概念的联系,重新构建知识概念体系。

2.促进前概念转变的学习指导策略

"学生在学习自然科学课程之前,头脑里并非一片空白,他们在日常生活里对客观世界中的各种事物已经形成了自己的看法。这种在接受正规的科学教育之前所形成的概念一般称为前科学概念,简称前概念。"[1]前概念有时也称为迷思概念。例如,小学生常常会认为"铁比木头重、车不拉走、水温只要达到100℃就可沸腾",这就是典型的前概念。学生已有的前概念往往会对他们形成正确的概念产生阻碍。因而就需要科学教师通过学习指导来帮助学生转变已有的前概念。在小学科学教学的实践过程中,促进前概念转变的学习指导策略主要有两种。

(1)及时诊断并纠正学生已有的前概念。

心理学的研究表明,前概念的产生往往和学生已有的日常生活经验、已学的知识,以及对知识的曲解、不当的类比有关。学生在学习之中会因为自己的先验之见而曲解所学的科学概念。所以,教师在教学过程中及时发现并及时纠正学生的迷思概念是提高概念学习有效性的关键所在。

"及时发现"是矫正前概念的首要环节。这就要求科学教师注意教学过程中的实时交流对话,通过提出问题,启发学生解答来发现学生认知的差异。另外,也要注意尽量采取情境引入的方式,或者通过直观性的观察实验方式来引导学生辨析问题、提出猜想和假设,并在指导学生剖析、交流猜想和假设,或者分析、解释现象的过程中让他们暴露出自己已有的前概念。"及时纠正"则要求科学教师针对学生暴露出的前概念及时做出解释、澄清和纠正,并指导他们区分前概念与正确概念的差异在哪里,去伪存真,帮助他们建立起正确的认识,形成科学的概念。

案例探析:"浮力"的学习指导

(2)引起认知冲突,通过辨析理解来消除前概念。

这一策略的突出特点就是要求教师有意识地设置概念学习中的"矛盾事件",通过辨析、深究而获得正确的理解,从而转化学生的前概念。例如,学习光的概念时,对于"光和影子有什么关系",有的学生会有"影子是一种黑色的光照射形成的"前概念。这时教师做光照形成影子的实验,就形成了"实际"与"想象"(前概念)两者的认知冲突,帮助学生建立影子形成的正确理解。所以,利用"认知冲突"来帮助学生消除错误观念的影响是促进前概念转变的一种有效途径。

二、小学科学方法与技能的学习指导

(一)小学科学中的科学方法学习范围

21世纪以来的小学科学课程极为重视科学方法的教育,《标准》提出:"通过小学科学课程的学习,能够使学生体验科学探究的过程,初步了解与小学生认知水平相适应的

---

[1] 史柏良.小学科学教学中的前概念及教学对策[J].教学与管理,2009(6):59-60.

一些基本的科学知识;培养提问的习惯,初步学习观察、调查、比较、分类、分析资料、得出结论等方法,能够利用科学方法和科学知识初步理解身边自然现象和解决某些简单的实际问题。"[1]从小学科学课程内容的编选来看,所学习的科学方法主要是自然科学研究的方法,其学习构成集中在三方面。

1. 科学思维的方法

科学思维方法是人类在认识自然、探究自然、建构科学知识的过程中所建立起来的思维加工方式,其构成包括比较、分类、类比、分析与综合、归纳与演绎、证明与判断等。在新修订的《标准》里,则明确提出了让学生通过学习"初步了解分析、综合、比较、分类、抽象、概括、推理、类比等思维方法"[2]的学习目标,期望通过这些思维方法的学习增强学生的逻辑思维能力。

2. 科学研究的一般方法

科学研究的一般方法是指在各门自然科学中普遍适用的一类科学方法,如观察、实验、模型等方法。在小学科学课程中,这类科学方法的学习主要涉及两类:一是以获取感性认识为主的方法,如观察、测量和实验的方法。这又具体包括自然观察、定性实验、控制条件下的实验、模拟实验等。二是以建构理性认识,形成科学理论为主的方法,主要包括假说、模型、科学抽象等方法。《标准》里涉及的科学研究一般方法可如表6-3所列。

表6-3 《标准》中的一般科学方法

学习领域	一般科学方法	示例
物质科学	观察、实验、测量、模型	观察食盐在不同温度下的溶解快慢 用线绳、直尺等工具测量物体的位置
生命科学	观察、实验、测量、调查	调查当地主要的经济作物 测量、统计和分析全班同学的肺活量
地球与宇宙科学	观察、实验、测量、考察	调查、考察当地水体或空气污染情况
技术与工程	设计、制作、组装、测试	通过按图装配、按流程完成等程序性说明书,完成一架玩具飞机的组装

3. 科学研究的专门方法

科学研究的专门方法是指各门自然科学特有的研究方法,如,化学中的酸碱中和法,生物学中的标本陈列法,地球科学中利用古生物化石确定地质相对年代的方法等。在小学科学里,涉及的专门科学方法如表6-4所列。

---

[1] 中华人民共和国教育部.义务教育小学科学课程标准[M].北京:北京师范大学出版社,2017.
[2] 中华人民共和国教育部.义务教育小学科学课程标准[M].北京:北京师范大学出版社,2017.

表6-4 小学科学中的专门科学方法

学习领域	专门科学研究方法	示 例
物质科学	溶解方法、物质制备方法、物体受力测量的方法、三棱镜分光法	比较食盐溶解的快慢 观察太阳光穿过三棱镜后投射到墙上的彩色光带
生命科学	生态瓶制作法	
地球与宇宙科学	月相观测方法	
技术与工程	工程设计、产品设计法	

(二)小学科学的科学方法学习的特点及学习指导策略

1.在真实的情境中指导学生学会观察和实验

让学生学会观察和实验,需要科学教师在学习过程中指导学生懂得:什么是观察?自然的观察与科学的观察有什么样的不同?进行科学的观察要经历哪些步骤?什么是科学的实验?怎样进行科学的实验操作过程?在科学实验的过程中需要完成哪些工作?因此,要让小学生学会科学的观察、实验,就要求科学教师在真实的情境中指导学生进行观察、实验。

观察指导途径1:带领小学生到大自然中进行自然观察。例如,教科版《科学》一年级上册的"观察一棵植物""观察叶""校园里的植物"就属于这种以自然观察为主的学习活动。指导这类观察的关键是让小学生能够聚焦观察的对象,能够正确地寻找观察对象的特征,能够客观地进行记录,能够如实地描述观察所见。

观察指导途径2:指导学生学会使用工具或科学手段进行观察和测量,即观测。科学的观察与自然观察不同的是它以定向观察为主,并要借助科学工具或辅以测量手段,需要记录观察对象的特征、观测到的数据,并要运用图表进行精确描述。因而指导的关键就是要让学生学会使用工具,比如使用放大镜来观察昆虫、晶体,使用显微镜来观察植物的细胞,用望远镜来观察远处物体等,并要让学生懂得如何使用科学的术语、符号、标准的计量单位记录观测的结果,以及如何使用摄影、录像、绘图、专用记录表格等手段来详细地记录观察的结果。

实验指导策略1:指导学生学会实验方法,并能够运用实验来探究解决问题也是小学科学学习的一项重要目标。因而其学习指导的关键就是力求让学生学会实验方法的基本特征与步骤,并懂得物质科学、生命科学和地球与宇宙科学不同领域中的实验方法的异同之处,学会运用实验方法去探究解决问题。例如,小学科学中设置的比较材料的硬度、探究不同材料在水中的沉浮、测量液体的体积、比较食盐在水中溶解的快慢等就属于这一类型。

实验指导策略2:让学生树立"实验是获取证据的有效途径"的意识,并要学会各种实验操作的方法和技能。科学教师要注意两方面的学习指导:一是让学生理解什么是实验的条件控制,怎样进行科学的测量,怎样操作不同知识领域的实验。二是要注意实验操作技能的训练,指导学生通过实验学会科学地观测、获取数据、记录,以及制作数据记录表,分析处理数据,获得实验的结论,并归纳概括出知识概念。这样会有益于培养小学生的实验探究能力。

2. 把科学方法的学习运用与探究解决实际问题结合起来

小学科学课程不仅要求学习科学知识,也要求学习科学方法,还要求学生能够运用科学方法来探究解决实际问题。在新修订的《标准》中,就设置了诸如调查、实地考察、制作、培育等实践性较强的探究学习活动。而且小学科学教材普遍把探究学习与解决实际问题联系起来。以教科版小学科学教材为例,其中就设置了像"寻访小动物""我们来养蜗牛""做个太阳能热水器"等与实际紧密结合的探究学习活动。科学教师不仅要注意指导学生学会观察、实验、测量,也要指导学生学会如何使用工具,学会科学地设计和制作,以及学会如何装配,如何进行试验,以增强学生运用科学方法探究解决实际问题的能力。

(三)小学科学的技能学习特点及其指导策略

技能是主体在已有的知识经验基础上,经过练习形成的对待某种任务的活动方式,它主要由心智技能、动作技能和认知策略构成。而科学技能则是学生在学习过程中经过反复练习形成的操作性与推理性的行为方式。在小学科学课程中,要求训练的科学技能主要由实验技能、制作技能和科学探究过程技能等三类构成。

1. 实验技能

培养小学生掌握必要的实验技能是小学科学实施的基本任务之一。在小学科学中,各个知识领域都分布有相关的实验技能。这些实验技能以使用工具、仪器的技能和实验操作的技能为主。各学习领域中涉及的主要实验技能如表6-5所列。

表6-5 《标准》各学习领域中的基本实验技能

学习领域	使用工具、仪器的技能	实验操作的技能
物质科学	使用量筒、酒精灯、天平、温度计、测力计、放大镜、烧杯、试管、音叉	加热、量取、测量、溶解、蒸发、过滤、结晶、调制饱和盐水
生命科学	使用显微镜、镊子等	栽培、饲养、测量
地球与宇宙科学	使用雨量计、风向标、地质锤	制作标本
技术与工程	操作和使用锤子、刀具、温度计、酒精灯	使用杠杆、滑轮、轮轴、斜面等简单机械,按图装配玩具飞机

2. 制作技能

小学科学中的制作技能是以学习使用工具,制作图表、模型、模拟制作样品的技能为主,例如,制作风向标、制作自己的望远镜、制作生态瓶、制作岩石标本等具体的技能。小学科学各学习领域中涉及的制作技能如表6-6所列。

表6-6 小学科学中涉及的制作技能

学习领域	制作技能
物质科学	制作电路检测器、制作电动机、制作过滤装置、制作指南针、制作太阳能热水器
生命科学	种植植物、制作生态瓶
地球与宇宙科学	制作风向标、雨量器、观星图
技术与工程	按图装配玩具飞机

3.科学探究过程技能

小学科学新课程重视科学探究的学习,并提出了科学探究的8个要素,其中涉及收集和整理信息资料、设计探究方案、观察、对比实验、测量、记录、控制变量、分类、预测、推理、假设、得出结论、解释数据,以及表达与交流等具体的探究技能。

为了有效地训练小学生学会这些探究技能,小学科学课程采取了融探究技能的学习于相应的实验之中的做法,例如探究电磁铁的磁性和磁力大小等实验。每一个实验中都设计有相应探究技能的学习,让学生通过亲历探究的过程逐渐掌握相关的科学探究技能,并能够运用所学的探究技能去解决实际问题。

4.科学探究技能训练的学习指导策略

(1)以"动手做"为引领,将技能训练融入探究活动之中。

技能需要通过经常性的练习才能达到熟练的程度,所以重视学习过程中的经常性练习是提高学生掌握技能的主要途径。从小学科学教材的编排来看,技能的学习都是以探究实践活动为载体,并融入学习构成之中。因而要求科学教师必须重视技能练习的经常性,不仅要训练他们探究解决问题的思维推理技能,更要设置体验性、操作性,以及尝试性的探究实践活动,指导学生学会使用工具进行操作,以及通过讨论、辩论、对话等交流活动培养学生的表达、交流技能。

(2)以"拓展练"为基础,把技能训练扩展到学习的各个方面。

所谓"拓展练",就是将技能的学习训练由课堂向课外、由教室向家庭、由学习向课题探究延伸。通过诸如课外兴趣小组活动、开放实验室、建立家庭小实验角等来强化技能的学习。因而要求科学教师既重视课堂中的技能学习训练,也要选择一些与学生生活实践密切联系的探究活动,如趣味小实验、调查研究活动、专题制作活动,或者技能专项竞赛活动等,为学生提供相关的实验器材,引导学生在自己感兴趣的探究活动中锻炼技能。

(3)注重"练、用、评"一体化,促进技能训练的及时指导及时矫正。

科学技能的熟练是一个练习与运用相辅相成的过程。因而要求科学教师既为学生提出技能练习的目标和要求,也要对学生的技能运用成效及时评测和反馈,以便及时矫正错误。为此,科学教师可以采取这样一些具体措施:一是改演示或者示范实验为学生配合操作的实验,让学生在操作过程中暴露错误,教师给予及时的纠正。二是采取分组探究,让学生轮流操作并在课堂上表演,以发现错误,及时矫正。三是设置技能专题评测,让每一位学生来展示他们的操作技能,从而发现问题,进行及时的辅导和矫正。四是设置一些课外科学探究专题活动,在师生进行互动交流的活动过程中,对学生的技能学习进行指导和点评,让他们通过互帮互助来达到促进技能不断熟练的目的。

案例探析:"我们在生长"的学习指导

【问题讨论】

1. 小学科学中的科学方法和科学技能学习有哪些类型和特点?谈谈你的看法。
2. 科学方法与科学技能的学习指导为什么要重视以实践学习为前提?

三、小学科学探究实践活动的学习指导

(一)小学科学中的探究实践活动特点与类型

探究实践活动是小学科学中一类以促进学生参与科学探究体验,培养小学生亲力亲为意识和动手做能力的实践性活动。《标准》提出:"小学科学课程是一门实践性课程。探究活动是学生学习科学的重要方式。"[①]小学科学中的探究实践活动主要有两类。

1. 着重于感受性和体验性的实践活动

这类活动以课堂教学中的分组实践探究活动为主。例如,测量水的温度、感知磁铁有磁性等就属于这一类。

2. 着重于运用所学知识、方法探究解决实际问题的实践活动

这类活动既涉及课堂教学中的分组实践探究活动,也涉及专题性的实践活动。例如,物体在水中是沉还是浮、证明地球在自转、设计种子发芽实验等就属于这类实践活动。

案例探析:"阳光下的影子"的学习指导

(二)小学科学探究实践活动的指导策略

从小学科学教师们的实践经验来看,指导探究实践活动的有效策略主要有3个方面。

1. 以"疑"为前提,注重探究实践的激励性

"以疑为前提"就是以"问题"为探究学习的出发点,让学生带着因疑惑而产生探究的愿望去参与实践活动,并意识到必须找到恰当的"解疑"方法才能获得问题的解决。这类实践活动常常呈现出"设疑→解疑→释疑"的发展特点。这就要求教师在指导这类探究实践活动时注意3个方面。

(1)"设疑",即设置出"有价值、能探究"的学习疑问,以引发学生的探究兴趣。因而要求设置的探究"问题"能体现出知识的内涵和探究的取向。例如,在"鱼儿的奥秘"一课

---

① 中华人民共和国教育部.义务教育小学科学课程标准[M].北京:北京师范大学出版社,2017.

的学习里,一位科学教师就设计了这样几个环环相扣并富有探究性的问题:"鱼在水中为什么不会淹死?鱼是怎样呼吸的?鱼靠什么运动?用回形针别住鱼鳍会怎样?鱼'听'得见声音吗?鱼知道饥饱吗?鱼怎样睡觉?鱼鳞上的圈像树木的年轮吗?为什么有些名称中有鱼字的不是真正的鱼呢?"这样的设问能够激起小学生的探究兴趣,并体现出探究的取向。

在小学科学的教学实践中,可以创设情境,如展示与所学课题密切相关的科技发展图片或播放视频等方式来引出探究学习的问题。

(2)"解疑",就是解决提出的疑问。这就要求科学教师注意指导学生学会如何分辨"问题"与"非问题",从认识"有什么"和"是什么"问题逐步深入探究"为什么有这样的问题"和"怎样解决这个问题"。例如,"放大镜下的昆虫世界"一课里,教师一开始就提出了这样的问题:"放大倍数越大,观察到的图像也就越大。我们完全可以把蚂蚁的腿,在放大镜下变得像大象的腿一样粗大,放这么大,有什么作用?"这些问题既起到了引导学生去了解放大镜的作用,又让学生产生疑惑:"放这么大,有什么作用?"这就为学生联系已学过的放大镜的放大倍数知识,用放大镜去探究昆虫的身体结构起到了引导作用。

"解疑"也要求教师通过互动交流、分组合作讨论等形式,指导学生选择探究解决问题的思路、方案、操作步骤,以及工具、仪器和手段,再指导学生运用观察实验、实践操作等方式去解决问题,获得探究的结果。

(3)"释疑",就是解释问题、陈述结果。因而学习指导的关键是让学生能根据解决问题的过程清楚解释疑问产生的原因、解决问题所用的方法和探究的途径,表达清楚探究解决问题的结果。在低年级,重点是指导学生知道从哪里寻找解释问题的"知识",解决的结果是什么。在高年级,则重点是指导学生在解释问题由来的基础上,进一步追根求源,能够解释"怎样解决""怎样更好地解决",以及解释"为什么会有这样的结果",并指导学生对所获得的结果进行分析推理,建构出科学的结论。

2. 以"做中学"为引领,充分体现实践活动的探究性

以"做中学"为引领就是指在实践活动过程中,科学教师要引领学生通过主动参与、积极尝试和操作实践来学会探究实践,使学生参与的探究实践活动既具有体验性,也具有探究性。这类实践活动的实施过程常常由"明晰探究问题→提出'做中学'任务→在实践中探究解决问题"等3个核心环节构成。因而在指导这类探究实践活动时,需要科学教师注意以下指导要点。

(1)明晰探究问题:着重引导学生明确现在的学习要探究什么问题。

(2)提出"做中学"任务:着重指导学生明白实践操作的项目有哪些,怎样去探究,探究的步骤是什么,实践的关键是什么,在操作实践的过程中需要学到什么。

(3)在实践中探究解决问题:着重指导学生按照制订的探究方案有计划、有步骤地解决问题;科学教师应指导学生明白探究解决问题的思路、方法和步骤,并引导他们进行推

理和分析。

3. 以"放"为突破，凸显探究实践活动的开放性

以"放"为突破，其核心是以发挥学生的主观能动性为突破口，在探究实践活动的实施过程中放手让学生自主地去探究，也就是给予学生学习比较充分的自主性，让学生在探究实践活动中"亲自"思考、"亲手"操作、"亲历"实践、"亲身"感悟，亲历科学探究的过程，以培养和发展他们对科学探究的热爱。

所谓凸显"开放性"则要求小学科学的探究实践活动不能仅仅局限于课堂之中，必须要有开放性，尤其是与实践性的开放性活动相结合。例如，观看品种繁多的蝴蝶标本，到科技馆参加体验活动，到博物馆了解各类自然、科技、社会发展的历史等，或带领学生考察当地有特色的地质地貌、植物资源等。让学生在亲历这些开放性实践活动的过程中，丰富认识的视野，感悟科学的价值。同时，也要注意加大与学生身边或者生活中的实际相联系的开放性，让他们体会科学技术在社会发展中的价值、作用。

科学教师在指导这类探究实践活动时应注意5个要点。

(1) 变讲述性、描述性举例为引导学生动手做，促进学生动手与动脑相结合。

(2) 在探究实践活动过程中，注意对话交流与及时指导。

(3) 探究实践活动结束，应尽量让每个小组都汇报，并做出评价。

(4) 对学生在交流中出现的模糊认识或者错误做法及时矫正。

(5) 围绕探究实践活动涉及的知识、方法或做法进行归纳总结。

案例探析："评价我们的太阳能热水器"的学习指导

(三) 探究实践活动指导应当注意的问题

1. 重视探究活动的各个要素

小学科学里的探究实践活动常常由提出问题、作出假设、制订与实施研究方案、收集和分析数据、得出结论、表达交流、反思评价等要素构成。这些要素也是一个个具体的科学方法和技能。所谓"重视探究活动的各个要素"就是要求科学教师在实施探究实践活动时，不仅是让学生经历科学探究的整个过程，更重要的是要让学生懂得每一个探究要素的要求是什么，学生应当做什么，达到什么样的探究效果，并评测学生是否学到如何科学思维，如何解决面临的实际问题的方法。

2. 精心设计探究的问题和实践活动的形式

小学科学里的探究实践活动常常始于问题。因此，如何设计出能够引起学生探究兴趣，并积极参与的"探究问题"至关重要。所谓精心设计就是要求科学教师对每一个探究学习的问题都仔细考量，不仅要斟酌所提出问题的意图和目的，也要考虑提出问题的方式和情境，以及学生对所提出问题的理解和学生回答的多种可能情况，使所提问题具有良好的启迪性和引导性。

科学教师也应当精心设计实践活动的形式，不仅要考虑是采取小组合作，还是个体的形式进行，还要考虑实践活动中探究的形式是课内实验探究，还是要带领学生到校园、

田野考察,以及探究实践活动中的器材、工具等的准备,安全措施的准备等,使探究学习有备而来。

3. 处理好探究实践活动中学生的自主性与教师的指导性之间的关系

小学科学教学中实施的探究实践活动是以在科学教师指导下进行为特点的。但是教师的指导不等于限制学生的自主性,所以需要科学教师在实施探究实践活动的过程中、在启发学生明晰探究问题时多给予指导,在实践活动的科学操作和安全方面多给予指导,而对于学生在探究过程中的讨论、观察实验、测量记录,则在提出基本要求的前提下给他们更多的自主性,鼓励学生通过相互协作来完成探究学习任务。

4. 不要把探究式学习作为唯一的科学学习方式

小学科学倡导探究学习,但是并不意味着所有的课都需要用探究的方式来上。《标准》提出"不要把探究式学习作为唯一的科学学习方式",就是要求科学教师要有意识、有目的地运用探究方式来激励学生积极思考,通过实践探究获得学习体验,理解科学概念,学习科学方法。除了探究式的学习外,像启发式学习、小组合作学习、课堂讨论学习,以及阅读学习、练习、调查等也是学习科学的重要方法。科学教师应当在学习指导的过程中,让学生学会运用多种多样的学习方式来学好科学。

【问题讨论】

1. 新课程提出的探究学习理念与探究学习的方式有什么样的特点?
2. 在探究学习的指导中,教师应当如何选择运用指导的策略?谈谈你的看法。

本章小结

小学科学学习分为认知学习、技能训练、观念建构和情感培育等基本领域,学习指导则以培养小学生的探究学习能力为目的,注重探究学习和合作学习。《标准》强调学习方式的多样化,倡导动手与动脑相结合,通过做中学与学中思来学习科学。本章对小学科学学习指导的阶段性进行了划分,强调小学科学的学习指导应重视围绕科学概念来实施,注重转变学生的前科学概念,加强科学方法与技能的学习指导,重视科学探究实践活动的学习指导。

【思维导图】

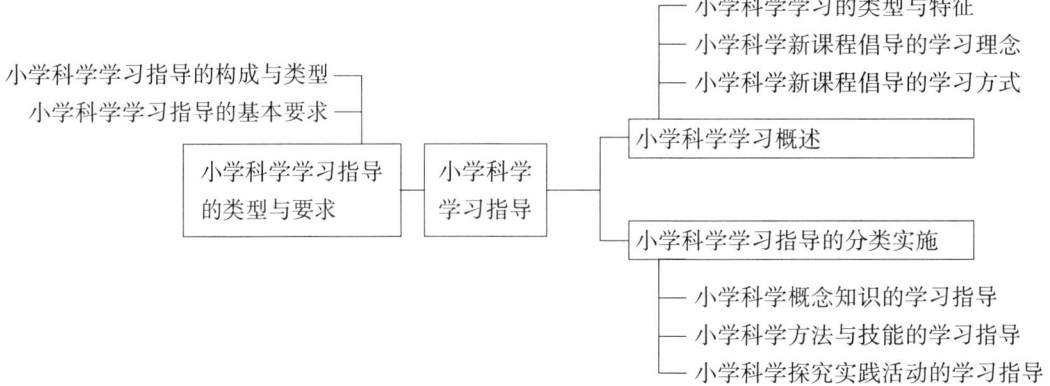

【思考与实践】

1. 简述什么是学习,简要概括科学学习的基本特征。

2. 收集有关小学科学学习研究的专题资料,汇编成一个专题集。

3. 收集关于探究学习指导的专题案例,汇编成一个专题集。

4. 在小学科学教材中选择一个内容编写一篇关于实施探究学习并进行学习指导的研究案例。

5. 以教科版《科学》五年级上册"种子发芽实验"为例,设计学习指导的实施方案。

【学习评价】

评价维度	评价内容				
	评价标准	评价等级			
		A	B	C	D
知识与技能	了解小学科学学习的特点与类型				
过程与方法	了解《标准》提出的学习新理念与新方式;理解小学科学学习指导的基本类型与实施要求				
情感、态度、价值观	理解小学科学指导的意义和发展趋势				

【推荐阅读】

1. [美]M.P.德里斯科尔.学习心理学——面向教学的取向(第三版)[M].上海:华东师范大学出版社,2008.

2. 韦钰,[加]罗威.探究式科学教育教学指导[M].北京:教育科学出版社,2005.

3. [美]阿瑟·A.卡琳,等.教作为探究的科学[M].北京:人民教育出版社,2008.

4. [美]马丁.建构儿童的科学——探究过程导向的科学教育[M].杨彩霞,等,译.北京:北京师范大学出版社,2006.

第七章
物质科学领域内容分析与教学

难道搞科学的人只需要数据和公式吗？搞科学的人同样需要有灵感，而我的灵感，许多就是从艺术中悟出来的。

——钱学森

一切推理都必须从观察与实验得来。

——伽利略

提出一个问题往往比解决一个问题更重要。

——爱因斯坦

《标准》将科学课程目标分为科学知识、科学探究、科学态度、科学、技术、社会与环境4个部分。其中科学知识是学生学习内容的主要部分，在标准中以概念的形式系统呈现。从物质科学、生命科学、地球与宇宙科学、技术与工程4个主要的自然科学领域中选取了18个主要概念，要求学生认识和理解。在本章节，我们主要探讨科学知识中物质科学这部分的教学。物质科学致力于研究物质的组成、结构及其运动和变化规律，它不仅是一切科学的基础，而且可以衍生出一系列新的技术原理，实现其与生命科学、能源科学、环境科学、信息科学、材料科学等的有机结合。

第一节 物质科学领域的价值和目标

（1）理解物质科学领域内容在小学科学教育中的价值。
（2）理解物质科学领域内容的教学目标。（重点）

一、物质科学领域内容在小学科学教育中的价值

《标准》明确提出物质科学就是研究物质及其运动和变化规律的基础自然科学。该领域内容的学习将有助于增强学生探究物质世界奥秘的好奇心,形成"世界是物质的,物质是运动的"的观点。[1]从科学课程内容标准与教材来看,物质科学领域涉及的内容包括力(浮力、重力、弹力、摩擦力等)、热(热胀冷缩、热的传递)、光(光的成像、直线传播等)、电与磁(生活中的电路、电磁铁)、声(声音是怎样产生的、声音是如何传播的)、物质特征等,这些内容的呈现方式则体现了对科学探究过程的关注、对问题解决过程的强调,如观察与测量(各类物理现象的观察、各物理量的测量等)、制作与探究(保温杯的制作、计时器的制作、噪声的防治等)等。因而,物质科学在小学科学教育中的价值表现为4点。

(一)满足学生探索自然、理解自然的兴趣与热情

物理学家理查德·费曼指出:"学过科学以后,你周围的世界仿佛就变了样子。就拿树来说吧,树的构成材料居然主要是空气。你把树焚烧了,树就会化作原来的空气,在火焰的光热中散发出来的原来是被束缚在里面用来把空气转化为树的太阳光热。在灰烬中的那一小部分残余物质,则本来不是来自空气,而是来自固体物质泥土。"当学生发现身边的物体可以展示丰富的科学现象——如一枚小小的硬币会飞(压强与流速的关系)、弹出的硬币存在一定的规律(动量守恒)、水果(柠檬、苹果等)可以充当电池(水果生电)、小小气球可以承受很大的重量等;当学生经历以随手取材的材料制作发明——如制作简单的扬声器、计时器,用铅笔制作风车等,都会不同程度地满足与促使学生去探究、理解科学的兴趣。

(二)促进学生掌握科学方法,提升能力

物质科学在小学科学教育的价值体现,还表现为历史的引介(如古人计量时间的方法,即用太阳来计时、用光影来计时、古代的水钟报时等)、探究的开展(如探索尺子的音高变化、声音是怎样传播的、摆的快慢与什么有关等)、制作活动(如设计一个水钟、制作一个大晶体、制作一个一分钟计时器等),促使学生对科学方法的了解与使用,培养科学实践能力与创新意识。

(三)提高学生参与社会问题的决策意识与能力

我们生活在一个被科学与技术包围的世界里,在商场里、在乘坐的交通工具里、在饮食起居中、在旅途中……科学无处不在。现代社会中的许多问题需要更多的公民参与,需要具备科学知识和科学方法的人共同解决。特别是物理学内容对技术、人类文化、社会的影响甚为显著,如核能的利用与核危害防治,如何减少电磁辐射对人体的危害,环境

---

[1] 中华人民共和国教育部.义务教育小学科学课程标准[M].北京:北京师范大学出版社,2017.

污染的应对等。因而物质科学涉及的STSE与内容的引介(时间的痕迹、热的良导体与不良导体、沉浮自如的"浮沉子"、鼓膜的振动、海面溢油等),不仅可使学生经历基于生活经验的科学学习过程,促进科学知识在社会生活中的应用,而且也促使学生参与技术制作与社会问题的解决,进而提升问题解决能力。

(四)提升跨学科思维能力,促进STEM素养的提高

STEM素养指的是个体把自己对世界的了解运用到科学、技术、工程、数学这四门相互关联的领域的能力。小学科学中,物质科学领域涵盖了许多体现STEM理念的主题与内容,体现在各套教材中。例如,教科版①中制作电路检测器、制作电路开关、制作太阳能热水器等主题;苏教版②中制作雨量器、搭建高塔等主题;冀人版③中制作水轮、制作纸飞翼、自制乐器、设计"无噪声书房"等主题,这些主题内容都需要组织学生以个人或小组合作的形式,利用所学过的科学、技术、工程、数学等知识亲自动手进行实践活动。学生能在一定程度上提高综合分析、解决问题和创造性思维的能力。

二、物质科学领域内容的教学目标

(一)科学知识

科学概念是组成科学知识的基本单元,科学概念教学则是培养学生科学素养的关键之一。《标准》强调通过对物质世界有关知识的学习,了解物质的基本性质和基本运动形式,认识物体的运动、力的作用、能量、能量的不同形式及其相互转换。④能量主题在物质科学内容中占了极大的比重,能量的不同表现形式就可以作为独立的一节内容呈现。以能量主题为例,《标准》呈现的内容归纳如表7-1。

表7-1 能量的知识目标

学习水平	1~2年级	3~4年级	5~6年级
了解	1.列举生活中常用的不同外形的磁铁	1.举例说明声音在不同物质中可以向各个方向传播	1.识别来自光源的光,如太阳光、灯光;识别来自物体反射的光,如月光
	2.描述磁铁可以直接或隔着一段距离对铁、镍等材料产生吸引作用	2.举例说明声音因物体振动而产生	2.知道来自光源的光或来自物体的反射光进入眼睛,都能使我们看到光源或该物体

---

①教科版: 郁波主编,教育科学出版社。
②苏教版: 郝京华、路培琦主编,江苏凤凰教育出版社。
③冀人版: 胡军主编,河北人民出版社。
④ 中华人民共和国教育部.义务教育小学科学课程标准[M].北京: 北京师范大学出版社,2017.

续表

学习水平	1~2年级	3~4年级	5~6年级
了解	3. 知道指南针中的小磁针是磁铁,可以用来指示南北	3. 知道声音有高低和强弱之分;知道振动的变化会使声音的高低、强弱发生改变	3. 知道光在空气中沿直线传播
	4. 说出磁铁总是同时存在着两个不同的磁极	4. 知道噪声的危害和防治;知道保护听力的方法	4. 知道行进中的光遇到物体时,会发生反射现象,光的传播方向会发生变化。
	5. 知道相同的磁极相斥,不同的磁极相吸	5. 描述行进中的光被阻挡时,就形成了阻挡物的阴影	5. 描述太阳光穿过三棱镜后形成的彩色光带,知道太阳光中包含有不同颜色的光
		6. 描述测量物体或空气温度的方法;知道国际上常用摄氏度作为温度的计量单位来表示物体的冷热程度	6. 说出生活中常见的热传递的现象,知道热通常从温度高的物体传向温度低的物体
		7. 知道一般物体具有"热胀冷缩"的性质	7. 举例说明影响热传递的主要因素,列举它们在日常生活和生产中的应用
		8. 知道水结冰时体积会膨胀	8. 知道声、光、热、电、磁都是自然界中存在的能量形式
		9. 描述加热或冷却时常见物质发生的状态变化,如水结冰、冰融化、水蒸发和水蒸气凝结	
		10. 说出电源、导线、用电器和开关是构成电路的必要元件,说明形成电路的条件	
		11. 知道有些材料是导体,容易导电;有些材料是绝缘体,极不易导电	
		12. 列举电的重要用途	
		13. 知道雷电、高压电、交流电会对人体产生伤害;知道安全用电的常识	
		14. 识别日常生活中的能量	
		15. 知道运动的物体具有能量	
理解		16. 解释切断闭合回路是控制电路的一种方法	9. 调查和说明生活中哪些器材、设备或现象中存在动能(机械能)、声能、光能、热能、电能、磁能及其之间的转换
应用		17. 制作能产生不同高低、强弱声音的简易装置	

从表7-1可知,针对某一特定科学主题或内容,一方面呈现了不同的知识点,如能量主题中"光"这一内容的知识点包括:(1)有的光直接来自发光的物体,有的光来自反射光的物体;(2)光在空气中沿直线传播;(3)行进中的光遇到物体时会发生反射,会改变光的传播方向,会形成阴影;(4)太阳光包含不同颜色的光;(5)光能可以转换成其他形式的能;(6)光可以由其他形式的能量产生。另一方面,对不同知识点分别明确了不同的水平(了解、理解、应用)的行为动词,并在三套教材中都有不同的侧重和体现(如表7-2)。

表7-2 "光"在三套教材中的目标水平比较

教材版本	了解	理解	应用
教科版	1.光和影(投影)	1.光的直线传播、反射 2.光的强弱与温度大小的探究 3.获得更多光和热的影响因素(物体颜色、阳光的照射方式)	1.制作太阳能热水器
苏教版	1.光的来源 2.光是有颜色的	1.光的直线传播(小孔成像介绍) 2.光的反射及影响反射效果因素 3.利用平面镜和放大镜改变光的传播路径 4.不同透镜的特点和作用(凹、凸)	
冀人版	1.发光物体分类(天然、人造光源) 2.光是有颜色的	1.光的直线传播 2.光在透明与不透明物体中的传播(影子) 3.平面镜改变光的传播路径,光的反射	

(二)科学探究

《标准》中第二部分课程基本理念之一是"倡导探究式学习",明确指出:科学探究是人们探索和了解自然、获得科学知识的重要方法。[1]小学科学教材也从多方面呈现了科学探究活动的重要性,并从多层面体现科学探究内容。如教科版《科学》四年级上册的"探索尺子的音高变化":(1)声音的强弱变化规律是怎样的?(2)提出影响声音变化的可能因素。(3)制订探究声音变化的实验计划。(4)进行实验:①把尺子的一部分伸出桌面大约10厘米,用一只手压住尺子的一端,另一只手拨动尺子的另一端。②先轻轻拨,观察尺子的振动幅度的大小,听听声音;再加大力量拨,观察尺子振动幅度的大小,听听声音。③记录实验现象。(5)总结尺子声音强弱变化的规律。(6)与同学们交流实验结果。通过实验,学生可以获取直接经验,对声音强弱变化有更深刻的认识。整个活动涉及科学探究的环节包括:提出问题→猜想结果→制订计划→观察→实验→制作→搜集证据→进行解释→表达与交流等。探究活动过程呈现了多种科学方法的结合,学生自主发现声音变化规律。

---

[1] 中华人民共和国教育部.义务教育小学科学课程标准[M].北京:北京师范大学出版社,2017.

(三)科学态度

《标准》中课程目标的第三部分是科学态度目标。[①]科学态度相对于科学知识而言,具有潜隐性、不确定性与随机生成性,需要依托科学知识的学习,经历科学探究、科学实验、问题解决、合作学习等过程而随之培养与提升。学生经历科学探究活动,通过了解同伴间的合作与交流,基于他们对待科学的情感态度来评价科学态度的实现情况。同时,科学态度可以作为一种潜在的体验与感悟,随着学习进程与知识的不断积累,最终通过顿悟的形式显现出来。

(四)STSE

《标准》中的第四个课程目标就是科学、技术、社会与环境目标,即STSE。因此,教师应在教学中反映出科学技术发展中的新成果、新话题以及社会生活中人们共同关注和亟待解决的问题,从而使学生从科学课程的学习中增强社会责任感并真实地感受和体验科学的本质及科学、技术、社会和环境之间的关系。

有很多学生在刚进入课堂时对周围的世界及其运作方式几乎是懵懂无知的,其工程与实践的知识与能力不足。教师在教学中需要给予学生科学与工程技术的熏陶,比如可以给予学生设计和测试工作模型的任务。学生们努力去理解并掌握科学和工程技术的基本原理,如"照亮世界的光"的案例中有许多部分是与工程学有很大的联系的:(1)对光的原理的理解,使工程师们创造新型的照明设备,设计更节能和更符合人体视觉要求的灯泡和装置;(2)为了设计照明系统和新的设备,工程师必须理解光的性质,以及光是如何与不同材料相互作用的。基于此,这个教学活动中设计了许多学生的动手活动:研究光是如何与一个物体相互作用的;描述一个给定的物体是透明、半透明还是不透明;判断光在遇到一个物体时是否反射、折射或直接通过。这些活动可以让学生体验工程师的工作方式与思路。

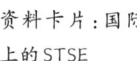

资料卡片:国际上的STSE

案例探析:"照亮世界的光"

[①] 中华人民共和国教育部. 义务教育小学科学课程标准[M]. 北京:北京师范大学出版社,2017.

第二节 物质科学领域内容的构成与编排

（1）比较与分析三版小学科学教材物质科学领域内容的编排结构。
（2）结合典型案例，比较三套小学科学教材物质科学领域内容编排的异同。

一、物质科学领域的内容主题

资料卡片：科学史家——库恩

针对物质科学领域，《标准》梳理出6个主要概念，要求学生掌握，分别为：（1）物体具有一定的特征，材料具有一定的性能。（2）水是一种常见而重要的单一物质。（3）空气是一种常见而重要的混合物质。（4）物体的运动可以用位置、快慢和方向来描述。（5）力作用于物体，可以改变物体的形状和运动状态。（6）机械能、声、光、热、电、磁是能量的不同表现形式。[①]其中，（1）~（3）属于物质主题，（4）~（5）属于运动与力主题，（6）属于能量主题。根据这些主题内容，1~2年级、3~4年级、5~6年级3个不同的学段有不同的要求和学习目标。

二、物质科学领域内容的教材编排特点

物质科学作为小学科学教育中"科学知识"这一领域的组成部分，与生命科学及地球与宇宙科学相比，更加重视知识的逻辑性和概念系统性。这具体地表现于教材中关于物质科学内容的编排与呈现中。

（一）三套教材物质科学领域内容整体编排结构

1. 教科版《科学》物质科学领域内容的编排

新修订的教科版小学《科学》（2007版）教材共32个单元，其中侧重物质科学的共16个单元，包括我们周围的材料、水和空气、温度与水的变化、磁铁、溶解、声音、电、光、运动和力等。总体上从科学概念和科学探究两个维度来呈现整个小学科学教材的框架。从教材中对物质科学领域各主题的呈现来看，教材中对科学概念与科学探究的呈现是呈螺旋上升的。小学生借助探究活动的逐步展开，实现在活动中促进物质科学概念的掌握以及科学探究能力的提升，从而促进科学素养的养成。

教科版物质科学内容的编排总体上呈现了3个方面的特点：（1）在物质科学内容的

---
① 中华人民共和国教育部.义务教育小学科学课程标准[M].北京：北京师范大学出版社，2017.

选择上,体现学科重要概念、与生活应用相关的知识点。如空气占据空间(体积)、橡皮泥在水中的沉浮(浮力)、液体的热胀冷缩、时间的测量等。(2)在活动的组织结构上,体现了知识与探究活动设计的逻辑性与层次性,关注学生的认知心理发展。如在五年级(下)"沉和浮"单元中,教材从观察物体在水中沉浮的现象入手,继而研究沉浮与什么因素有关,通过探究橡皮泥在水中的沉浮,了解沉浮现象与物体排开水量的关系,在此基础上,提出"浮力"的概念,综合探索马铃薯沉浮的原因。(3)在活动内容的呈现上,注重细节的设计和指导。在"运动和力"主题的设计中,教材为使学生便于开展"运动与摩擦力"的关系,从假设的提出(接触面状况、物体重量)、实验设计的变量控制、实验的操作、实验结果的记录与分析等多个侧面通过文字、图片与记录表相结合的形式对探究的过程做了程度不一的阐述。

2. 苏教版《科学》物质科学领域内容的编排

苏教版小学《科学》(2008版)教材共计42个单元,其中涉及物质科学的有14个,包括融合了生命科学、地球与宇宙科学的综合单元"生命之源——水"以及融合了涉及技术的"形状与结构"等,综合程度较高。在课程单元的构建上,以综合主题单元的形式统合各相关领域的知识,打破了传统教材以学科知识的逻辑结构作为框架的常规,以"动手做"理念为指导,设计相关的活动。

因而,苏教版教材最大的编排特色是其综合性。具体表现为:(1)物质科学内容的选择是基于学生的生活逻辑设计单元活动的。(2)在内容组织编排上,以综合主题单元的形式把知识学习、能力培养与情感态度价值观有机结合起来,引发学生在学习中产生问题,促进思考与探究。(3)在内容的呈现方式上,不是简单地直接给出答案,而是提供学生相应的学习任务与情境,引导学生在学习中想象与思考。

【问题讨论】

1. 试分析以知识逻辑、生活逻辑和探究过程逻辑编排的教材的优缺点。
2. 具体的教学应如何结合教材逻辑合理编排活动?

3. 冀人版《科学》物质科学领域内容的编排

冀人版小学科学教材(除去作为绪论和总结的部分)共有42个单元,其中涉及物质科学的有15个单元。该套教材基于课程标准,提出以"性质与功能""运动与变化""作用与平衡""结构与系统"四组统一概念来整合《标准》所规定的六大主要概念,每个年级主要围绕一组统一概念组织教学单元,如四年级教材围绕"运动与变化"这一统一概念整合了物质科学、生命科学、地球与宇宙科学中与"变化"相关的内容,并将科学探究,科学情感、态度与价值观融入其中。物质科学内容中的"运动"概念包括"位置与运动""力与运动"两个单元;"变化"概念包括"物质的状态""有趣的变化"两个单元,将"蒸发的快慢""雨的形成"等探究型实验活动融入其中,通过对"洗涤剂"利弊的介绍,让学生明白任何事物都有正反两方面的作用,从而树立"保护环境,人人有责"的环保观念。

除了以统一概念来统合物质科学内容,冀人版教材在物质科学内容的编排上还注重渗透技术教育,突出科学、技术、社会、环境之间的密切联系。在小学高年级设置的专题研究,"能量转化装置""做一名小小建筑师"均体现了物质科学与技术设计以及生活的联系。此外,教材还借助"科学在线"栏目向学生呈现与科技新成果、科学史以及物质科学知识等相关的内容。

(二)三套教材物质科学领域内容编排的共同特点

基于上述对三套科学教材编排特点的分析,以物质科学"能量"部分中的"声"这一主题为例,阐述三套教材在内容编排上的共同点。

1.重视科学探究活动,秉持融合社会、认知及行为的实践观

科学探究作为学生学习科学的重要方式,为了引导儿童探究,亲历科学探究的过程,三套教材都体现了对科学探究理念的重视——教材中设计了诸多的探究活动。如三套教材中"声"的主题单元编排中(表7-3),都是基于"声音是怎样产生的"活动的探究,通过"提出问题→使物体发声→观察物体发声时的现象→得出声音是由物体'振动'产生的"一系列活动过程,引导学生对"声音是由振动产生的"产生深刻的理解。最后,苏教版和冀人版这两套教材中都要求学生运用所学习的知识进行自制乐器,体现了对"工程实践"的关注(表7-4)。从这些教学设计中,我们不难看到其中的合作与交流是课堂中社会性的直接体现,还要注意运用科学语言,《标准》中有明确的概念"声音因物体振动而产生,通过物质传播"。这一系列的活动过程体现了现代科学教育所倡导的社会、认知及行为三方面相互交融的实践观。

表7-3 三套教材对"声"主题的呈现

教材版本	教科版(四年级上册)	苏教版(四年级上册)	冀人版(三年级下册)
单元主题	声音	奇妙的声音王国	声
教学活动	1.听听声音 2.声音是怎样产生的 3.声音的变化 4.探索尺子的音高变化 5.声音是怎样传播的 6.我们是怎样听到声音的 7.保护我们的听力	1.声音的产生 2.声音的传播 3.我们是怎样听到声音的 4.不同的声音	1.倾听声音 2.物体传声 3.自制小乐器 4.声音与生活

表7-4 三套教材关于"声"主题的探究活动

	声音的产生	声音的传播	声音的高低	技术与工程
教科版	观察物体发声现象，探究声音产生的原因	声音如何传到耳朵 探究声音在固体中的传播	影响声音高低的因素，探索尺子的音高变化	无
苏教版	同上	探究声音在固体、液体、气体中传播	探究橡皮筋的音高变化	自制乐器
冀人版	同上	探究声音在固体、液体中的传播	无	同上

2.重视科学实验的设计，凸显科学方法

科学探究的开展形式有多种，科学实验是一种有效的方式，这也是三套教材共同关注的方面。三套教材在呈现实验活动中，重视对实验变量的控制、实验的操作与观察、数据的分析处理及实验结论的得出等，体现了对科学研究方法的共同关注。如在探究"影响声音高低的因素"时，教科版用观察表的形式，融合了科学实验中的变量控制（尺子伸出桌面的长度）、结果的预测、实验现象的观察与记录，并通过音高变化柱状图进行数据的分析和整理；苏教版教材则通过弹绷紧程度、长短、粗细不同的橡皮筋来研究影响音高变化的因素，通过图片演示并结合文字叙述对实验过程做了比较详细的指导，符合小学生的认知规律。

3.注重学科间的联系与综合，突出STSE教育

为改变知识分割、缺乏联系的现状，体现"大综合"的科学观念，三套教材在内容的选取上都注意了科学知识的综合性，强调科学与技术、社会、环境以及人文艺术等的联系。如"耳的结构与功能"主题内容，教科版和苏教版在这一主题内容的介绍中呈现了对物质科学与生命科学的联系的关注；苏教版和冀人版通过制作小乐器、减弱噪声及无噪声书房的设计，体现出科学、技术与社会生活的联系，引导学生从生活经验出发，借助于熟悉的生活情境感受科学，进而了解科学与日常生活的密切联系；教材对消声器和助听器的介绍体现了技术和设计在生活中的应用，体现了教材编写的生活化理念；此外，学科间的联系与综合还表现于苏教版引入《墨子》中的"伏罂而听"，显现出科学的人文色彩。

4.关注科学史的渗透，重视科学的发展历程

科学史蕴含着对科学演化历程的审视，是沟通科学与人文两大领域的桥梁，学习科学史有助于学生理解科学的本质和科学素养的养成。三套教材极其重视科学史的介绍，从知识点的比例看，苏教版涉及科学史的知识点数占总知识点数的12.8%，冀人版为18.1%。[①]从科学史的引入形式看，采用了导入、阅读或讨论等形式，呈现于丰富的栏目中。如"电和磁"主题中，三套教材都选取了典型的科学史知识——如教科版和苏教版讲述了指南针的发展史，冀人版通过"科学在线"栏目论及人们对电的认知发展史，教科版还通过资料库中专题阅读讲述奥斯特对电与磁关系的发现。此外，教科版五年级下册"时间的测量"这一章后面的资料库中详细介绍了时间的测量工具：日晷、水钟、摆等的发

---

① 王玉英.科学史知识引入小学科学教材的现状及反思[J].现代教育科学（普教研究），2009(5)：109-111.

展历史,可以让学生更清晰地体会到技术与工程的发展历程。

5. 体现STEM理念,培养核心能力

STEM以项目学习、问题解决为导向,它将科学、技术、工程与数学有机地融为一体,有利于学生实践、创新等综合能力的培养。三套教材中的丰富栏目中都体现了STEM理念,如在学习热的传递的内容时,三套教材均设置了相应的栏目,要求利用所学习的知识制作相应的装置。教科版和苏教版中是设计制作一个保温杯,冀人版中是制作一个保温箱,其原理都是基于热传递的知识。在设计制作过程中,不仅需要科学知识,知道保温装置的工作原理,挑选合适的保温材料,还要具备工程知识,画出科学合理的图纸,还需有较强的动手能力,将设计好的保温装置制作出来,并且利用数学知识描述其保温效果。这一系列的设计制作流程,有助学生打好扎实的跨学科知识基础,学生在教师为其创设的问题情境中,通过学做结合的项目学习,把自己的想法变成制品,激发了对STEM课程的学习兴趣,培养了学生问题解决、实践等核心能力。

(三)三套教材物质科学领域内容编排的差异比较

从儿童的生活逻辑,或者知识逻辑,抑或过程技能出发是设计教材的不同思路。小学科学三套教材呈现了不同方面与程度的侧重。

1. 内容组织的逻辑性与认知的层次性

科学是一门知识性和逻辑性很强的学科,知识逻辑结构的体现是自然科学区别于人文科学的重要方面,这也是三套教材在不同单元(主题)组织中极为关注的。此外,教材内容的选择和组织还需关注学生的认知特点,这不仅表现在不同年级教材在同一主题内容组织中的层级性,而且也表现于某一主题中各内容呈现的层次性。"电磁铁"这一教学活动是物质科学中学习"电"与"磁",认识能量可相互转化的关键。本部分选取与"电磁铁"相关的知识内容,分析该部分内容组织的逻辑结构及其对学生认知层次性的关注。

在内容组织的逻辑性上,教科版用专门的章节分别阐述"电"和"磁"的知识,并有专门的一节"电和磁"来说明通电导线有磁性,在此基础上呈现电磁铁并探究影响电磁铁磁力大小的因素,可以说是由浅入深、由易到难、由定性描述到定量分析,有较强的逻辑联系性和合理性。苏教版和冀人版均缺少对通电导线能产生磁性及基于此可制作电磁铁这一过渡内容的专门呈现。在关注学生认知的层次性上,教科版和冀人版都将"电"和"磁"放在小学中年级学习,将对综合能力要求较高的"电磁铁"放在高年级进行专门的研究,从认知层次较低的现象入手,过渡到认知层次较高的综合探究。苏教版则基于生活中电、磁的应用,将"电"和"磁"放在一个主题单元中,体现了对内容组织的生活逻辑的关注。

2. 内容呈现的方式

《标准》建议教科书内容的呈现方式,应当考虑小学生的心理特点,体现活动性、生动性和开放性。基于此,多样化的内容呈现方式是三套教材的共同关注。如苏教版中的问题、交流、选择、拓展、资料、记录、注意、环境等,冀人版中的活动、材料与工具、安全、记录、猜想与假设、拓展、讨论等。尽管三套教材都呈现了多样化的方式,但对具体的主题或探究活动表现了不同维度与方面的侧重。以"影响电磁铁磁力大小的因素"为例,针对其中的探究实验活动,教科版在"电磁铁的磁力(一)"中通过电磁铁吊车引入问题,通过表格记录假设,继而制订、交流、实施小组研究计划,记录、分析实验数据,最后得出实验结论。苏教版在实验报告中则给出了问题、假设、实验设计、实验结果、结论五方面的提示。冀人版也设有猜想与假设、实验设计(包括实验目的、材料和工具、实验方法、实验结论)、表达与交流活动。可以发现教科版在探究活动的呈现上几乎涵盖了《标准》中指出的探究活动的全过程,尤其注重实验假设的提出与理由的陈述。苏教版更加重视独立操作,不太关注小组间的交流活动。冀人版重视实验的设计,在问题的提出与情境的创设上关注不多。

此外,对于STEM,三套教材均没有开辟出专门的栏目,但都以不同程度和形式呈现了STEM理念,体现了对STEM的关注。如教科版每个单元的最后一节一般是关于解决实际问题的,需要运用多领域的知识技能,例如"设计制作一个保温杯""制作一个一分钟计时器"等。冀人版中一般每章的最后会设置一个专题研究,作为一个章节的综合性知识在实际生活中的应用,解决一个研究问题,很明显地体现了STEM理念,如"专题研究:能量转化装置"。这个可能是由于河北教材的合作编写组之一为DC加拿大国际交流中心,而加拿大恰是最早倡导STEM教育的国家之一。苏教版没有像教科版和冀人版一样开辟专门的一节内容来研究实际问题,但在章节的学习内容中会有所体现,如在"力"的章节中有"制作降落伞"的内容。

【问题讨论】

从上列3套教材中选取一个共同的学习内容,比较分析各自编排的差异性。

第三节 物质科学领域内容的教学策略

(1)理解开展物质科学领域内容教学的理念。
(2)理解并能应用物质科学领域内容教学的教学策略。(重点,难点)
(3)学会小学物质科学领域内容典型教学案例分析的方法。

一、物质科学领域内容教学的理念

任何教学理念的背后都蕴含着教学应该是什么的价值判断和价值选择。科学课程标准映衬到物质科学领域体现的是何种价值判断？这有赖于对物质科学特点的关注,有赖于对科学教育的深层理解。

(一)倡导科学探究,注重科学实践能力的培养

"倡导探究式学习"是《标准》中明确提出的重要理念,也凸显于物质科学内容领域的选择与编排中。小学中年级的探究重在培养小学生某一环节的探究能力,表现于教科版"观察水和食用油、预测材料在水中的沉浮、测量水的温度、比较材料的硬度"等内容;小学高年级则侧重于经历完整的探究过程,表现于"摆的研究、探究铁钉生锈的原因"等内容。但还应注意的是不要把探究式学习作为唯一的科学学习方式,除了科学探究外,科学游戏、模型制作、现场考察、科学辩论会等都是科学学习的有效方式。

(二)以学生为主体,引导自主学习

学生是学习与发展的主体,"以其所知,喻其不知,使其知之"。教师应让每个学生都感到自己是学习的主人,强调在促进每个学生身心发展的同时,培养学生终身学习的愿望和能力。三套教材的设置也都体现了以学生为主体的价值理念。如苏教版《科学》五年级下册"建桥梁"要学生自己先查阅资料,再进行动手制作。在这个自主学习的过程中,学生能够掌握有关桥梁的一些浅显的知识,能自定标准将桥梁分类,小组合作探究不同桥面承受力的差异。学生在建桥的过程中,教师引导学生理解桥梁的形状、结构及承受力,感受技术及工程在生活中的应用。教材还设置了一些开放性问题,如"关于溶解,你还能提出哪些可以研究的问题？""关于塑料,你还想知道哪些问题？",引导学生思考问题,进行反思和总结。

(三)体现科学、技术、社会与环境的密切关系,突显STSE教育

科学教材在内容设置上不同程度地凸显了对STSE教育理念的关注。例如,冀人版教材中的"科学在线"栏目呈现科学知识和科技发展的新成果,也关注了科学技术的发展给社会和环境带来的变化和影响。教材还通过知识的应用来设计体现STSE教育的教学活动,如设计"能量转换装置""制作太阳能热水器"等,以引导学生在制作、设计活动中,体会物质科学与技术、社会和环境的联系。

(四)渗透科学史,提升对科学本质的理解

"重视科学史教育,把科学的思想观念、典型事例、演变发展过程融入科学课程与教学之中,已成为当代科学教育改革与发展的一大特点。"[①] 渗透科学史的理念在小学科学

---

① 袁维新.科学史融入科学课程的原则、方式和策略[J].课程·教材·教法,2006(10):68-72.

教材中得以显现,如苏教版教材中的"温度计的发明简史""张衡发明地动仪"等的介绍。教科版资料库中介绍的"杠杆秤的家族发展史",从古天平、不等臂秤,到杆秤和今天的电子秤,蕴含着人们对事物的认识是不断加深的、科学也是不断向前发展的本质,即科学的累积性与暂时性。

(五)注重跨学科教学,践行STEM理念

《标准》倡导跨学科学习方式。① STEM理念的落实需要通过跨学科主题式的教学开展,引导学生在基于任务与问题解决中运用多学科的思维和知识。学习与现实生活密切相关,STEM教育要求通过多门学科的方法和视角满足学生的认知需要,提高学生运用多门学科知识解决真实问题的能力。该教育理念旨在解决学校课程滞后与学科发展之间的矛盾,增加学生对社会和未来的适应性。在此过程中,一方面,学生根据具体问题灵活选择相应的学科知识;另一方面,学生在解决问题的过程中,进一步加深了对学科知识的理解。②

【问题讨论】

1. 你认为小学科学与其他科目相比,在教学理念上有什么突出特点?
2. 作为未来的小学科学教师,你将从哪些方面践行小学科学的教学理念?

二、物质科学领域内容的教学策略

科学教学理念的达成与科学教学目标的实现,离不开丰富而有效的科学教学策略。因而,该部分将基于具体的科学内容阐述主要的科学教学策略。

(一)问题解决学习

问题解决学习(Problem-based Learning),是指依据教学内容的要求,以问题的发现为学习起点,围绕真实而有意义的问题展开学习。这是一种通过小组合作,在探究问题、分析问题、解决问题的过程中,学习隐含于问题背后的科学知识,通过亲历探究和实践,"像科学家一样"学习。此处以"水流产生力量吗?"③的教学片段为例阐述具体如何有效开展问题解决学习。在该教学片段中,教师首先通过播放录像创设情境,引导学生通过观察水冲小石头滚动,海浪冲击海岸等现象(创设情境),明确水能产生力量,提出"水流所产生的力量的大小与什么有关?"这一问题(提出问题)。其次,教师组织学生针对这一问题进行分析猜测,学生猜测水流力量大的几种可能,即"水流得快时""水位高时""水多的时候"(分析问题,形成假设)。进而教师引导学生通过分组讨论设计实验方案,动手验

---

① 中华人民共和国教育部.义务教育小学科学课程标准[M].北京:北京师范大学出版社,2017.
② 秦瑾若,傅钢善.STEM教育:基于真实问题情景的跨学科式教育[J].中国电化教育,2017(4):67-74.
③ 刘晔,刘琨.《水流产生力量吗》教学实录与评析[J].科学课,2004(12):28-29.

证本组的假设是否正确(制订计划,验证假设)。最后,学生基于实验、讨论,得出影响水流力量大小的主要因素有水位、流量和流速的结论(得出结论)。整个的教学围绕"水流所产生的力量的大小与什么有关?"这一问题展开,在解决问题的过程中引导学生猜测、设计、实验、讨论与思考,在问题的解决过程中也伴随着学生对"影响水流力量大小的因素有水位、流量、流速"这一知识的生成。

(二)情境学习

情境学习(Situated Learning)是指将学习者置于知识所产生的情境中,以真实的情境为背景展开学习活动。可见,情境教学极其重视问题情境的创设,这也表现于物质科学领域内容的编排与教学过程中。如认识轮轴的教学,教师让一个"大力士"拧没安轮子的水阀,再让一个"小力士"拧装有轮子的水阀,"大力士"没拧开,"小力士"却能轻松拧开,这一对比情境极大地激发学生的问题解决兴趣。进而可通过列举基于轮轴的技术设计,如汽车方向盘、旋转门把手等,引导学生体会科学在生活中的应用。

【问题讨论】

1. 创设情境在小学科学教学中起着重要作用,如何结合小学生的特点创设情境?
2. 问题解决和情境教学策略中都包含问题情境的创设,这两种教学策略有什么区别和联系?

(三)科学阅读与写作

科学阅读是指在科学教学中,通过阅读科学文本(包括科普读物、科学文章、科学童话、科学故事)等进行教学,以掌握科学知识或科学概念为主,促进儿童的科学学习。科学写作是指强调突破传统只注重字词、文法及修辞的刻板印象,将写作活动融入科学教育,鼓励学生用自己的话表达对科学概念的心得与想法,从而达成沟通、组织与改变科学概念的目的。① 例如,为了解学生对铁生锈原因的认识,让学生描述物品为什么会生锈,使物品生锈的条件为何。学生通过科学写作给出的答案有:(1)因为放在浴室中的发夹,经常受到水的冲洗,后来就生锈了,所以我才会认为是水使铁生锈。(2)家里和学校生锈的物品非常多,例如铁门、铁椅、铁夹子,这是因为物品接触到水和油性的东西。(3)不论是铁椅、铁圈还是铁链,只要太久没用就会生锈。从上述学生的回答中可知,学生对生锈原因的认识往往是基于日常的生活经验及可观察的现象,教师可以以此为依据设计教学,将启发式的科学写作融入概念学习中,促使学生对铁生锈的原因有新的认识:由原先水(中性溶液)会使铁生锈,进一步认识酸性溶液也可以使铁生锈,并基于实验初步认识酸性溶液最容易使铁生锈,中性溶液次之,碱性溶液最慢。②

---

① 陈慧娟.科学写作——有效促进概念改变的教学策略[J].中等教育,1998(6):123-131.
② 郭金美,肖登州.探讨启发式科学写作融入教学对学童科学概念学习与改变之研究——以氧化概念学习为例[R].科学课程论述——自然与生活科技学习领域科学研讨会.

（四）科学史融入的方法

科学史融入教学就是在教学过程中,结合教材内容和学生实际,选择与教学相关的科学史内容,将科学知识的历史发展呈现给学生。在小学科学教材中,科学史呈现的位置不同,比如,教科版的科学史一般呈现在章节后面的资料库中,如"沉与浮"这章的最后的资料库中有"王冠的秘密""曹冲称象"的科学史内容;苏教版一般在学习内容的过程中呈现,如"温度计的发明"是在"冷和热"这一节的中间出现的,来介绍热胀冷缩这一物理原理的应用;冀人版中"科学在线"栏目里有时会呈现科学史的内容。教师在安排科学史的内容时,课始导入科学史,可以激发学生学习兴趣;课中融入科学史,引领学生经历探究;课末引入科学史,引发学生拓展学习。

三、物质科学领域内容的教学案例

案例评析:电和磁

教学案例:"电和磁"①

【**教学片段**】"电和磁"选自教科版《科学》六年级上册"能量"单元的第一课,是在学习了简单电路和磁铁性质的基础上,在小学高年级进行的研究性活动。本节课研究的焦点问题是"为什么通电导线能使小磁针发生偏转"。对"导线、小磁针、偏转、磁性"等关键词的认识有助于建构"通电导线产生磁性"这一核心概念。

片段一:教师以提问的方式,引导学生认识指南针因为具有磁性,所以具有指示方向的特点。

片段二:教师通过对比实验——小磁针放在通电/未通电铜导线周围,观察其指针偏转情况,引导学生思考"为什么小磁针放在通电铜导线周围会发生偏转"。

片段三:教师基于学生观察现象,引导学生认识小磁针偏转是因为铜导线中通有电流。基于小磁针偏转的实验现象,明确通电导线会产生磁性。

案例探析:摆的研究　　案例探析:做弹球

---

① 娄立新,闻震.围绕核心概念的建构设计和实施教学——《电和磁》教学实录与评析[J].探秘(科学课),2012(4):16-20.

本章小结

本章从物质科学在小学科学教育中的价值入手,重点对物质科学领域内容的教学目标及教材编排进行了探讨,并以具体的教学案例对部分教学策略进行详细探析。教学理念在整个教学过程中指导着教学策略的选择,而教学策略的实施与体现离不开具体的教学内容与教学实践。小学科学教学理念倡导科学探究,注重科学实践能力培养;强调学生主体;突显STSE教育;渗透科学史,促进对科学本质的理解;注重跨学科教学,践行STEM理念。在教学理念指导下根据教学内容选择合适的教学策略进行教学以提升学生的科学素养与综合素质。

【思维导图】

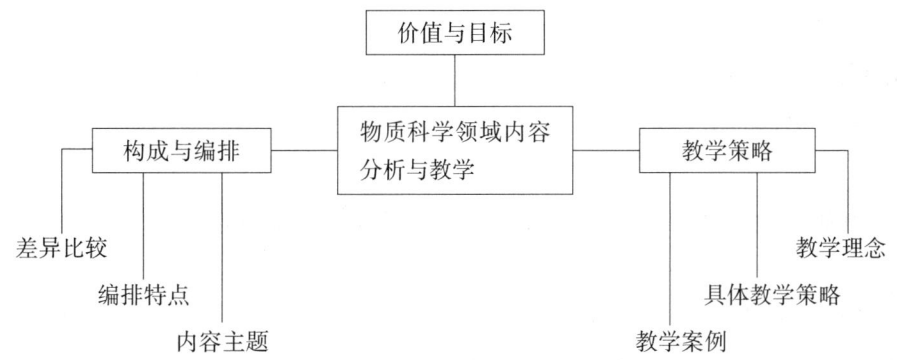

【思考与实践】

1.物质科学在小学科学教育中的价值表现有哪些?

2.分析几套小学科学教材编排的异同点,思考小学科学教材编写背后的科学理念有哪些。

3.小学物质科学领域的教学理念都有哪些?应如何将这些教学理念更好地落实到教学实践中?

4.科学实验是科学探究的其中一种实现形式或实现途径,科学探究还可以有哪些实现形式或实现途径?

5.STSE教育是当前科学教育改革中的新理念,以小学物质科学中的"材料"为主题,设计一个体现STSE教育理念的教学方案。

6.STEM教学是当今科学教育领域的热点,以物质科学里的内容为主题,设计一个适合小学生的STEM教学案例。

7.物质科学领域教学过程中,应当如何将科学史融入科学教学?请以具体的例子进行阐述分析。

【学习评价】

评价维度	评价内容				
	评价标准	评价等级			
		A	B	C	D
知识与技能	理解物质科学领域内容特征;了解不同版本教材对物质科学领域内容呈现的差异				
过程与方法	灵活运用物质科学领域的教学策略,践行物质科学领域的教学理念				
情感、态度、价值观	积极参与科学教学研究与讨论,发挥创造性思维和批判性思维,联系教学理论和教学实践,追求教学创新				

【推荐阅读】

1.中华人民共和国教育部.义务教育小学科学课程标准[M].北京:北京师范大学出版社,2017.

2.蔡慧英,顾小清.设计学习技术支持STEM课堂教学的案例分析研究[J].电化教育研究,2016(3):93-100.

3.Lederman L.M.ARISE:American Renaissance in Science Education[J].Office of Scientific&Technical Information Technical Reports,1998(9):528-539.

4.Toulmin C.N. and Groome M.Building a Science,Technology,Engineering and Math Agenda.*National Governors Association*,2007.

5.王岳.小学科学教育中儿童概念学习问题探讨[J].课程·教材·教法,1994(3):3-7.

6.周建中.有关光的STEM活动案例——照亮世界的光[J].中国科技教育,2015(5):15-19.

第八章 生命科学领域内容分析与教学

> 谁不尊重生命,谁就不配拥有生命。
>
> ——达·芬奇
>
> 我既没有突出的理解力,也没有过人的机智。只是在觉察那些稍纵即逝的事物并对其进行精细观察的能力上,我可能在普通人之上。
>
> ——达尔文
>
> 大凡实际接触过科学研究的人都知道,不肯超越事实的人很少会有成就。
>
> ——托马斯·赫胥黎

生物是自然界的重要组成部分。生命世界包含动物和植物等多种生物类群。地球上现存的已知的植物大约有30万种,已知的动物大约有150万种。从北极到南极,从高山到深海,从冰雪覆盖的冻原到高温的矿泉,都有生物存在。它们具有多种多样的形态结构,生活方式也变化多端。生命科学是研究生物的结构、功能、发生和发展的规律,以及生物与周围环境的关系等的科学。本章我们主要探讨生命科学领域内容的教育价值、教学目标、内容构成以及相关的教学理念和教学策略。

第一节 生命科学领域内容的价值和目标

(1)知道生命科学领域内容的本体价值与育人价值。

(2)理解小学阶段生命科学领域内容的教学目标。(重点)

一、生命科学领域内容在小学科学教育中的价值

(一)生命科学领域内容的本体价值

1.揭露生命过程中的机制具有巨大的理论和实践意义

生命有许多非生命物质所不具备的特性。例如,生命能够在常温、常压下合成多种有机化合物,包括复杂的生物大分子;能够以远远超出机器的生产效率来利用环境中的物质和制造体内的各种物质,而不排放污染环境的有害物质;能以极高的效率储存信息和传递信息;具有自我调节功能和自我复制能力;以不可逆的方式进行着个体发育和物种的演化等。揭露生命过程中的机制具有巨大的理论和实践意义。

2.生命科学研究对人类的现实生活和未来发展产生重要影响

20世纪特别是40年代以来,生物学蓬勃发展,吸收了数学、物理学和化学等的成就,逐渐发展成一门精确的、定量的、深入分子层次的科学。人们已经认识到生命是物质的一种运动形态,生命的基本单位是细胞,它是由蛋白质、核酸、脂质等生物大分子组成的物质系统。生命现象就是这一复杂系统中物质、能和信息3个量综合运动与传递的表现。一些前沿的生命科学研究课题,例如转基因技术和克隆技术,甚至受到全社会关注,成为人们热议的话题,对人类的现实生活和未来发展产生重要的影响。

科学家尝试通过卵细胞的全能性来制造新的生命。这就是常说的克隆技术,它为生物学的发展和人类器官移植等治疗方法的研究提供了非常广阔的前景。转基因技术的发展为人类获得具有特定性状的生物品种提供了技术支持,从而满足人类生产和生活的需要。

这些技术的发展极大地推动了生命科学的发展,带给人类诸多益处,但同时也产生了许多争议。例如,转基因技术运用不当,有可能会导致生态系统的灾难性破坏;克隆技术如果用于克隆人,会产生严重的社会伦理道德问题。诸如此类的社会性科学议题正在引起人们的高度重视。[①]

概括地说,生命科学是系统地阐述与生命特性有关的重大课题的科学。它是一门基础性学科,与物质科学、地球与宇宙科学同属于自然科学的范畴。生命科学有着结论丰富的知识体系和独特的学科思想方法。生物技术在工业、农业、医药、化学、环境保护等各个领域都有广泛的应用。

(二)生命科学领域内容的育人价值

生命世界包含动物和植物等多种生物类群,生物的生存都需要一定的条件,如营养物质、适宜的温度、水和空气等,在此基础上,生物个体能够生长、发育和繁殖后代,从而使这些生物类群得以延续。植物能够制造营养物质,可供自身利用;而动物则不能制造

[①] 刘恩山.义务教育小学科学课程标准解读[M].北京:高等教育出版社,2017.

营养物质,只能利用植物等生物制造的营养物质。生物之间,以及生物与环境之间相互依赖和相互影响,它们组成一个有机的整体。本领域内容的学习,有助于激发学生了解和认识自然界的兴趣,帮助学生初步形成生物体的结构与功能、局部与整体、多样性与共同性相统一的观点,形成热爱大自然、爱护生物的情感。①

1. 激发科学兴趣

小学科学课将带领学生走进生命世界,观察、认识身边常见的动植物,了解它们的基本需求、形态结构特点及功能。从认识个体生物的外在显著特征到认识它们的共同特征、生长发育的一般规律,再到分析生物与生物之间以及生物与环境之间的关系,逐步学会用系统和联系的眼光看世界,为学生打开认识和研究生命科学的大门。在这个过程中,学生对生物的兴趣不断被激发、被深化。从最初的直觉兴趣,即对丰富多彩的生命现象的自发兴趣,逐渐发展为操作兴趣,即通过亲手操作,如种植植物、养殖动物、解剖植物的花和种子等,获得体验过程的兴趣,再发展为因果兴趣,即对探究生命现象发生的原因感兴趣。在此基础上,希望他们中的一些人,将来能对生命科学产生理论兴趣,即把对具体的因果认识上升为一套能有效地分析生命发展变化过程的理论结构,以及运用该结构中的概念、规律能动地解决科学问题的兴趣。②

2. 发展科学观念

近20年来,我国科学教育的理念发生了明显的改变,其中一个显著的变化就是教育的目的由科学知识的传授转向科学素养的提升。这种转变并不是不再重视科学知识,而是强调知识的理解和内化,即在数量众多的知识点之间建立广泛的联系,使其系统化,最终提炼、升华为少数统摄程度较高的科学观念长久保存在学习者的素养体系中。只有这样,科学知识才能转化为解决实际问题的能力和创新创造能力。《标准》清晰地给出了学生在生命科学领域的学习中要建立的3个科学观念:结构与功能、局部与整体、多样性与共同性相统一。举例来说,油菜的花、蚕豆的种子、金鱼的鳍、蜗牛的壳、人的胃和肠,在过去的科学课程中可能就是5个相互独立的学习内容。但是现在,对这5个内容的学习有一个共同的目标,即帮助学生建立"生物体的结构与功能相适应"的科学观念。有了这样的观念,将来学生再去认识其他生物的其他器官就有了一个普遍适用的新视角。

3. 掌握科学方法

在生命科学的发展过程中,逐渐形成了一些基本的研究方法——观察描述法、比较法、实验法等。学生在科学课上能够应用这些科学方法,体会它们在生命科学发展的不同时期和研究不同问题时的作用,学会灵活地使用这些方法解决简单的科学问题,并最终将其转化为自身的科学能力。

---

① 中华人民共和国教育部.义务教育小学科学课程标准[M].北京:北京师范大学出版社,2017.
② 刘恩山.义务教育小学科学课程标准解读[M].北京:高等教育出版社,2017.

(1)观察描述法。

早期生物学研究的主要是那些将不同生物区别开来的、往往不可测量的性质。生物学用观察描述法来记录这些性质,再用归纳法将具有不同性质的生物归并成不同的类群。小学低学段学生在认识身边常见动植物时开始学习使用观察描述法。

(2)比较法。

运用比较法研究生物,是力求从物种之间的类似性找到生物的结构模式、原型,甚至某种共同的结构单元。用这种方法研究生物,深刻地揭示了动物和植物结构上的统一性。小学中学段学生在认识生命的共同特征时会经常用到比较法。

(3)实验法。

实验法是人为地干预、控制研究对象,并通过这种干预和控制所造成的效应来研究对象的某种属性。实验法是自然科学研究中最重要的方法之一。17世纪前后生物学中出现了最早的一批生物学实验,如英国生理学家哈维关于血液循环的实验,比利时化学家、生物学家海尔蒙特关于柳树生长的实验等。小学高学段学生会使用实验法研究生物与环境的关系。

4.培育科学情感

2017版《标准》在课程目标部分增加了"科学、技术、社会与环境"学习目标,这不仅是在强调科学、技术与社会和环境的联系,也是在强调培植科学情感。正如《标准》指出:初步了解在科学技术的研究与应用中,需要考虑伦理和道德的价值取向;热爱自然,珍爱生命,具有保护环境的意识和社会责任感。[①]

学习了生命科学领域内容之后,学生更愿意亲近小动物,更爱护花草树木,具有保护环境和生物多样性的意识和社会责任感。即便是出于研究的目的用动植物做实验,也知道要尊重生命,尽量不破坏它们的生存环境,尽量不伤害它们,尽量在实验完成之后妥善处理,让它们回归正常的生活环境。

【问题讨论】

1.查阅初中和高中生物课程标准,了解中学生要发展哪些生命科学观念,与小学生要发展的观念有何异同。

2.解决不同类型的问题往往要使用不同的方法。生命科学发展过程中形成的方法分别适用于研究哪种类型的问题?

二、生命科学领域内容的教学目标

小学科学课程的总目标是培养学生的科学素养。因为学习周期比较长,《标准》把小学六年学习时间划分为1~2年级、3~4年级、5~6年级3个学段,分

资料卡片:《标准》生命科学领域主要概念

---
① 中华人民共和国教育部.义务教育小学科学课程标准[M]北京:北京师范大学出版社,2017.

别就科学知识,科学探究,科学态度,科学、技术、社会与环境4个领域制订了总目标和学段目标。在课程内容部分,又将18个主要概念切分为75个学习内容,细致刻画出学生科学学习的进阶路径。其中生命科学领域包含6个主要概念、24个学习内容、51个学习目标。

1. 生命科学领域总目标

《标准》中描述了生命科学领域科学知识总目标:了解生物体的主要特征,知道生物体的生命活动和生命周期;认识人体和健康,以及生物体与环境的相互作用。①

2. 生命科学领域科学知识学段目标

一般来讲,1~2年级的学段目标主要是认识具体事物的外部特征,对科学概念的认识处于现象、事实水平;3~4年级的学段目标主要是知道性能、作用、分类、条件、原因、规律等,对科学概念的认识处于共性、规律水平;5~6年级的学段目标主要是了解事物的结构、功能、变化和相互关系等,对科学概念的认识处于关系、原理水平。具体到生命科学领域,《标准》的描述见表8-1。

表8-1 《标准》中生命科学领域科学知识学段目标

1~2年级	3~4年级	5~6年级
认识周边常见的动物和植物,能简单描述其外部主要特征	初步了解植物体和动物体的主要组成部分,知道动植物的生命周期;初步了解动物和植物都能产生后代,使其世代相传;能根据有关特征对生物进行简单分类;初步认识人体的主要生命活动	初步认识人体的主要生命活动和人体健康;初步了解动物与植物之间的相互关系;了解生物的生存条件和生物的多样性

3. 生命科学领域学习目标

如何才能帮助学生建构生命科学领域的6个主要概念,实现各学段目标和总目标呢?《标准》将生命科学领域6个主要概念切分为24个学习内容,即分解概念,再将分解概念细化为覆盖低、中、高3个学段的51个具体的学习目标。以《标准》中第9个主要科学概念"动物能适应环境,通过获取植物和其他动物的养分来维持生存"为例,此概念分解为3个学习内容,对应在低、中、高3个学段,共4个学习目标。

表8-2 "动物能适应环境,通过获取植物和其他动物的养分来维持生存"的学习目标示例

学习内容	学习目标		
	1~2年级	3~4年级	5~6年级
9.1 动物通过不同的器官感知环境	举例说出动物可以通过眼、耳、鼻等感知环境	举例说出动物通过皮肤、四肢、翼、鳍、鳃等接触和感知环境	
9.2 动物能够适应季节的变化		举例说出动物适应季节变化的方式;说出这些变化对维持动物生存的作用	

---

① 中华人民共和国教育部.义务教育小学科学课程标准[M].北京:北京师范大学出版社,2017.

续表

学习内容	学习目标		
	1~2年级	3~4年级	5~6年级
9.3 动物的行为能够适应环境的变化			举例说出动物在气候、食物、空气和水源等环境变化时的行为

根据表 8-2 内容可以这样推导：学生首先在低学段完成"举例说出动物可以通过眼、耳、鼻等感知环境"的学习目标，然后在中学段完成"举例说出动物通过皮肤、四肢、翼、鳍、鳃等接触和感知环境"的学习目标。基于这两个学习目标就可以抽象概括出"动物通过不同的器官感知环境"的分解概念，即完成第一个学习内容。以此类推，中学段完成第二个学习内容，高学段完成第三个学习内容。对 3 个内容的抽象概括，即可建立起"动物能适应环境，通过获取植物和其他动物的养分来维持生存"的主要概念。

第二节　生命科学领域内容的构成与编排

（1）知道生命科学领域内容的主要概念及内容主题，理解内容主题之间的相互关系（重点）。

（2）理解生命科学领域内容的构成特点。（难点）

（3）了解不同版本小学科学教材对生命科学领域内容的编排特点。

一、生命科学领域内容的内容主题

小学阶段生命科学领域的 6 个主要概念分属于 6 个不同的内容主题，分别为"多种多样的生物""植物""动物""人""生命的延续"和"生物与环境的关系"。

概念 7"地球上生活着不同种类的生物"让学生认识到地球上生存着多种多样的生物，包括各种各样的动物、植物和微生物。从学生生活中常见的动植物入手，先认识生物个体外在的特征，再认识动植物的共同特征，既突出"多种多样的生物"的内容主题，又蕴含了多样性与共同性相统一的观点。概念 8"植物能适应环境，可制造和获取养分来维持自身的生存"、概念 9"动物能适应环境，通过获取植物和其他动物的养分来维持生存"分别指向"植物""动物"两个主题。这两个概念从适应的角度出发，认识到动植物的生活需要一定的条件，不同的是植物可以自己制造养分，供自身的需求，而动物不能自己制造，需要通过获取植物和其他动物的养分来维持生存，即从动植物生命个体结构与生命活动的角度认识动植物特点。概念10"人体由多个系统组成,分工配合,共同维持生命活动",要求学生了解人的基本器官,了解脑的重要性,保持脑的健康,从个体结构和生命活动的角度阐释人的特点。而这个核心概念的学习让学生进一步认识到"人是高级的动物",丰富了对"动物"的认识。概念8、9、10的学习,也会丰富学生对"多种多样的生物"的认识。概念11"植物和动物都能繁殖后代,使它们得以世代相传"体现"生命的延续"主题。概念12"动植物之间、动植物与环境之间存在着相互依存的关系"对应"生物与环境的关系"主题。

结合分析可知,概念7从宏观的角度展示生物多样性,概念8、9、10主要是从个体的形态结构和生命活动的层面认识不同类型的生物,这4个概念都是从静态的视角认识生命世界的。概念11从个体间信息传递的角度分析遗传和变异现象,而概念12则是从系统的角度阐述生态系统中各要素之间的相互作用。因此,学生的学习过程,是从直观到抽象,从感性到理性,由表及里逐渐认识生命世界的过程。[①]

二、生命科学领域内容的构成特点

生命科学领域内容的学习,需要学生联系生活实际获得大量事实性知识,而这一过程在实际教学中很容易变成具体知识的堆砌。因此明确生命科学知识的构成特点,找到知识间的内在联系就尤为重要。为此,我们可以分析生命科学本体的研究领域和学科特点。

张军霞从学科领域划分的角度,列出小学科学中涉及的生命科学前沿领域,如表8-3所示,小学科学主要从形态学、生理学、分类学、生态学的角度对生命领域进行学习,形成了生命科学领域的几个构成特点。[②]

表8-3 小学阶段涉及的生命科学领域的学科

维度	植物学	动物学	人体科学	微生物学	病毒学
形态学	植物形态解剖学	动物形态学	人体组织解剖学		
生理学	植物生理学	动物生理学			
分类学	植物系统学 种子植物分类学	动物分类学	人体生理学	微生物学	病毒学
生态学	植物生态学	动物生态学			
其他	遗传学、细胞生物学、分子生物学、生物工程、环境科学等				

[①]刘恩山.义务教育小学科学课程标准解读[M].北京:高等教育出版社,2017.
[②]张军霞,刘忠学.对小学生命科学领域教学类型的探讨[J].探秘(科学课),2013(2):8-10.

(一)以观察为基础,形成对生命体形态结构的初步认识

小学科学课程中关于形态学的学习,以直观观察活动为主。学生先整体把握生命体的外在特征,再将整体分为部分进行有序观察。为了捕捉生命体细微的形态结构特点,学生还要学习使用放大镜、显微镜等工具辅助观察;为了了解生命体的内部构造,还要掌握简单的解剖技能。例如,观察种子,一般先观察种子的外部形态,即颜色、形状、大小等特征,再用镊子解剖泡胀的种子,使用放大镜观察其内部构造。当学生将生命体的结构与功能建立联系的时候,也就为生理学和分类学的学习奠定了基础。

(二)以比较为基础,初步学会生物分类的方法

小学阶段的分类学主要以形态学的观察为基础,以生理学的研究为依据,对不同生物进行比较,通过归纳,抽象概括出共同特征,从而认识一类生物。因此,在教学中,我们常常引导学生观察和比较多种动植物器官的结构,找出相同与不同,归纳出某些种类的相同特征,加深对同一类动植物类型的认识,抽象形成基本概念。

(三)以实验为基础,研究生命活动的一般规律

生理学部分的学习主要通过对比实验进行。在实验中需要找到可控制的变量,设置实验组和对照组。通过一段时间的观察取证,比较两组结果的差异,基于实验结果的分析发现某些规律,如研究种子萌发的条件以及植物的向光性、向水性、向地性等。至于动物生理学,小学阶段以观察动物的习性为主,如对蜗牛、金鱼运动方式的观察。

(四)以分析为基础,认识生物与环境的关系

生态学研究生物与生物、生物与环境之间的关系,因其研究领域广,需要具有大量的直观经验或者间接资料,必然要运用考察、调查等手段来收集资料,而且需要对资料进行系统分析,甚至需要辅以模型进行解释。例如,对食物链的学习,不仅依赖学生日常积累的直接经验(如麻雀吃谷物),还要借助各种媒介间接收集资料(如老鹰捕食麻雀),扩大认知范围,才有可能分析出完整的食物链。许多教师都会带领学生画食物链、做食物链,这是将概念模型化的过程,有利于学生巩固和深化理解概念。

【问题讨论】

以生态学主题为例,梳理小学、初中、高中教材的相关内容,体会同一内容在不同学段的进阶特点。

三、生命科学领域内容的教材编排特点

选取教科版、苏教版、冀教版的科学教材,梳理生命科学领域的教学单元,统计知识容量,如表8-4,发现各版本的容量略有不同,其中苏教版中生命科学领域内容占比最

高,教科版教材相对较低。

表 8-4 各版本教材生命科学领域内容容量

版本	教科版	苏教版	冀人版
总节数(节)	240	156	165
生命科学领域节数(节)	72	65	62
生命科学领域所占比例	30%	42%	38%

在此基础上,依据《标准》的主要概念将各版本中对应的章节内容进行整理,汇总列出不同教材的对应关系。

从教材的对比分析中发现,生命科学的知识在各版本教材中的分布看似比较分散,但还是有一定规律的,即均按照"认识植物、动物—进行分类—植物、动物的生命周期—人的生长发育—微小世界—生物与环境"的顺序进行编排。其逻辑线索为"生命体的特征—生命体的变化—生命体的结构与功能—生命与环境的相互作用",体现了由简单到复杂、由低等到高等、由个体到整体、由结构简单到结构复杂、由宏观到微观的科学认识过程。

资料卡片:各版本教材生命科学领域内容与主要概念的对应关系

在逻辑线索一致的情况下,各版本教材又各具特色。教科版教材中对动植物的认识是不断深化的,与科学发展的历程相吻合,符合儿童思维从感性具体到理性概括的发展特点。苏教版教材用大量的科学轶事和科学史的内容丰富学生的认知,非常关注学生的身心发展,生理与健康部分更加系统,符合学生的身心发展规律。[①]冀人版教材注重科学与技术的结合,突出科学、社会、环境和技术四者之间的关系。

对各版本教材的知识容量进行统计,发现不同版本教材的侧重点也是有所不同的。如冀人版(20节)和教科版(20节)用大量的课时来认识多样的植物和动物,为了给学生提供更多的感性认识进而提供丰富的概括基础,同时花了大量的课时来建立生物和环境之间的相互关系。相比起来,苏教版在这两部分所花时间较少,而更多集中在对生物的基本需求(7节)和生物体的结构与功能(14节)的探讨上。[②]

表 8-5 各版本教材生命科学领域的知识容量

	教科版(240节)	苏教版(156节)	冀人版(165节)
常见的植物	9	4	7
常见的动物	11	6	13
生物体的结构与功能	9	14	1
生物的基本需求	1	7	3

[①] 刘金洋. 小学科学教科书"生命世界"课程内容比较研究——以"苏教版"和"教科版"为例[D]. 长春: 东北师范大学, 2011.

[②] 张丹. 小学科学(3~6年级)教材比较及其与《标准》相关性研究——以"冀教版""苏教版""教科版"为例[D]. 成都: 四川师范大学, 2012.

第三节 生命科学领域内容的教学策略

(1)了解生命科学领域内容的教学理念。
(2)学会并能够应用生命科学领域内容基本的教学方法和教学策略。(重点,难点)
(3)理解教学案例中使用的科学思维培养策略。

一、生命科学领域内容的教学理念

《标准》列出了4条基本理念:面向全体学生、倡导探究式学习、保护学生的好奇心和求知欲、突出学生的主体地位。生命科学领域内容的教学既要遵从这些基本理念,又要结合该领域独特的课程内容灵活运用。下面结合生命科学领域内容的特点和课程目标的具体要求,阐释4条教学理念。

(一)尊重儿童认知发展规律

日本学者武谷三男提出"三阶段论"。孙锡芳、廉永善两位学者论述了生命科学发展的3个阶段。首先,生命科学经历了以形态学和分类学为代表的现象论阶段,主要学科为分类学,最大的贡献是建立了以界、门、纲、目、科、属、种为骨架的生物分类阶元层次系统;第二是以达尔文进化论和孟德尔遗传规律为代表的本体论阶段,主要学科为遗传学和形态学,最大成就是明晰了生物存在的结构层次系统,即生物是由分子、细胞、组织、器官、个体、居群、物种等结构层次组成,并且以群落、生态系统和生物圈等形式存在;第三是以基因为标志的本质论阶段,最大贡献是一个包括基因在内的生物生长发育的调控层次系统将被逐步阐明。①

小学生对生命科学领域内容的学习基本处在现象论阶段,这是符合该年龄段儿童认知发展规律的。科学教师应尊重自然规律,努力设计出符合学生认知发展水平的教学活动。

(二)围绕核心概念组织教学

科学教育研究者和工作者普遍认为,概念学习是科学教育的主要目标,是科学课程的核心内容。②正确理解这句话的关键是正确认识概念。这里的概念绝不是指一大堆由事实和理论堆砌的知识,而是指学科结构的主干部分,是某个知识领域的中心,在英文文

---

① 孙锡芳,廉永善.简论生命科学发展的三个阶段[J].自然辩证法通讯,2010(3):41-44,127.
② 刘恩山.义务教育小学科学课程标准解读[M].北京:高等教育出版社,2017.

献中一般称之为核心概念(Key Concept)或大概念(Big Idea),在我国2017年颁布的《标准》中,被称为主要概念。学科核心概念超越了那些孤立而散乱存在的事实或技能,对减轻学生的认知负荷、促进学生形成对自然界的整体认识具有重要作用,能有效促进学生理解学科知识、建构学科体系。①

《标准》明确给出了小学生在生命科学领域要建构的6个主要概念,我们的教学就要围绕着这6个主要概念来组织,为学生未来新知识的学习提供组织架构,为他们将来更高层次的学习提供理解基础。②《义务教育小学科学课程标准解读》一书中以表格的形式描述出生命科学领域6个主要概念在小学、初中和高中3个学段的进阶路径。每一位科学教师都应该认真学习和理解,围绕这些核心概念设计、组织和实施生命科学领域内容的教学活动,并据此把握各学段教学的进程和难度。

资料卡片:生命科学领域主要概念在不同学段的学习进阶

(三)注重科学思维能力的培养

2016年9月发布的《中国学生发展核心素养》以培养"全面发展的人"为核心,分为文化基础、自主发展、社会参与3个方面。综合表现为人文底蕴、科学精神、学会学习、健康生活、责任担当、实践创新六大素养,具体细化为国家认同等18个基本要点。理性思维是科学精神素养中的一个基本要点,重点是崇尚真知,能理解和掌握基本的科学原理和方法;尊重事实和证据,有实证意识和严谨的求知态度;逻辑清晰,能运用科学的思维方式认识事物、解决问题、指导行为等。

我国科学教育专家依据学生发展核心素养和科学的本质,系统分析了主要发达国家的科学课程标准和国际科学教育研究现状与趋势,建构了科学学科核心素养,主要包括科学观念与应用、科学探究与交流、科学思维与创新、科学态度与责任(如图8-1所示)。③科学思维是科学学科核心素养的核心。④

图8-1 小学科学学科核心素养框架

科学思维是科学学科最本质的特征,科学教学不仅要让学生经历探究的过程,产生

---

① 张玉峰,郭玉英.围绕学科核心概念建构物理概念的若干思考[J].课程·教材·教法,2015(5):99-102,75.
② 杨文源,刘恩山.为了理解的教学设计:从指向核心概念的问题开始[J].生物学通报,2014(1):28-33.
③ 刘恩山.义务教育小学科学课程标准解读[M].北京:高等教育出版社,2017.
④ 胡卫平.基于核心素养的科学学业质量测评[J].中国考试,2016(8):23-25

探究的体验,更重要的是经历理性思维的过程,产生思维的碰撞,使用逻辑思维的方法进行推理论证,得出可靠的结论。

(四)突出科学学习的实践性特征

小学科学课程是一门实践性课程。强调从学生熟悉的日常生活出发,通过亲身经历动手动脑等实践活动来学习科学,在实践中体验和积累认知世界的经验,提高科学能力,培养科学态度,学习与同伴的交流、交往与合作。

生命科学领域的实践活动还是比较丰富的。按照时间的长短,可以分为短期实践和长期实践两种活动类型。短期实践如观察常见动植物的形态结构特征,认识生物体结构和功能的关系等。较长期的实践如养蚕,需要用约两个月时间观察记录蚕一生的生长变化;种植一株植物,观察记录植物的生长变化,一般也要花数月。更长期的实践活动如观察动植物在不同季节的变化,至少需要坚持一年。科学教师要坚持科学学习的实践性特征,尽最大努力组织开展实践性学习活动。我们不希望看到以下教学情境:在学习生命周期的内容时用看图片、视频等方式代替学生养蚕(或其他动物),在解剖种子观察其内部构造时用教师的演示实验代替学生的分组实验……

二、生命科学领域内容的教学策略

教学策略指的是教师为实现教学目标或教学意图所采用的一系列问题解决行为。[①]它涉及一系列具体的教学技能,但不是教学技能的简单堆积和罗列。它不同于一般的教学方法,是将教学方法的选择置于广阔的教学情境及教学方法选用的各种变量之间的关系中,将教学方法提高到一般策略性的新水平。

(一)创设真实的问题情境,让学生成为学习的主体

真正的科学研究解决的是人们在生产和生活中遇到的真问题。我们倡导学生像科学家一样做科学,就要让学生探究真情境中的真问题。这既是对科学的尊重,也是对学生作为学习主体的尊重。有些教师为了单纯追求教学的趣味性,常常使用童话故事或动画片中的虚拟形象来创设问题情境,狮子王、小猪佩奇等卡通形象在科学课上的出镜率颇高,这是非常不好的一种倾向。难道学生的真实生活中没有科学性问题值得研究吗?将这些卡通形象引入课堂是不是有诱导学生看动画片的嫌疑?科学教师要努力贴近儿童的真实生活创设问题情境,让学生感受到科学无处不在,科学学习能够解释真实存在的自然现象,解决生活中的真问题,而他们自己则是科学学习真正的小主人。

案例探析:蚂蚁

[①] 施良方,崔允漷. 教学理论: 课堂教学的原理、策略与研究[M]. 上海: 华东师范大学出版社,2009.

(二)建立科学实践基地,丰富学生的感性认识

小学生对生命科学领域内容的学习基本处在现象论阶段。他们要学习描述生命体个性的和共性的特征、生长发育的变化过程、繁殖现象、生物与环境之间相互依存的关系等。基于科学学习的实践性特征,这需要大量的、鲜活的生物体支持学生短期的和长期的观察活动,以丰富学生的感性认识,更好地落实课程目标。

与物质科学领域相比,在生命科学领域的学习过程中开展实践活动要困难一些,主要有两个原因:第一是内容问题。生命科学领域的实践活动更加开放。例如,观察校园里的植物,不同学校中的植物种类是不一样的,任何版本教材中设定的活动场景都不可能适用于所有学校。这就需要教师做好充分的前期调查和准备工作。第二是材料问题。生物是有生命的,其种类及习性又受地域、地质、天文等条件的影响比较大,所以很难像物质科学领域那样配备统一标准的实践活动材料,基本都要靠师生自己准备,如种植植物、养殖动物、解剖花等。教学内容的开放性和教学材料的短缺,对科学教师组织实践性学习活动造成了一定的困扰,最好的解决办法就是建立学科实践基地。

如果校园足够大,可以建立种植园、动物园,种植和养殖那些在科学课上可能被观察和研究的动植物,如种桑养蚕。如果校园小,可以在教室里建立生物角,养一些金鱼、蜗牛之类的小动物和一些生长周期较短、能开花结果的盆栽植物。我们在一些城市看到在学校教学楼顶上建设温室,组织学生种植观赏植物和食用植物。城市学生鲜有种植体验,他们干得可起劲了!还有一些学校在空间十分有限的校园里开辟"半亩田园",种植一些当地的农作物和药用植物。学生以班级为单位认领"责任田",参与栽种、养护和收割的全过程。总之,科学教师应因地制宜,努力建设学科实践基地,以满足学生实践性学习活动的需求,丰富学生对生命体及其生长变化过程的感性认识。

(三)依据学习进阶理论设计教学,帮助学生建构核心概念

《标准》贯穿了学习进阶的设计思想。美国国家研究委员会将学习进阶界定为"对学生在一个较大时间跨度内学习和研究某一主题时,所遵循的连贯的、逐渐深入的思维路径的假定性描述"。基于这样一种新的教学观念,课标分低、中、高3个学段设计课程目标和内容,描述出18个主要概念的发展序列,这是对小学生六年科学学习的整体规划。

一般来说,1~2年级的学段目标主要是认识具体事物的外部特征,符合学生处于具体形象思维阶段的特点;3~4年级的学段目标是知道性能、作用、分类、条件、原因、规律等,符合学生由具体形象思维向抽象逻辑思维过渡的特点;5~6年级的学段目标主要是了解事物的结构与功能、变化与相互关系等,需要学生具有一定的抽象思维能力。(图 8-2)[①]

[①] 刘恩山.义务教育小学科学课程标准解读[M].北京:高等教育出版社,2017.

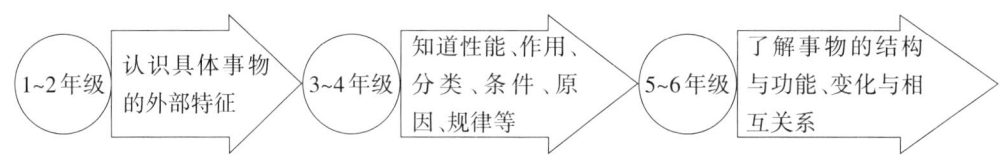

图8-2　对小学低、中、高3个学段概念进阶的整体描述

以食物链的学习为例,低中年级对动植物之间的食物关系的学习停留在现象和事实层面,只是希望学生认识到动物需要吃食物,这是动物不同于植物的特征。而到了高年级,不仅对动物吃什么做出规律性概括,即"说出不同动物以植物或其他动物为食""说出常见植物和动物之间吃与被吃的链状关系",而且将这种食物关系提升到因果关系的高度,即"动物维持生命需要消耗这些食物而获得能量",回答了动物吃什么和为什么要吃食物的问题。这就是基于学习进阶理论的学习进程编排。科学教师只有深入研读《标准》才能规划好各学段科学概念发展目标,设计出符合学生认知水平和发展需要的教学活动,引导学生朝着期望的方向发展科学概念,不断深化对概念的理解。

(四)调动学生思维参与学习活动,提升理性思维能力

科学思维的养成从经历和体验思维的过程开始。思维过程包括分析与综合、比较与分类、抽象与概括等基本过程。例如,观察各种各样的花,比较它们的异同,归纳出一些花的共同特征,将花分为完全花和不完全花两大类。该活动中学生经历了比较、分类的思维过程,使用了归纳这种科学研究中常用的逻辑思维方法。按照是否依赖规则,我们将思维方法分为逻辑思维方法和非逻辑思维方法。逻辑思维方法主要有归纳法、演绎法和类比法。非逻辑思维方法主要有联想、想象、直觉、灵感和顿悟。

从学科核心素养的角度,科学思维与创新主要包括模型建构、科学推理、科学论证、质疑创新4个要素。模型建构是指能根据研究问题和情境,在一定条件下对客观事物进行抽象和概括,构建易于研究的,能从主要方面反映事物本质特征和共同属性的理想模型和概念,如生态瓶就是一个微缩的生态系统的模型。科学推理是指正确使用分析、综合、归纳、演绎、比较、概率、控制变量等方法,从定性和定量两个方面进行科学推理,形成规律和理论,解释自然现象和解决实际问题。可以说每一节科学课都会经历科学推理。科学论证是指使用科学证据的意识和评估科学证据的能力,运用证据对研究问题进行描述、解释和预测的能力,以及建立证据与解释之间关系的能力。推理、论证常常一起出现。推理过程产生科学解释和结论,论证过程是寻求更多证据支持或推翻之前的解释或结论。质疑创新的重点是具有批判性思维的意识,能基于证据大胆质疑,能从不同角度思考问题,追求创新。

科学教师要不断深化自身对科学思维的理解,深入分析生命科学的教学内容,明确每一节课的思维训练点,将思维培养明确写进教学目标,想方设法调动学生思维参与学习活动,提升他们的理性思维能力,落实促进学生核心素养发展的课程目标。

(五)充分利用现代化信息技术为教学服务

现代信息技术发展突飞猛进,给人们的生活带来广泛的影响和深刻的改变,校园生活也不例外,网络教室、电子白板已经是大多数学校的标配。平板电脑、手机越来越普遍地成为人们获取信息的终端。科学教师的信息素养在一定程度上影响着学生学习科学的途径和手段。

科学教师经常被学生问到:这是什么树?这种花叫什么名字?怎样才能不被学生问倒呢?只要在手机上下载一个小程序就可以分分钟揭晓答案。"形色""花伴侣"都是不错的识别植物的软件,由中科院植物研究所专业人员参与开发,正确率在90%以上。类似的小程序还有很多。例如,关于人体,因为很难看到内部构造,以往只能借助图片和模型来增强学生的感性认识,现在有了能演示人体器官结构和功能的App,还有人体器官的拼图游戏,都做得生动有趣。新兴的VR、AR等能够更加立体、逼真地呈现生物体的外部特征和内部结构,为生命科学领域的学习带来新的手段和途径。

科学教师应关注现代教育技术的发展,不断增强自身的信息技术素养,不断开拓教学的手段和途径,不断改善和提升教学效果。

三、生命科学领域内容的教学案例

【教学案例】

各种各样的花

教学片段

片段一:复习桃花的结构及解剖方法

桃花的结构:萼片、花瓣、雄蕊、雌蕊。

解剖花的方法:使用镊子从外向里逐层解剖,有序摆放。

片段二:观察郁金香和牵牛花

教师提供给每组一套鲜花和镊子、放大镜、托盘、记录单等工具,组织学生分组观察记录郁金香、牵牛花的形态结构。

组织集体交流,归纳出郁金香、牵牛花都是由萼片、花瓣、雄蕊、雌蕊4个部分组成,但花的大小、颜色、形状等有很多不同。

片段三:观察柳树花、黄瓜雌花

教师为学生提供柳树花、黄瓜雌花,组织学生分组观察、比较。

组织集体交流,根据花的构造将它们分为完全花与不完全花两大类。

片段四:观察杨树花、南瓜花、迎春花

案例评析:各种各样的花

教师为学生提供更丰富的材料,杨树花、南瓜花、迎春花等,组织学生分组进行观察,辨别完全花与不完全花。

片段五:鼓励学生课后走出校园,观察更多种植物的花,分析其形态结构特点。

——案例提供:北京市海淀区育鹰小学蒋振东(北京市市级骨干教师)

本章小结

本章从生命科学在小学科学教育中的价值入手,重点对生命科学领域内容的教学目标、教学内容及教学策略进行了探讨。教学理念在整个教学过程中指导着教学策略的选择,而教学策略的实施与体现离不开具体的教学内容与教学实践。生命科学领域内容的教学要遵循的基本理念主要包括尊重儿童认知发展规律、围绕核心概念组织教学、注重科学思维能力的培养、突出科学学习的实践性特征。在教学理念指导下,根据教学内容选择合适的教学策略进行教学以提升学生的科学素养与综合素质。本章提出5种生命科学领域内容的教学策略,包括创设真实的问题情境,让学生成为学习的主体;建立科学实践基地,丰富学生的感性认识;依据学习进阶理论设计教学,帮助学生建构核心概念;调动学生思维参与学习活动,提升理性思维能力;充分利用现代化信息技术为教学服务。

【思维导图】

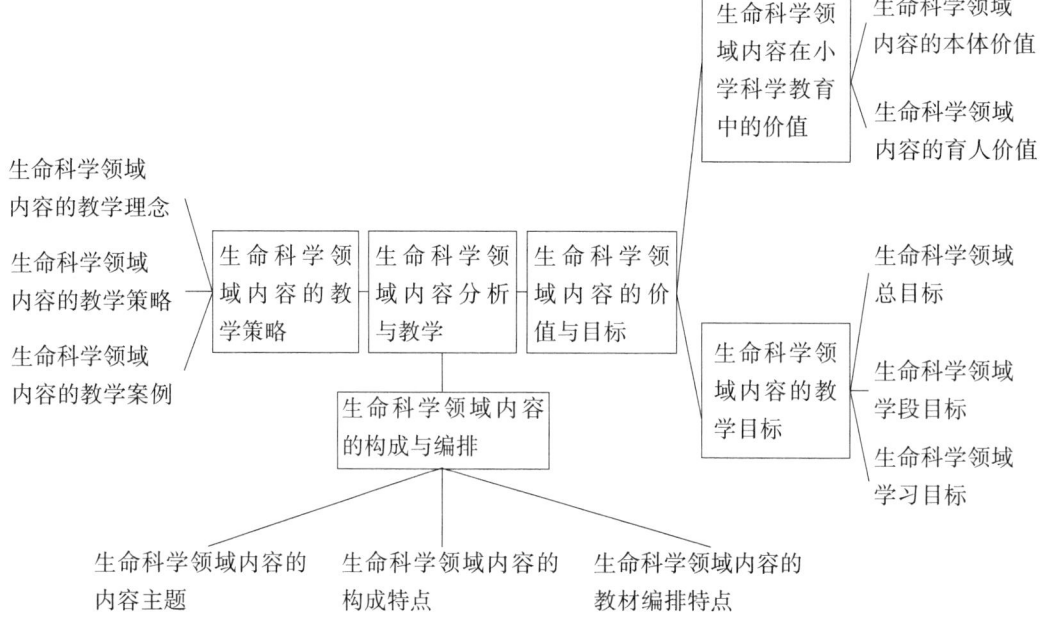

【思考与实践】

1. 生命科学在小学科学教育中的价值表现有哪些?
2. 小学生命科学领域的教学理念有哪些?应如何将这些教学理念更好地落实到教学实践中?
3. 梳理当地使用的小学科学教材中生命科学领域的内容,分析其体系结构及编写特色。
4. 以花结构的教学为例,分析不同版本教材在编排时有什么不同之处。
5. 查阅资料,了解生命科学研究的终极目标是什么,正在研究的主要课题有哪些。

【学习评价】

评价维度	评价内容				
	评价标准	评价等级			
		A	B	C	D
知识与技能	知道生命科学领域内容的本体价值与育人价值;理解生命科学领域的主要概念与内容主题				
过程与方法	熟知生命科学领域教学的基本理念、方法和策略;了解科学探究是获取科学知识的主要途径;学习用科学探究的方法研究和认识生命世界				
情感、态度、价值观	对生命现象保持好奇心和探究热情,乐于参加与生命现象有关的观察、实验、种植、养殖、调查等科学活动				

【推荐阅读】

1. 中华人民共和国教育部.义务教育小学科学课程标准[M].北京:北京师范大学出版社,2017.
2. 刘恩山.义务教育小学科学课程标准解读[M].北京:高等教育出版社,2017.
3. 王海传,等.普通逻辑学(第三版)[M].北京:科学出版社,2015.
4. 胡卫平.基于核心素养的科学学业质量测评[J].中国考试,2016(8):23-25.

第九章
地球与宇宙科学领域内容分析与教学

孔子登东山而小鲁,登泰山而小天下。

——《孟子·尽心上》

往古来今谓之宙,四方上下谓之宇。

——《淮南子·齐俗训》

小学的"科学课"更像是一种构想世界的方式。①小学生学习的"地球与宇宙科学领域"内容可以创造出一种"初级的文化",虽然初级但是把握好质量,可以为今后更加严格和更加博学的机遇敞开大门。有关大自然的基础知识是小学生科学素养不可或缺的组成部分,由于这部分学习内容的抽象和宏观,也是小学科学课程教学的难点。

第一节 地球与宇宙科学领域内容的价值和目标

(1)了解地球与宇宙科学领域内容的本体价值。
(2)理解地球与宇宙科学领域内容的育人价值。(重点)

---

①[法]乔治·夏尔帕.动手做——法国小学科学教学实验计划[M].黄颖,等,译.北京:人民教育出版社,2003.

一、地球与宇宙科学领域内容在小学科学教育中的价值

(一)地球与宇宙科学领域内容的本体价值

地理学是介于自然科学和社会科学之间的交叉学科,研究地球表层自然要素与人文要素相互关系与作用的科学,融自然科学与社会科学于一体。[①]"人""地"两组要素之间的关系实际上就是社会和自然基础之间的关系。这种关系影响着国家、区域的可持续发展。

资料卡片:给NASA 的一封信

在自然科学中,研究地球以外宇宙环境中各种天体的运动、结构、起源和演化的学科叫天文学。天文学是人类历史上起源最早的学科之一,在古代它慰藉人类,指导农业生产,往往与政权有密切关系。在现代,天文学是基础科学发展的引擎之一,它关注最具有前瞻性的问题,这些问题的提出和解决对自然科学基本理论的研究有着非常重要的作用。地外行星观测和地外生命研究将解答人类的命运问题:宇宙中是否有其他适于生存的星球?生命是如何起源的?人类的存在是否是独特的?是否有其他的智慧种族?以及在遥远未来,人类是否可以移居外星球?这些问题的解决,关系着人类作为一个种族的命运。

现在航天技术的发展,极大地提升了人类探索宇宙奥秘的能力,探索本身可以带动几乎所有的科技领域,极大地提升一个国家的整体实力。人类目前的科技水平要达到能利用宇宙中多种能量的程度还有漫长的路程,但是人类不会停止了解并掌握宇宙奥秘的步伐,正如爱因斯坦所说:宇宙中最不可理解的事情,就是宇宙是可以被理解的。加强宇宙科学教育有利于激发小学生探索科学的欲望,近年来不少国内外大制作科幻影片题材都涉及宇宙科学主题,如《火星救援》《流浪地球》等深受欢迎,拥有许多儿童粉丝,也从侧面印证了这一点。

(二)地球与宇宙科学领域内容的育人价值

地理与宇宙科学领域内容可以让学生学会用"地理眼"看世界,用"地理心"爱世界,学做"地理人",促进自我与世界的发展,满足学生求真、求善和求美的需求,为育人提供有效途径。现今的天文学研究活动,往往是国家之间合作的大项目,研究需要花费巨资,运用众多学科的科研力量和科研成果。小学生学习天文知识,了解天文研究主要动态,一方面能满足与生俱来的好奇心,另一方面能增进对"科技强国,科学是一种社会现象、是一项国家事业"观点的理解。

地理素养是科学素养的重要组成部分。小学生学习地球与宇宙科学领域内容是逐步培养地理素养的重要途径。地理核心素养包括人地协调观、综合思维、区域认知和地理实践力4个方面,它们源自地理学科的关键概念和研究核心。

---

① 陆大道.地理科学的价值与地理学者的情怀[J].地理学报,2015(10):1539-1551.

人地协调观指人们对人类与地理环境之间关系秉持的正确的价值观。人地协调观是地理学科的核心概念,人地关系地域系统是地理学科的研究核心,表现为:能够理解自然环境是人类生存、发展的基础,并能够辩证看待自然环境对人类活动的各种影响;能够理解人类活动影响地理环境有不同的方式、强度和后果,懂得尊重自然规律的重要性和必要性;能够分析评价现实人地关系问题,理解协调人地关系的措施与政策。综合思维是地理学科基本的思维方式,指运用综合的观点认识地理环境的思维方式和能力。其表现为:全面、系统、动态地认识地理事物和现象,从要素综合、时空综合和地方综合的角度来认识地理事物的形成与发展。区域认知是地理学科基本的认知方法,核心是从空间的视角认识世界。地理实践力是指人们开展考察、调查和实验等地理实践活动中所具备的意志品质和行动能力。其要求是:掌握地理工具的使用方法,能够根据地理实践的需要选择合适的工具,制订有效的实践方案,解决实践中的地理问题。

二、地球与宇宙科学领域内容的教学目标

(一)地球与宇宙科学领域总目标

地球与宇宙科学领域内容,从简单到复杂,都是围绕着"地理核心素养的基础性培养、人与环境和谐共生关系的初步理解和内化"这一教学目标分层、分项展开的。在《标准》科学知识总目标中,地球与宇宙科学领域的总目标是这样描述的:了解太阳系和一些星座;认识地球的面貌,了解地球的运动;认识人类与环境的关系,知道地球是人类应当珍惜的家园。[①]

(二)地球与宇宙科学领域学段目标

地球与宇宙科学领域如何在低、中、高学段由浅至深安排学段目标,《标准》给出如表9-1的描述。

表9-1 小学科学地球与宇宙科学领域学段目标

1~2年级	3~4年级	5~6年级
知道与太阳、月球相关的一些自然现象;知道天气、土壤等对植物和人类生活的影响	知道太阳、地球、月球的运动特征,知道与它们有关的一些自然现象是有规律的;初步了解地球上大气、水、土壤、岩石的基本状况;初步认识大自然为人类生存提供了各种自然资源和能源,以及大自然中的一些自然灾害	知道太阳系及宇宙中一些星座的基本概况,知道昼夜交替、四季变化分别与地球自转和公转有关;初步了解地球上一些与大气运动、水循环、地壳运动有关的自然现象的成因;认识人类与自然资源和能源的关系,知道地球是人类应当珍惜的家园

---

① 中华人民共和国教育部.义务教育小学科学课程标准[M].北京:北京师范大学出版社,2017.

(三)地球与宇宙科学领域学习目标

基于学生认知水平并使其得到发展,帮助学生"初步建立科学的宇宙观和自然观,以及人地协调的可持续发展观"。地球与宇宙科学领域总目标被细化为帮助学生建构3个主要概念:

13. 在太阳系中,地球、月球和其他星球有规律地运动着。
14. 地球上有大气、水、生物、土壤和岩石,地球内部有地壳、地幔和地核。
15. 地球是人类生存的家园。

3个主要概念既有各自独立的知识线条,又有不可分割的相互关系。为了帮助学生建构以上主要概念,实现各学段目标和总目标,《标准》以尽量照顾到知识和方法等的前后联系为原则,围绕3个主要概念,确定了12条学习内容和55项学习目标。

表9-2 地球与宇宙科学领域55项学习目标在3个学段的数量分布

主要概念 学习目标	主要概念13(个)	主要概念14(个)	主要概念15(个)	总计(个)
低学段	4	3	1	8
中学段	6	11	4	21
高学段	9	7	10	26

第二节 地球与宇宙科学领域内容的构成与编排

(1)了解地球与宇宙科学领域内容的主题。
(2)理解《标准》中关于地球与宇宙科学领域的主要概念和学习内容。(重点)
(3)理解地球与宇宙科学领域的教材编排特点。

一、地球与宇宙科学领域内容的主题

地球与宇宙科学作为研究固体地球、地球表层空间和外层空间的科学,既有自身的知识体系,也包含着许多与物质科学、生命科学等其他学科交叉的内容。本领域主题见图9-1。

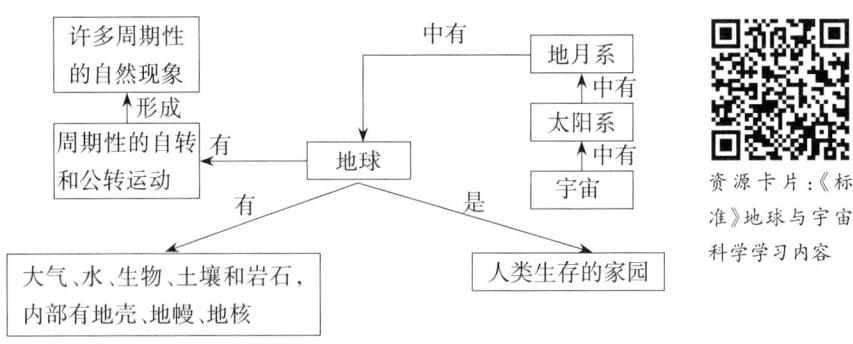

图9-1 "地球与宇宙科学"领域主题图

地球是宇宙空间中的一个天体,是目前唯一适于人类生存的星球。无论是认识宇宙空间的基本结构,以及从宇宙空间的角度认识地球,还是认识地球本身的物质组成,小学生都是非常感兴趣的。地球在宇宙空间中的运动包括自转和公转,这两种运动的综合作用使地球上产生了许多具有周期性的自然现象。这些自然现象是地球上大气、水、土壤、岩石、生物等物质要素运动变化的基础。大气、水、土壤、岩石、生物等物质要素的运动变化使地球形成了不同的地理环境,并影响着人类的活动。在当代,人类活动对地球环境乃至宇宙环境的影响日趋加剧,"人地关系"的讨论日益升温。因此,地球与宇宙科学的学习目标必然延伸到人类活动,这样也体现了学习的实用价值。

二、地球与宇宙科学领域内容的构成特点

《标准》围绕着地球与宇宙科学领域的3个主要概念,确定了12条学习内容、55项学习目标。

学习内容在不同学段的进阶安排考虑以下要求:首先,考量知识与学生学力的适切性,即哪类知识适合在哪个学段学习。低学段适合学习事实性知识,即对观察的物体和事件进行客观、确定的陈述,主要是用感觉器官观察世界时形成的感性经验。学生的认知表现以记忆和判断为主。中学段适合学习规律性知识,即将观察到的事物、现象进行分类、归纳,总结规律,形成概念。学生的认知表现向推理方向发展。高学段适合原理性知识,即通过观察和研究部分事件和情况,概括出一般性的结论,用来解释其他相似的事物或情况。总之,横向结构方面注重科学知识和科学方法的分布从简单到复杂、从低级到高级,不断上升、不断提高。[①]课程具体实施时要考虑学生实际的理解力。

其次,考量学习总量分布的适切性。本领域的学习内容较为宏观,中、高学段的学习目标数量多于低学段,主要概念15"地球是人类生存的家园"比前两个主要概念更综合,因此也主要安排在高学段。以《标准》中的第13个主要概念"在太阳系中,地球、月球和其他星球有规律地运动着"为例。这个概念被分解为4个学习内容、19项学习目标,分布

[①] 刘恩山.义务教育小学科学课程标准解读[M].北京:高等教育出版社,2017.

在低、中、高3个学段。

表9-3 "在太阳系中,地球、月球和其他星球有规律地运动着"的学习进阶要求示例

学习内容	学习目标		
	1~2年级	3~4年级	5~6年级
13.1 地球每天自西向东围绕地轴自转,形成昼夜交替等有规律的自然现象	•描述太阳每天在天空中东升西落的位置变化;描述怎样利用太阳的位置辨认方向	•描述一天中在太阳光的照射下,物体影子的变化规律	•知道地球自西向东围绕地轴自转,形成了昼夜交替与天体东升西落的现象 •知道地球自转轴(地轴)及自转的周期、方向等
13.2 地球每年自西向东围绕太阳公转,形成四季等有规律的自然现象	•描述一年中季节变化的现象,举例说出季节变化对动植物和人类生活的影响		•知道正午时物体影子在不同季节的有规律的变化 •知道四季的形成与地球围绕太阳公转有关
13.3 月球围绕地球运动,月相每月有规律地变化	•描述月相的变化现象	•知道月球是地球的卫星 •描述月相变化的规律	
13.4 太阳系是人类已经探测到的宇宙中很小的一部分,地球是太阳系中的一颗行星	•知道太阳能够发光发热,描述太阳对动植物和人类生活有着重要影响	•知道地球是一个球体,是太阳系中的一颗行星 •描述月球表面的概况 •知道太阳是一颗恒星	•知道太阳是太阳系的中心;知道太阳系中有八颗行星,描述它们在太阳系中的相对位置 •描述月球、地球和太阳的相对大小和相对运动方式 •知道宇宙中有无数星系,银河系只是其中的一个 •知道大熊座、猎户座等主要星座;学习利用北极星辨认方向 •了解人类对宇宙的探索历史,关注我国及世界空间技术的最新发展

根据表9-3的内容我们可以这样推导:学生首先在低学段完成"描述太阳每天在天空中东升西落的位置变化;描述怎样利用太阳的位置辨认方向"的学习目标,然后在中学段完成"描述一天中在太阳光的照射下,物体影子的变化规律"的学习目标,在高学段完成"知道地球自西向东围绕地轴自转,形成了昼夜交替与天体东升西落的现象;知道地球自转轴(地轴)及自转的周期、方向等"学习目标。基于这3个学习目标就可以抽象概括出"地球每天自西向东围绕地轴自转,形成昼夜交替等有规律的自然现象"的分解概念,即完成第一个学习内容。以此类推,完成另外3个学习内容。对4个内容的抽象概括,即可建立起"在太阳系中,地球、月球和其他星球有规律地运动着"的主要概念。

三、地球与宇宙科学领域内容的教材编排特点

选取苏教版(一至六年级)、教科版(一至六年级)、人教鄂教版(人民教育出版社、湖北教育出版社 2017 年版)和冀人版(三至六年级)的小学科学教材,观察教材中地球与宇宙科学领域的单元及单元目录,正处于科学课程 3~6 年级改为 1~6 年级开课的过渡时期,部分教材处于两种开课学段交替时期,教材内容交替重叠,但仍体现出同一大概念在不同学段的内容设计提升。

资料卡片:各版本教材地球与宇宙科学领域内容的学段分布

各版本教材编排各有特点,共同之处是较好地根据小学生的身心发展规律体现地球与宇宙科学领域内容的学习进阶过程。以苏教版的科学教材一年级下册为例,观察、动手、记录、思考、交流、阅读与拓展是其编排特点。地球是这一册的学习主题,全册 4 个单元加一个专项学习、一个科学阅读,第 1、2、3 单元的内容分别如下:石头与泥土;水;空气(第 4 单元为动植物)。在一首儿童诗歌的引导下,开始"观察—交流—拓展",或"观察—交流—动手""观察—动手—记录—拓展"等学习活动。横向结构上注重科学知识和科学方法的循序渐进,同一个地球与宇宙科学学习内容的大概念铺展由简单到完整,在不影响科学性、概念的主要框架完整性的前提下,低年级到高年级各有学习的侧重点。

人教鄂教版教材的编写结构按照儿童生活经验圈和视野的不断扩大,由近及远,由易到难,由具体到抽象,由简单到复杂,循序渐进地展开教学内容。教材分为 3 个循环,对应于低、中、高学段。"家庭—学校—家乡与祖国—地球与宇宙"4 个经验圈与之对应,如一年级上册主线为"家庭",一年级下册主线为"学校",二年级上册主线为"家乡与祖国",二年级下册主线为"地球与宇宙"。"家庭—学校—家乡与祖国—地球与宇宙"4 个经验圈的三循环模式,符合学生的认识特点和规律,使得科学概念螺旋式上升,科学概念进阶更好地发展,有利于学生的探究学习。[①]

【问题讨论】

1.《标准》中地球与宇宙科学领域内容的 3 个主要概念是什么?

2.你所在地区使用的小学科学教材中,地球与宇宙科学领域内容有哪些编排特点?

资料卡片:中国天眼

[①] 黄海旺.人教鄂教版小学《科学》教材简介[J].湖北教育(科学课),2017(5):8-10.

第三节　地球与宇宙科学领域内容的教学策略

(1)理解地球与宇宙科学领域内容的教学理念。(重点)
(2)理解并能够正确应用地球与宇宙科学领域内容的教学策略。(重点,难点)

一、地球与宇宙科学领域内容的教学理念

(一)幼儿园、小学、中学科学教育一体化

教师教学地球与宇宙科学领域内容时应重视幼小衔接、小初衔接,其原因主要有二:其一,学习内容的宏观和一定程度上不可直接接触性,使得教学内容不像其他主题生动多样、层次渐进。其二,本领域内容的学习目标之一是激发学生对地球和宇宙的探究热情,发展空间想象、模型思维、逻辑推理等能力,初步建立科学的宇宙观和自然观以及人地协调的可持续发展观。在实践教学中发现,对情感态度价值观的培养必须考虑学段的变化,在选题和学习方式方面细腻处理。校内外教育机构一些简单粗暴的地球与宇宙科学领域内容教学设计,重复简单的情感态度培养方式,没有根据学生的年龄和学习能力设计具体学习内容和方式,消磨了学生学习的热情,使得他们对本领域的理解停留在表面化,甚至影响了后续学段该领域内容的教学难度和学生的学习积极性。

2001年教育部发布的《幼儿园教育指导纲要(试行)》第二部分"教育内容与要求"中,对学前儿童科学教育提出了5个目标、7点"内容与要求"和3个指导要点。2012年教育部印发的《3~6岁儿童学习与发展指南》将科学领域主要分为两大部分,即科学探究和数学认知,每一部分都对3个阶段的学前儿童提出期望。其3~6岁学前儿童科学教育内容范围中,"关爱、探究身边的有生命物质、无生命物质与其环境和人们生活的关系"方面,无生命物质与人、自然环境的关系,水、沙、石、土、空气都是学习的内容。"关注、感受、探究身边的自然科学现象"方面,探索发现季节变化现象的内容包括:观察、感受、体验、发现天气变化状况,用自己喜欢的方式进行记录、报告、预测;风、云、雨、冰、雪、霜和天气的冷热,季节的名称、顺序及其典型特征都是学习内容。天文现象(宇宙奥秘)学习部分,涉及了日、月、星。"感受现代科学技术对人们生活的作用"方面,从科学技术是双刃剑、科学技术史的角度,对学前儿童有增强环保意识、培养其环保行为的要求。

初中地理课程是一门兼有自然学科和社会学科性质的基础课程,课程

资料卡片:学前儿童天文现象(宇宙奥秘)内容的目标与评价

基本理念是"学习对生活有用的地理,对终身发展有用的地理,构建开放的地理课程",课程包括:地球与地图、世界地理、中国地理和乡土地理,其中地球与地图是学习区域地理的基础。教学时提倡探究式学习,重视地理图像的利用,积极利用地理信息资源和信息技术手段,优化和丰富地理教学活动,促进学生学习方式的转变,积极开展地理实践活动,鼓励学生走进大自然,进入社会,亲身体验地理知识产生的过程。高中地理课程更是围绕着4个地理核心素养来展开教学。

(二)理解科学教育的大概念

(英)哈伦编著、韦钰译的《科学教育的原则和大概念》提出10项科学教育的原则和14个大概念,表9-4是其中针对地球与宇宙科学领域的部分,教师在实施本领域教学时必须充分理解,研究如何在课程实施过程中体现这些原则。

表9-4《科学教育的原则和大概念》直接针对地球与宇宙科学领域的大教育原则和大概念

大教育原则	科学教育的主要目的应该是为了使每个人能够参与有依据的决策和采取适当的行为,这对保证他们个人、社会以及环境的健康和协调发展是重要的	基于对概念的审慎分析,以及基于当前对学习是如何发生的研究和理解,应该给出为了达到科学教育各个方面目标的清晰进程,指出在不同阶段需要掌握的概念	应该从学生感兴趣并与他们生活相关的课题开始,逐步进展到掌握大概念	所有科学课程活动都应该致力于深化学生对科学概念的理解,同时应该考虑其他可能的目的。例如,科学态度和能力的培养
大概念	宇宙中所有的物质都是由很小的微粒构成的	地球的构造和它的大气圈以及在其中发生的过程,影响着地球表面的状况和气候		宇宙中有无数个星系,太阳系只是其中一个星系——银河系中很小的一部分

(三)培养地球与宇宙科学思维

培养科学思维是科学学科最本质的特征。科学思维是科学学科核心素养的核心。[①] 就整个科学的发展来看,科学思维主要遵循提出问题、搜寻事实、捕获信息、立论解释的程序。[②] 搜寻事实的途径包括观察与实验、考察已有的理论与实验事实两种。教学过程中要逐步培养地球与宇宙科学的基础思维,包括:地理学的灵魂——人地关系思维,地理学的支柱——系统思维,地理学的本色——空间思维3个基础思维。人地关系思维包括:初步理解人地关系的认识过程,综合和交叉思维是研究人地关系的基础,人地关系的最佳境界是可持续发展。帮助小学生建立初步的空间概念,培养基础的地图读图能力。

---

① 胡卫平.基于核心素养的科学学业质量测评[J].中国考试,2016(8):23-25.
② 刘恩山.义务教育小学科学课程标准解读[M].北京:高等教育出版社,2017.

二、地球与宇宙科学领域内容的教学策略

小学生学习地球与宇宙科学领域内容，主题式学习、科技史的融入都是很常见的学习方式，还可以侧重采用以下教学策略。

（一）开展探究式教学

开展探究式教学是地球与宇宙科学领域内容的主要教学策略，观察、调查、模拟实验是其主要学习方法。

观察，仔细察看事物或现象。调查，为了解情况进行考察（多指到现场）。模型思维的运用促进主要概念建立，模拟实验是地球与宇宙科学领域内容学习的重要方法，对形成相关的主要概念有着不可替代的作用。《标准》提出的模型思维，就是建立与研究对象相似的模型来模拟原型，以此来发现研究对象的本质与规律。建立模型与模拟实验是模型思维的重要环节。

建立模型往往是在对事物及其变化规律有一定理解的基础上，展开丰富想象，用一定实物运动来解释事物变化及其规律的过程。这个过程丰富生动，能使学生的思维从具体走向抽象。建立模型是本领域的"在太阳系中，地球、月球和其他星球有规律地运动着"这个主要概念的重要学习方法。河北人民出版社科学教材六年级上册的"太阳家族"单元第一课"太阳系的奥秘"中，学生通过资料阅读及课堂学习认识了太阳系各星体的大小及距离远近，学生在理解材料特点的基础上用橡皮泥、气球等材料制作太阳系模型，并进行了实际操作。建立模型后，对模型的交流与解读是模型思维的物化提升，是对具体的模型的抽象化体验，这个过程中，学生的空间想象能力得到了提升，学生的脑海中已然出现了太阳系的画面。此时，再安排学生用模型材料摆放太阳系，实际上是对脑海中画面的具象化。当学生将地球、月球、太阳等模型安放到相应的位置上，他们实际经历了"具体—抽象—具体"的模型思维过程，进而通过模拟实验再现相关现象及其变化，并发现其中规律，整个学习过程就是模型思维方法运用的体现。

模拟实验是指客观条件下不能对某些自然现象进行直接实验，只能借助间接的手段，先设计一个与需要研究的自然现象（原型）相似的模型，然后通过对模型的研究间接认识自然现象及其规律的实验。模型是一种假想的结构，使原本复杂的空间结构简单化，便于学生对复杂的天体运动等的理解。小学科学地球与宇宙科学领域内容的模拟实验常见的有两类：模拟运动和成因。模拟运动：模拟昼夜、四季、月相的规律等。模拟成因：模拟火山、地震、岩石风化、地表变化，模拟风、雨、露的形成等。教学时除了设计模拟实验让学生实践、体验，也可适当借助动画等多媒体资源。

资料卡片：运用"谷歌地球"查看地球形状与地形地貌　　资料卡片：运用"地球万象"观看、模拟地质运动　　资料卡片：了解日食和月食　　资料卡片：寻找天空中的月亮　　资料卡片：看星空

（二）创设信息化学习环境

信息技术飞速发展，智能手机和平板电脑已经融入人们生活的各个方面，许多基于手机系统设计开发的智能应用软件或移动端设备，以其出色的生动性、互动性、扩展性等特点大大超越了 PC 时代的软件。可以说，随着信息化未来教室和 BYOD（自带设备）的推进，在教学中融入智能应用软件或移动端设备，将成为当前网络信息时代重要的教学技能。

对于空间思维能力尚未健全、倾向感性认识的小学生而言，即使教师设计了形象的模拟实验，他们也难以理解地球与宇宙科学领域内容。福建省的教师在这一方面有不少实践经验，他们将一些出色的智能应用软件或移动端设备引入小学课堂。它们能将课堂变得形象、生动，把课堂转变为学生在互动探究中生成、建构的生本课堂。

以认识地球的智能应用软件"地球万象"为例，这款智能应用软件可以模拟演示火山爆发、岩石侵蚀、地壳运动等。学生们用指尖引发火山和地震，对岩石进行风化、侵蚀、搬运和沉积，重新塑造出各种地形，甚至再现一次冰川时代，在短短的几分钟内了解地球数百万年的变化，从地球表面及内部观察改变地球的地质力量。这种交互式学习的方式有助于优化以往艰涩的"地壳、地幔、地核""风化、侵蚀、搬运"内容教学。

在地球与宇宙科学领域内容的课堂教学中，虚拟天文智能应用软件在教材图片与实际观察之间可以起到非常明显的桥梁和扩充作用，除了辅助教学外，能深层次地激发小学生对天文的兴趣，指引他们到真实的天空中继续不断探索和发现。"3D 月相"和"谷歌星空（Google Sky Map）"两款智能应用软件能在"计划→实施→总结"3 个阶段提供很大的帮助。首先，在讨论观察计划的时候，可以用"3D 月相"查询每天的月出、月落时间，从而有针对性地安排观察月相的时间，避免了月出前或月落后盲目观察。其次，在观察阶段，家长使用"谷歌星空"的寻星功能可以帮助学生找到月亮在天空中的位置，方便实地观察。最后的总结课上，学生们再次打开"3D 月相"，配合记录纸回顾这一个月的月相，虚实结合，更容易归纳出月相的规律，这种自主建构的规律比教师单纯讲授的印象更深刻。

还有很多优秀的智能应用软件如 Solar Walk（太阳系漫游）、畅游天文馆、科学 360 度（Science 360 for Ipad）、太阳系立体模拟器（Solar System 3D Simulator）、万维天文望远镜（WWT）、SNP、星空漫步（Star Walk 2）、星图（Star Chart）等。从总体上看，智能应用软件或移动端设备辅助地球与宇宙领域内容教与学时，能够激发小学生的学习兴趣，使学生持续学习、主动学习，搭配虚拟技术搭建科学合理的宏观模型，很多智能应用软件或移动端设备均能提供精准、翔实的知识库，能辅助使用者学习，而且它们包含的信息并非单纯的文本知识，还囊括了许多动态的数据，让学生探索星空变化成为可能。其可移动、可交互、不受时空限制的性能可以提供个性化的学习环境，但它们毕竟是辅助画面，只有建立虚拟与真实的联系，将其融入实际的观察活动中，才能真正有效地帮助学生学习地球与宇宙科学领域内容。

（三）资料分析与绘本阅读

资料分析是阅读式学习方式，为了获得某项成果或进行下一步调查研究，分析、利用现有资料，以扩展研究的深度和广度。本领域资料分析方面，小学生接触到的文本资料较多，数据资料较少。学习内容比较宏观抽象，绘本阅读是不错的教学辅助手段。《这就是二十四节气》（高春香、邵敏 著，许明振、李婧 绘）、《月亮不见了》[日]（和田诚 著）、《神奇的竹笋》[日]（松野正子 文，赖川康男 绘）等都是中外优秀绘本代表。

资料卡片：一座岛屿的100年

资料卡片：极地重生

资料卡片：纸戏剧

资料卡片：我们的地图旅行

【问题讨论】

1. 你认为还有哪些教育App适合地球与宇宙科学领域的教与学？请说明理由，并推荐给同学和教师。

2. 阅读完范例绘本的介绍，你的感想是什么？和老师、同学交流你阅读过的科学绘本。

（四）纸戏剧创作与表演

纸戏剧是一种通过图画展示和表演的讲故事形式，适用于各种室内外环境，尤其是缺乏电力、多媒体设备的教学环境。这种充满现场感的通过图画展示和表演的讲故事形式，很适合低年级的小学科学课堂教学。作为教育载体，它在日本很多的幼儿园、中小学、绘本馆和图书馆出现，还被成功推广到法国、德国等欧洲国家。

师生可以采用纸戏剧的形式，选取地球与宇宙科学领域题材，编撰或改编现有故事进行表演。纸戏剧较多地运用了电影的表现手法，图卡交错设计有利于表现时空交错、宏观场景的变化，适合野生动植物的保育、生态环境与当地文化保护、社区营造等方面题材。台湾地区陈晋卿编撰纸戏剧《芭嗡》很好地结合了水土保护主题和少数民族萤火虫传说。《小房子》《挖地球》《河川》等绘本很适合改编成纸戏剧。2013年台湾地区第一届以生态保育为主题的儿童图画剧创作暨演出比赛在台湾博物馆开赛，参赛者以台北市、新北市的小学生为主，比赛由台北市动物保护处主办，七星生态保育基金会执行。《垃圾海》是获奖的小学生自编作品之一。

(五)角色扮演

角色扮演是参与者通过扮演故事世界中的角色进行互动。参与者通过对角色的扮演,可以获得快乐以及宝贵的经历,提升他们的同理心。角色扮演适合科学情感、态度和价值观的培养。人与自然的和谐发展需要我们换位思考人类的行为对大自然的影响。天气、地质灾害会给动植物和人类生活带来什么影响等内容的学习可以采用这种方式进行。

案例评析:我们来造"环形山"

三、地球与宇宙科学领域内容的教学案例

【教学案例】

我们来造环形山[①]

(选自苏教版《科学》六年级上册第4单元"探索宇宙"第1课"登月之旅")

福建省泉州市实验小学 何美惠

一、感知原型,推测成因

(一)提供资源,获取更多的原型信息

展示宇航员近距离拍摄的月球上环形山的图片,引导学生全面观察,不仅让孩子观察、了解月球上的环形山分布规律:大小不一、深浅不一、数量众多,还特别引导学生观察、描述环形山的特点:中间凹,四周隆起。为之后推测和形成假说打基础。

搭建思维"脚手架",引导科学推测。由于地球与宇宙领域内容比较抽象,推测时教师可以提供结构化的资料和利用有针对性的语言为小学生的思维搭建"脚手架",引导科学推测,培养小学生的空间想象能力和逻辑推理能力。

推测环形山的成因时,引导小学生再次回到环形山的图片,根据刚才观察到的环形山特点来推测成因。

生:环形山可能是陨石撞击形成的。

师:你怎么想到的?

让学生的思维显性化——根据环形山的形状,想到可能是陨石撞击形成的,地球上也有陨石坑。

教师展示地球上陨石坑照片和月球环形山图片进行对比,让学生有更感性的认识,引导学生联想推测火山喷发也可能形成环形山。

二、建构模型,模拟实验

材料选取注重"相似性"。这包括两方面:模型和研究对象(原型)相似,模拟的实

[①] 何美惠.小学科学"地球与宇宙"领域中模拟实验的教学策略[J].福建教育学院学报,2018(3):110-112.

验条件和研究对象所处的条件相似。"造环形山"时,关于火山喷发说的实验材料选择,师生讨论交流后选定番茄酱模拟岩浆。引导学生从生活中寻找比教材用的针筒更符合原型的材料:将洗耳球作为模拟火山喷发动力的材料。

模拟实验设计体现"自主性"。教师用有层次的一串问题引导学生小组自主合作设计实验,再全班交流完善方案。"造环形山"时,关于撞击说的实验方案设计,教师利用"怎样制造大小不同、深浅不同的环形山?""大小不同的球模拟什么?""球的材质要一样吗?""球扔下的高度要一样吗?"等问题串引导方案设计。通过全班交流启发设计出多种方案:用同样大小的球同一高度轻轻地扔和重重地扔,用不同大小的球同样高度同样力度地扔……

实验操作体现"规范性"。教师在操作前要强调按实验设计方案进行实践,在小组实验巡视中加强调控,引导学生细心观察、做好记录。造环形山时,不但要引导学生观察模拟实验造出的环形山的大小和深浅,还可以借助手电筒重点观察形状是否与月球上的环形山相似。

三、回到原型,建构概念

(一)还原思考,类比推理

实验后教师必须对模拟实验进行还原思考,引导学生将模拟实验的过程和结果转化到现实研究对象中,让学生去类比推理事物变化的过程和结果,很好地训练类比迁移思维能力。

造完环形山,教师引导学生类比分析:同样大小的球从同一高度轻轻地扔,造出来的环形山小、浅,用力扔造出来的环形山大、深。推理出:同样大小的陨石撞击月球的速度不同,撞击力不同,形成的环形山大、小、深、浅就不同。

(二)有根有据,建构概念

科学概念的建构过程要遵循科学探究的本质——证据意识。教师引导学生充分运用模拟实验所搜集到的证据和已有的知识经验进行综合,有根有据地建构概念(假说)。造环形山一课建构的是假说。教师引导每个小组有依据地建立假说,如"火山喷发说"的依据是:实验时用力挤压洗耳球模拟火山喷发激烈时,用比较粗的管模拟火山口比较大时,形成的环形山比较大……

本章小结

本章从地球与宇宙科学在小学科学教育中的价值入手，重点对地球与宇宙科学领域教学目标及其教学策略的选择进行了探讨。教学理念在整个教学过程中指导着教学策略的选择，而教学策略的实施与体现离不开具体的教学内容与教学实践。本领域的教学理念强调用幼儿园、小学、中学科学教育一体化的思路看待教与学，理解科学教育的大概念，培养地球与宇宙科学思维。根据地球与宇宙科学领域学习内容的宏观性、小学生的身心发展水平和特点，提出这些教学策略：开展探究式教学，创设信息化学习环境，资料分析与绘本阅读，纸戏剧创作与表演，角色扮演。

【思维导图】

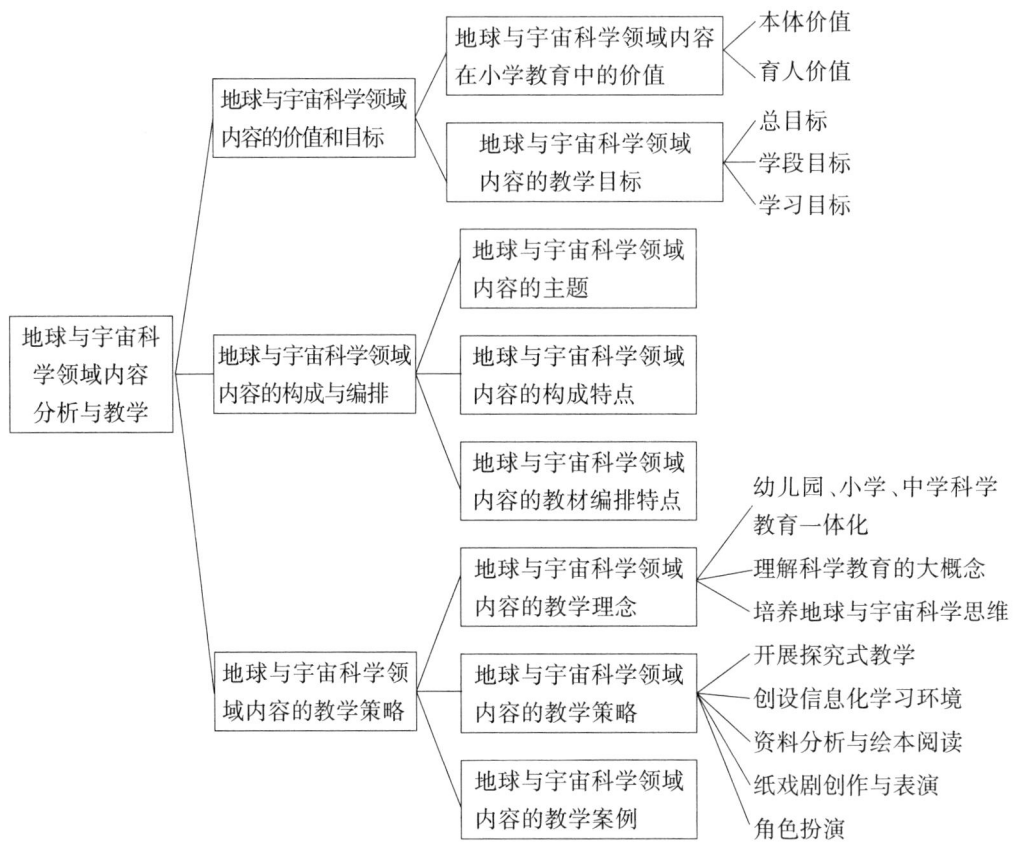

【思考与实践】

1. 地球与宇宙科学领域在小学科学教育中的价值表现有哪些？
2. 自觉阅读至少五本地球与宇宙科学类的科学绘本。

3.选取当地小学主要使用的科学教材版本的一个模拟实验教学内容,自行演练并做片段教学模拟。

4.自行选取至少两种本章介绍的地理和天文类教育App,体验它们的学习内容和方式。

5.选取当地小学主要使用的科学教材版本,设计一个贴近当地小学生生活的该领域的教案。

【学习评价】

评价维度	评价内容				
	评价标准	评价等级			
		A	B	C	D
知识与技能	理解地球与宇宙科学领域内容的价值、目标、内容、教学策略				
过程与方法	掌握地球与宇宙科学领域的具体教学策略;能根据小学教材选择适用的地球与宇宙科学领域具体教学方法				
情感、态度、价值观	建立人地协调观、可持续发展观,保护环境				

【推荐阅读】

1.[英]温·哈伦.科学教育的原则和大概念[M].韦钰,译.北京:科学普及出版社,2011.

2.赵旭阳.地球科学概论[M].北京:人民教育出版社,2008.

3.叶勤.小学科学学科知识与拓展[M].上海:华东师范大学出版社,2015.

4.林宏宇.手机Stellarium在天文教学中的深入应用[J].教育与装备研究,2018(6):66-68.

第十章
技术与工程领域内容分析与教学

> 仅仅构建可以被理解和可用的功能性产品是远远不够的,还应该构建能够带来乐趣、兴奋、愉悦和美的产品。
>
> ——[美]唐·诺曼
>
> 设计创造文化,文化造就价值观,价值观决定了未来。
>
> ——[加拿大]罗伯特·L. 彼得斯

小学科学课程中的技术与工程领域的内容是对当前STEM教育理念的积极回应,为了使学生了解技术的应用和工程设计的过程,对人工世界形成普遍联系的看法,以工程学的视角来看待周围的世界,小学科学教师不仅要对《标准》中的技术与工程内容有所了解,更需要不断扩展自我的知识框架,成为具备现代科学教育理念和科学知识更新能力,掌握项目式教学策略,能够满足实施科学教学基本要求的新型专任科学教师。本章讨论科学课程与教学论视角下的技术与工程内容的教学,在探讨技术与工程内容的教育价值的基础上,从宏观视角提出技术与工程内容的教学目标;呈现技术与工程内容的主要概念,并基于此分析其构成特点;归纳技术与工程内容的教学理念和教学策略,并通过案例对上述教学理念和教学策略进行有效的补充。

第一节 技术与工程领域内容的教育价值和目标

学习提要

(1)了解技术与工程领域内容的教育价值。
(2)理解技术与工程领域内容的总目标与学段目标的内容。(重点)
(3)理解技术与工程领域内容的总目标与学段目标之间的关系。(难点)

一、技术与工程领域内容的教育价值

(一)有助于对科学技术的理解

一般来说,技术和工程包含了自成一个体系的技术群,即依据科学原理设计的便捷的生活工具,研究技术集成,便于人类改造自然世界,促进科学原理和技术在人类经济、社会活动中的应用。从《标准》中技术与工程领域的活动建议可以看出,小学科学要求对科学技术的理解是基于操作的,主要是让学生从设计与制作过程中体验技术对我们生活的人工世界的影响,以及体验工程设计过程,当然,这是人类利用技术,通过工程实践对自然世界最基本的改变方式。例如,观察一些生物运动系统的主要结构,了解它们和仿生机械之间的关系;设计通过不同途径传递信息的简单方案;利用提供的材料和工具,通过口述、图示等方式表达自己的设计与想法,并完成任务等。

另一视角下,对科学技术的教育可统一于科学课程中的技术和工程教育。基于学者对美国教育政策的研究发现,技术、工程教育和科学教育是并列且相互渗透的,自20世纪70年代美国提出 STS(Science Technology Society)教育,科学教育和技术、工程教育便以一种相互影响的形式被普通大众所接受。随着环境问题的日益显著和全球化,美国在1996年颁布的《美国国家科学教育标准》中提出 STSE 教育观念,2009年,美国国家科学委员会又提出"改善所有美国学生的科学、技术、工程和数学教育",即 STEM 教育,旨在培养学生的科技素养。小学科学中的技术、工程内容更多的是强调技术的运用,使学生利用探究活动掌握简单的技术,促成学生对技术的理解,最终的目的是使学生对各种简单的实用技术达成普遍的共识,即领悟技术和工程的思想内涵,构建创新思维,提升创新能力。

资料卡片:教师专业发展的新取向——STEM 教师

(二)有助于跨学科综合能力的培养

《标准》指出:科学发现与技术创新不断涌现,为人类在更大范围、更深层次上认识并合理利用自然提供了可能。科学技术推动了生产力的发展,经济的繁荣和社会的进步,促进了人们的生产方式、生活方式和思维方式的变革。技术与工程领域内容的学习也应紧跟时代的步伐,教会学生面对当今世界复杂的科学、社会事务而运用统整的知识和技能解决问题,因为技术、工程本身就是彼此不可分割、相互关联地存在于真实事件之中。从个体适应社会发展的角度来看,技术与工程教育是教育体系与时俱进的产物,因为当日常生活问题都变得越来越复杂时,教育不可避免地树立起更高的目标。另外,技术与工程教育理念还具有跨领域的融合,即与人文、经济领域建立普遍的联系,如澳大利亚首席科学家办公室(The Office of the Chief Scientist)发布的《STEM 项目索引(2016)》就强调,要通过参观新创企业、策划业务项目书等一系列活动激发技术与工程技能与职业前景建立联系。

因此,建立跨学科综合能力的培养体系是技术与工程教育的重要价值,也是"技术与工程"与"科学教学"之间的桥梁。在技术与工程领域内容的教学中,教师要尽力让学生用跨学科的知识来解决工程技术问题,让学生意识到工程技术的关键是设计,工程是运用科学和技术进行设计,解决实际问题和制造产品的活动。因此,这一活动过程面向工业问题、实业设计问题,需要建立跨学科的思维进行问题解决。

(三)有助于创新精神的发展

创新精神的培养不是产品的批量生产,而是挖掘学生个性化的品质,技术和工程内容的教学一般以项目的形式展开,在充分发挥智力因素的同时,更加让学生树立坚强的意志,学生在这一过程中坚定信心,勇于探索,敢于向未知发起挑战,这就是个性化的创造精神,这才是形成创造力所必需的个性化品质。

《标准》指出,要鼓励学生将自己简单的创意转化为模型或实物。这就是鼓励挖掘工程设计中的创意,技术应用过程中的创新。那么,如何利用技术和工程内容发展学生的创新精神?教师要试图让学生与自己对某个想法达成共鸣,并就具体的操作过程留下"空白",让学生从零散的材料中初步构想产品的框架,并为之付诸行动。最终的效果是学生试图像"教师"一样进行思考和实践,发展思维。例如,在制作飞机模型时,教师应该让学生对飞机的结构有所了解,在此基础上训练学生放飞模型的技巧,经过反复的训练,学生已形成了熟练的操作技能,这时教师的重点应该集中在对飞机模型的改造上,让飞机飞得更远。对机身结构的改进可以从两翼着手,让学生体会教师的建议,而对于尾翼的改进,则让学生自己探索,让学生从训练中习得的放飞技巧出发,不断在试错的过程中改良模型的尾翼。

【问题讨论】
1.技术与工程领域内容是从哪些方面来培养学生的科学素养?
2.技术与工程领域内容的教学与当前的技术与工程科学的发展有何关系?

二、技术与工程领域内容的教学目标

(一)技术与工程领域内容的总目标

《标准》并没有对技术与工程领域内容的总目标进行阐述,但是针对STSE(科学、技术、社会、环境)有整体描述,从中可以管窥对技术与工程领域的总体要求,如初步了解所学的科学知识在日常生活中的应用,了解社会需求是推动科学技术发展的动力。小学科学涉及的技术与工程的两端分别连接着科学与生活,[①]是科学与生活联系的纽带,融入这

---
① 陈建.技术与工程:新领域、新特点、新策略[J].课程教学研究,2018(6):46-50.

样的内容进行科学教学,学生才能对技术与工程功用有初步正确的认识,这也是 STSE 目标在技术与工程中的体现。

将 STSE 总目标分解开来,第一,技术与工程领域内容的学习首先是让学生感悟技术与设计,如指导学生通过观察、阅读、使用技术等了解技术产生与发展过程、类型、用途和局限等;分析工程师和发明家的研究过程,体会设计和发明离不开创新,体会使用工具的优越性。第二,技术与工程领域内容的学习要让学生对产品所含技术进行分析,如通过观察、应用、评价等让学生了解简单科技产品的结构、功能、原理、各部分之间的关系与设计巧妙性。第三,技术与工程领域内容的学习是让学生运用工程设计手段进行创作,如让学生经历需求分析、制约条件分析、设计制作、改进完善等过程,了解设计作品,完成项目,体会技术发明、工程设计中人的创造性。

资料卡片:《标准》主要概念16学习目标

(二)技术与工程领域内容的学段目标

《标准》对技术与工程领域内容的学段目标有详细阐述,主要从 1~2 年级、3~4 年级、5~6 年级 3 个学段分开描述,体现了学习进阶的思想,且以主要概念的形式统整内容,然后将主要概念分解成学习内容,与学段建立一个二维表,基于学习内容分学段建立学习目标。《标准》指出,在技术和工程领域的教学中,教师应帮助学生形成以下主要概念:人们为了使生产和生活更加便利、快捷、舒适,创造了丰富多彩的人工世界;技术的核心是发明,是人们对自然的利用和改造;工程技术的关键是设计,工程是运用科学和技术进行设计、解决实际问题和制造产品的活动。

学段目标充分考虑了小学生的年龄特点与认知规律,同时,也借鉴了国际科学教育研究有关学习进阶的研究成果。一方面,将"技术与工程"的 3 个主要概念、8 个学习内容在 3 个学段进一步细化,学习目标要求随学生生理、心理的成长而递升,通过以一些比较直观、学生有兴趣的活动为载体,让学生对"技术与工程"有感性的认识,通过实践活动体会"做"的成功与乐趣,养成"动手做"解决问题的习惯,体验科技对人类社会的影响。[①] 如"工程设计需要考虑可利用的条件和制约因素,并不断改进和完善"这一学习内容,1~2 年级的学习目标是"利用提供的材料和工具,通过口述、图示等方式表达自己的设计与想法,并完成任务",5~6 年级的学习目标则是"根据设计意图,分析可利用的资源""简单评估完成一个产品或系统的可行性,预想使用效果"。显然,低年级侧重于体验,高年级侧重于理性分析,形成了合理的学习进阶。

在围绕上述 3 个主要概念设置学段目标时,也对主要概念的教学提出了相应的活动建议。当然,这些目标主要是面向学生的,活动建议是面向教师的。学段目标规定了学生所要达成的基本的科学知识目标、科学探究目标、科学态度目标,以及科学、技术、社会与环境目标。每一项主要概念的教学内容都有配套的活动建议,这些活动的目的主要是

[①] 陈建.技术与工程:新领域、新特点、新策略[J].课程教学研究,2018(6):46-50.

体现科学探究教学过程,让学生在体验之中达成各部分的内容目标。

【问题讨论】

1. 技术与工程领域内容的3个主要概念和具体的教学内容有怎样的关系?
2. 依据技术与工程领域内容的学段教学目标,选择一个学习内容,谈谈你为了达到上述目标所设计的具体的活动建议。

第二节 技术与工程领域的内容构成与编排

学习提要

(1) 了解技术与工程领域的内容主题。
(2) 理解技术与工程领域内容的构成特点。(重点)
(3) 理解教材中技术与工程内容编排的特色。(难点)

一、技术与工程领域的内容主题

《标准》的特色之一是将技术与工程领域列为与物质科学领域、生命科学领域、地球与宇宙科学领域并列的四大课程内容之一。新课标突出"技术与工程"本质上是体现STEM教育理念。原有课标也规定了一些STEM跨学科内容,主要体现为一些制作活动,且建议以了解为主。新标准将其上升至工程设计、探究活动的高度,注重通过"动手做""做中学"培养学生解决问题的习惯。可以说,这是对以往科学课程中的制作活动的根本性变革,以往的制作活动设计成分少、工程意味淡、技术趣味小,而STEM理念下的工程设计、技术应用活动则更能从统整的视角将知识的掌握、方法与工具的使用以及创造性设计过程进行有机统一。

就小学科学课程与教学而言,让学生形成该领域的跨学科知识框架是选择内容的首要考虑要素,这也反映了当前科学课程跨学科发展的趋势。内容选择的首要目标当然是让学生认识技术与工程中的基本科学、数学概念,使学生能够更好地了解该领域最新的技术产品、工程设计。此外,内容的组织顺序要考虑与学生所了解的周围的技术和工程产品相匹配。照应技术发展、工程实践的过程,以及小学生对日常生活中技术、工程设计的了解,《标准》采用主要概念的形式在技术与工程领域内容列举了3个主要概念,每个概念下包含2~4个具体的学习内容,依据具体学习内容,《标准》对每个内容的学习有详尽的要求和选择。

二、技术与工程领域内容的构成特点

技术与工程领域内容的构成主要包括3个特点。

(一)内容结构的原初性

技术与工程内容的建构即是对技术与工程发展的重演,从技术与工程发展的整个历程,深刻认识儿童科学体验与学习的原初性,真正达到对儿童的科学启蒙,培养其基本的科学素养。《标准》中技术与工程领域的3个主要概念是依据学生的生活经验出发,从具体到抽象,从个别到一般,由此构建学生对技术与工程完整的认识框架。其框架的基本目的之一是促进学生建立技术、工程与社会的联系,《标准》要求让学生深入发现日常生活中技术、工程所带来的改变,帮助他们将对技术和工程的认识上升到新的高度,理解技术应用会带来某些不良的影响,树立正确的技术观。从小学到初中,对技术、工程问题解决的要求逐渐提高,这也突出了开放程度的变化,生活化的技术与工程内容随着学生认知水平的发展不断深入,形成更为开阔的意识形态,认识技术、工程的利弊,这有助于学生从整体上把握科学本质。

(二)内容选择的基础性

内容选择的基础性是由学生感性的生活经验决定的,在同化和顺应儿童概念图式的同时,应激发学生利用技术和工程解决实际问题的兴趣,探索工程设计的意趣,并为发展其科技素养奠定基础。因而,内容选择一般是一些公认的技术史实、科学概念,并且这些内容有利于科学素养的养成。例如,通过检索、阅读各种资料,分析工程师和发明家的研究过程;尝试将周围简单科技产品分解,了解其各部分之间的功能;通过按图装配、按流程完成等程序性说明书,完成一架玩具飞机的组装,讨论设计图、说明书和成品之间的关系等。这些内容都是让学生对技术应用、工程设计流程有基本的认识。

(三)内容呈现的可探究性

基础性的内容不应当过分地强调科学概念,要求年幼的学生达到理解大概念的水平是不符合认知发展规律的。因此,技术与工程内容选择的可探究性就显得尤为重要,《标准》对科学探究目标要求之一是初步了解分析、综合、比较、分类、抽象、概括、推理、类比等思维方法,发展学习能力、思维能力、实践能力和创新能力,以及运用科学语言与他人交流和沟通的能力。因此,关于技术与工程内容的活动建议也是最大限度地利用观察、调查、参观、制作、谈论、收集资料等过程,让学生在制作与设计、操作与实践、改进与创新等活动中学会技能,理解跨学科概念,达到探究活动的既定教学目标。

对科学探究能力的训练一直是课程标准显性关注的问题,《标准》要求学生体验科学技术对个人生活和社会发展的影响,使学生体会到"做"的成功和乐趣,并养成通过"动手做"解决问题的习惯,并在具体的内容目标中有所呈现。例如,区分生活中常见的天然材料和人造材料,认识生活中保温、防霉、防锈等技术的应用;知道工程设计的基本步骤包括明确问题、确定方案、设计制作、改进完善等;从经济效益、社会效益、环境效益等方面评价某个工程设计,并提出改进和完善建议等。基于内容的探究能力的培养必须结合科学方法的学习,就技术与工程内容而言,《标准》中活动建议提倡的方法包括观察、测量、设计、模拟等。同时,技术技能和科学方法应该在探究活动中以观察、调查、实验、收集资料、数据分析、表达交流等形式操作,形成探究能力。

三、技术与工程内容的教材编排特点

不同的编写思想、编写理念常常造就不同的教科书编排特点,即使科学教材都尽可能地按照课程标准的要求编写,由于不同编写者对内容选择、教材组织、呈现风格采用不同的方式,每个版本的教材当然也有自身的编排特色。虽然如此,但针对"技术与工程"学习内容,仍有一些可循的共同特征。

(一)基于学生原有经验,注重技术应用、工程设计的典型性与完整性

儿童的科学学习活动具有明显的年龄特征,无论是从知识层面考虑还是从技能训练层面考虑,对科学课程的学习都应该依据学生的原有经验。他们对身边的一些技术应用具有感性的认识,认识的不完整性和选择性为引发学生的工程设计兴趣提供了切入点。科学课的学习在帮助学生把握具体事物和现象的同时,让他们在体验和理解中构建最基本的技术认识和工程设计过程,同时掌握技术与工程的基本技能,以便从体验中真切地培养科学素养。以教科版教学教材为例,科学课的学习在低年级段让学生使用放大镜观察校园中的树叶,并归纳植物的相同特点;中年级逐渐过渡到温度计、指南针、电磁铁等工具的使用;高年级逐渐让学生进行创意设计(如电路图,房屋供水、供暖、供电系统),由技术工具向工程设计发展。

而苏教版科学教材在小学一年级第一学期就让学生树立工程设计的思想,设计了"像工程师那样"进行专项学习,让学生体验工程的核心在于设计,通过认真观察、善于思考、动手制作成为一名小小工程师。与苏教版不同,教科版科学教材引入技术与工程内容的落脚点是技术应用(如使用工具),苏教版科学教材从工程设计着手,直接阐明工程设计的核心是设计,让学生在自主设计、制作中体验工程设计过程。

但无论如何,技术与工程的内容编排满足了儿童的好奇心,迎合了他们心理和生理发展需要来安排活动种类和活动方式,不仅从小学生原有经验出发,更重要的是让学生明白科学课中的技术与工程到底是学什么,激发学生学习科学课的兴趣。在激发学生学习科学课兴趣的同时,让学生明白技术与工程设计的过程、学习特征也是教材内容选择的参考要素,苏教版正是基于此设计了"像工程师那样"的主题活动。

(二)设计、建模等方法与探究过程有效结合

设计是技术与工程科学研究的主要方法,同时也是技术与工程领域内容教学的重要方法。就教学过程而言,可认为设计的方法是一个需要考虑众多工程流程的方法群。基于设计的教学必须要先进行原型设计,根据需要探究的问题和教学目标,运用有关科学知识原理,确定设计过程中的材料、手段、方法、步骤等。建模是以建立模型来解释原型的形态、特征和本质的方法,是逻辑方法的一种特有形式。模型可分为实物模型、模拟模型、思想模型、数学模型等,技术工程教学多使用的是实物模型、模拟模型和思想模型。

设计和建模等方法在技术与工程内容领域的教学中被广泛使用,如指导学生通过设计和制作一件作品或产品,了解设计作品、完成项目的基本过程。掌握设计和建模的方法并与探究过程结合起来,体现科学学习的学科特征,这才是体验式的设计学习过程,才能改变以前科技制作中过分强调操作和知识的倾向。如教科版科学教材在介绍显微镜的使用之前介绍了放大镜,描述了使用多个并列的放大镜可以将物体放得更大,并基于此介绍显微镜的使用。我们从其编排设计可以发现,实际上整个过程是一个基于操作的探究过程,并且活动内容是逐渐开放的,精密的显微镜的使用是基于简易的放大镜的操作要领,这样的编排不仅体现了知识和技能的螺旋上升建构,更考虑了探究活动设计的可持续性。苏教版科学教材在体现每个年级的科学探究过程技能时会考虑设计和建模的方法是否适用于某个专题中的技术与设计内容,这时的设计和建模方法以一个环节连接起了探究技能和体验活动。

(三)体现STSE教育理念

STS教育是STS理论在教育领域的反映,学者对STS教育达成的普遍观点是:STS教育是体现当代科学教育理念的,以体现科学、技术和社会的相互关系和科学、技术对社会影响而组织实施的学校和社区教育。随着科学技术的发展,保护人类赖以生存的环境已成为当今社会发展的重大课题,环境教育(Environment Education)也成为公民科学素养教育的一个重要组成,因此,美国在1996年颁布的《美国国家科学教育标准》中提出STSE教育观念。随后多数国家在制定课程标准或教学大纲时将STS进一步发展为STSE教育思想。[①]

在学校实施STSE教育的一种形式是将STSE教育理念通过课程的形式展示出来,在一些发达国家,体现STSE课程的教材已陆续出版。学校教育中体现STSE教育理念的课程还是主要融入科学教育中,科学教科书中的STSE内容是展示STSE教育的一个显性指标。经全国中小学教材审定委员会初审通过的教科版科学教材(修订版)有关STSE内容如表10-1所示。

---

① 陆真,林菲菲,魏雯.加拿大科学教育中STSE理念及在化学教材中的体现[J].外国中小学教育,2007(1):56-59.

表 10-1 教科版科学教材有关 STSE 内容

年级	单元名称	内 容	分 类
3	我们周围的材料	塑料的循环使用	技术与生活
	我们周围的材料	材料与环境	技术与环境
	我们周围的材料	怎样辨别常见的有毒无毒塑料制品	技术与健康
	磁铁	辨别方向的新工具——GPS全球定位系统	技术发展
	磁铁	磁悬浮列车	技术与工业
4	天气	获得更多的天气信息	技术与生活
	溶解	清理海面溢油	技术与环境
	声音	远离噪声、控制物体发声	技术与生活
	电	教室里电器设备的绝缘材料	技术与生活
	食物	储存食物的方法	技术与健康
	食物	食物包装上的信息	技术与生活
	岩石和矿物	保护岩石和矿产资源	资源与工业
5	光	城市里的光污染	技术与生活
	地表表面及其变化	减少对土壤的侵蚀(措施)	技术与工业
	热	啤酒、饮料瓶不加满	技术与生活
6	形状与结构	桥的形状与结构	技术与工业
	能量	节约能源,寻找新能源	技术与工业
	生物的多样性	生物多样性的意义	技术与环境
	微小世界	微生物与人类	技术与环境
	物质变化	物质变化与人类	技术与生活
	环境和我们	环境问题与我们的行动	技术与环境

教材中有关STSE内容的组织是依附于科学探究和知识框架的,主要有5种存在形式:出现在章末的"资料库"中,以整章的形式,以一小节的形式,以问题调查的形式,以问题(即自主调研)的形式。其中大部分内容出现在"资料库"中。以章的形式设计的STSE内容可以看成是压缩的、主题鲜明的STSE课程,这种主题鲜明的内容设计主要体现与人相关的主题,一系列的社会问题是其编写线索,如表10-1的"环境和我们"。这种STSE主题设计中,知识让位于社会问题,知识是为解决社会问题服务的,选择的社会问题有时是生活中亟须解决而又需要持续参与的问题,有时是过去科学技术史上的重大问题。

相比"章"的形式而言,其他STSE内容设计更像是一系列的"小点"散落在探究活动和知识中,其目的是提醒教师帮助学生从社会的视角看待科学和技术,要求他们联系社会去思考知识。这时的STSE内容是浅显的,STSE主要是对知识的发展和补充,表10-1的大部分STSE内容是这样的。

【问题讨论】

1. 如何理解技术与工程内容结构既是完整的,又是开放的?
2. 《标准》中"技术与工程"内容的选择是否具有代表性?依据是什么?

第三节 技术与工程领域内容的教学策略

(1)了解技术与工程领域内容的教学理念。
(2)学会并能应用技术与工程内容的教学策略。(重点,难点)
(3)理解技术与工程的一般教学过程。(难点)

一、技术与工程领域内容的教学理念

(一)基于工程设计理解科学概念

依据《标准》中的活动建议,小学科学课与其他课的重要区别之一是,很多情况下学生要通过动手做来学习科学,比如,做实验、制作模型、观察、测量、种植与饲养等,这些活动不仅是学生喜欢的学习方式,也是学生理解科学概念的重要经验支撑。《标准》还指出,动手不应是纯粹的操作性活动,还应与动脑相结合。因此,把概念教学统一于观察、制作、设计等科学探究过程之中,将其有机地融合在一起是理解技术和工程基本事实的有效途径。例如,在主要概念18"工程技术的关键是设计,工程是运用科学和技术进行设计、解决实际问题和制造产品的活动"中,有作图、观察、设计、调查、制作,而且这些活动是镶嵌在相关知识的形成和理解之中的。

技术与工程领域内容教学所体现的概念教学和探究科学特征,不仅能促进学生对概念的形成过程有亲切的实体感受,让学生形成概括的、整体的概念,还能从技能拓展的角度发展学生的学习能力、分析和解决问题的能力,培养其创新精神和时间监控能力。

(二)重视探究过程与掌握科学方法相结合

方法是对内调控的技能,它涉及的概念和规则反映了人类自身的认识活动规律,这些概念和规则可以通过反省认知的运用来把握。[1]科学探究能力的形成依赖于学生在学习和探究活动中掌握的各种科学方法,在教学时,教师应该利用技术与工程中的知识内

---

[1] 陈刚,汤清修.科学课程"过程与方法"目标及教学[J].教育科学研究,2010(5):46-49.

容让学生从实际经历的认知活动向探究活动中经历的认知活动过渡,并从中发现使用的工程设计方法、技术使用技巧,使学生明晰各步骤、各种方法之间的联系,同时尽力做到在以后的探究活动中主动采用该种方法。

技术与工程领域自身形成了独特的研究方法,其操作程序包括需求分析、问题界定、创意形成、原型设计、产品测试、分享等,这与探究过程的基本程序是相统一的。因此,探究过程中重视和运用科学方法,具体到技术与工程内容,就是通过需求分析、问题界定、创意形成、原型设计、产品测试、分享等过程学习技术技能和方法。如果工程设计过程离开了动手动脑、亲身实践的方法论基础,其过程就显得毫无生气。科学方法一方面使探究过程更加充实,另一方面也使学生在探究活动中习得一些简单工具的使用方法,掌握初步的学科方法论特征,这是科学素养必不可少的组成部分。

教学案例:融入3D打印的技术与工程教学过程

(三)彰显活动的开放性

小学科学学习提倡科学探究这种学习方式,这决定了过程和方法上的开放性。依据《标准》对技术与工程内容的主要概念,我们可以从科学问题探究、科学项目探究来构建开放的课堂。

在学校课堂里探究的问题一般是科学课程的重点内容,这种探究活动一般具有这样的特点:内容范围相对较窄,知识结构相对完整;知识是索引性的,可以对知识拓展或为以后深入学习做准备;遴选的是主题领域的核心知识或概念,需要专门对其探究;是阶段性主题知识的重难点,对以单元为结构划分的知识有深化和提高作用。教学活动主要是在课堂中进行,由于教学课时的限制,课堂里的科学问题探究一般是简化的,但一般性的探究模式有据可寻,即是工程设计的一般过程,学生历经问题、想象、计划、创造、改进、产品测试等工程设计过程,实现问题解决能力、创造力、合作交流能力等高层次思维的发展。如通过使用杠杆、滑轮、轮轴、斜面等简单机械,体会机械能够省力,工作更加方便;在生活中寻找常见的简单机械的应用实例,观察简单机械装置的结构和作用,运用杠杆、滑轮、齿轮等简单机械装置的传递改变力的大小等。

作为项目的技术与工程活动整合的学科内容较为宽泛,常常涉及跨学科的知识和技能。同时,由于学生年龄和认知水平特征,在低年级难以实施,但对于小学高段的学生,项目式的探究活动是可行的。例如,在"区别纸与塑料"活动中,拿出两块从表面上看极像的塑料和纸,先让学生猜一猜"这两种材料各是什么",然后商议"你有什么办法识别哪块是塑料,哪块是纸"。有的学生会说用火烧,有的学生会说用水浸泡,还有的学生会说撕撕看。接着,可以让学生按各自的办法进行活动,得出结果,科学地区别纸与塑料。这样,学生接受某些科学方法和概念时,同时达成有意义的认知构建,以调查和设计进行项目式的探究。

二、技术与工程领域内容的教学策略

自1964年Taba等正式提出教学策略(Teaching Strategy)概念以来,教学策略已发展成心理学、教育学和教育技术学等诸多领域共同关心的课题。教学策略有助于实现教学目标和适应学生学习的需要,依据特定的教学情境采取不同教学行为方式或教学活动方式,帮助学生达成对概念的理解和能力的培养。教学策略的多视角研究已形成多个划分标准,如从研究对象划分为客体教学策略、对象教学策略、主体教学策略;从教学场所划分为课堂教学策略、社区教学策略、网络教学策略;从教学活动构成要素划分为方法型、内容型、方式型和任务型等4种类型的教学策略。针对小学科学课程中技术与工程内容教学的特殊性,我们着重介绍基于技术与工程概念理解的教学策略、工程设计教学策略。

(一)基于技术与工程理解概念的教学策略

学习环模式认为科学学习或教学过程是探索、概念介绍和概念应用3个前后相连的阶段循环。随着对学生生成学习的脑研究,已从学习科学的角度归纳学生获得科学概念的过程,并且强调认知冲突、概括和迁移的整个动态过程,依据学习发生的内在机制去构建新概念。下面主要从技术与工程教学分析基于理解概念的教学策略。

(1)对技术操作、工程设计要领的归纳概括。抽象、概括包括正确处理共性与个性的矛盾,抽象的目的是降低事物之间的复杂程度,经概括得到普遍性的概念,从而使学生能够从宏观的角度来了解许多特定的事物,把握事物的本质。对科学概念的抽象、概括,实质上是发展学生自我调控概念学习的能力,以使其在自主学习产品设计时,尽管新概念与原有知识有一定差异,学生可以同化新概念,凸显出新概念的本质特征。

(2)认知冲突有助于激发设计的灵感。认知冲突是对学生头脑中已有的有关科学"朴素理论"的修订,通过设计、讨论、讲解、观察等方式,一些与经验相冲突的设计可以激活学生的探究兴趣,但更重要的是,让学生意识到已有知识与新知识之间的矛盾和冲突,激发学生自我调控学习的意识和能力,促使设计过程朝着创新的方向发展。

(3)对技能的迁移运用。迁移运用必须建立在对原有技术应用、工程设计的理解上,并需要元认知提供策略。迁移不仅是对技术与工程教学评价的反馈,而且是学生自我调控的一种表现。一些学习困难的学生需要额外的时间来进行产品设计,并理解相关科学概念,教师应当给予学习困难的学生宽容和鼓励,让其形成强烈的内部学习动机,使得解决问题成为一种强烈的学习愿望。

(二)工程设计教学策略

技术与工程领域搭建的探究活动大部分以项目式的内容为主体,主要是为了让学生更好地理解概念和规律,同时掌握本领域一般的设计技能和工程方法。这一过程与一般的科学探究教学是不同的,一般的探究教学以操作为主,而工程设计教学在凸显操作的同时还必须与探究过程结合起来,单纯抓探究过程或操作步骤都是对科学探究教学理念的曲解,为此,我们可从3个方面来构建工程设计教学策略。

(1)阐述可行的设计方案。在引导学生形成一个可探究的问题以后,应该让学生提出相应的检验方案,即计划。计划应包括解决问题所需要的器材、工具,可操作的程序和过程,具体的设计、操作步骤,预想的产品特性与用途等。学生提出不完整的设计方案时,教师要给予及时的反馈,对操作进行延伸教学,让其成为可行、易操作、方法适当的设计。

(2)采用逐渐开放的指导。工程设计教学的构成要素包括教师、学生、项目活动的选择以及活动的完整度。用三维图表示项目活动的选择与年级、活动的完整度、教师指导强弱的关系,如图10-1所示。

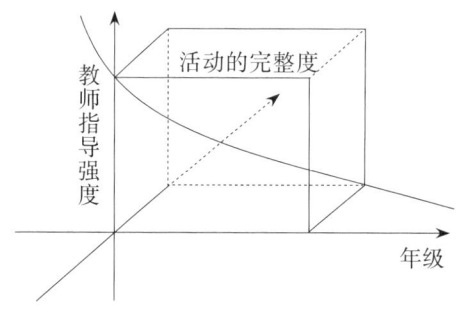

图10-1 年级、教师指导程度、技术与工程教学活动的完整度之间的关系

即随着年级的增长,项目活动中教师的指导力度减弱,而探究活动愈发完整,训练的设计技能也越来越复杂。最初的工程设计教学可能是教师一步步操作指导的,对整个设计过程的分析也是指导性很强的,即学生的学习是在讲授指导下的接受学习。下一阶段,从对工程设计和操作的模仿到独立的设计和分析,逐渐增大项目内容的独立性,让学生自己设计和操作。当然,独立的项目活动目标应当是明确的,应避免对学生造成设计的困难,使学生失去探究兴趣。

(3)工程设计过程与探究式教学结合。设计是技术与工程领域进行探究的基本方式,也是中小学科学教学理念与时俱进的产物,但设计过程只是探究式学习的一种形式和途径,完整的探究过程远远不止是工具的操作和产品设计。因此,工程设计教学在培养学生操作技能、创新能力的同时,也要重视探究过程本身的训练,在设计过程中指导学生树立良好的科学态度,避免流于仅仅重视产品。

三、技术与工程领域内容的教学案例

【教学案例】

"晶彩"小课堂——针孔照相机互动体验

1.提出问题

如果你已经厌倦光圈、快门"咔咔"的傻瓜式拍摄技法,想要了解照相机的原理,那么针孔照相机将带你走进光感原理的科学世界。

2.猜想与假设

想一想:针孔照相机的原理是什么?

在光线较暗的屋子里,把一支点燃的蜡烛放在一块半透明的塑料薄膜前面,在它们之间放一块钻有小孔的纸板。由于光沿直线传播,塑料薄膜上就出现烛焰的倒立的像。这种现象叫作小孔成像。针孔照相机就是利用小孔成像原理制成的。

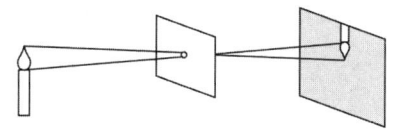

图 10-2 小孔成像

3.设计与创造性设计

做两个可以套在一起的硬纸筒,在外套筒的前端蒙上一块黑纸,黑纸上穿一个小孔(直径约1毫米)。在内套筒的一端蒙上半透明的塑料薄膜。让小孔对着屋子外面明亮的物体,塑料薄膜上就形成室外物体倒立的像。前后拉动内筒,像的大小和明亮程度就随之变化。

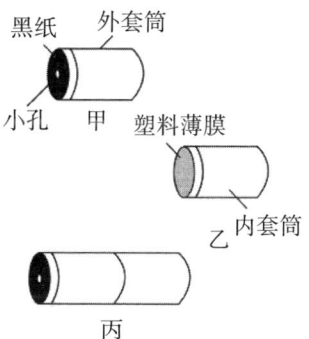

图 10-3 针孔照相机

4.测试

在引导学生探究"针孔照相机"的制作之后,学生通过收集、比较、分类、制作已对其原理有所认识。在实施过程中,可能会发现模型的问题,如针孔照相机对光线要求较高等,都会促使学生进一步改进模型,以达到良好的使用效果。

5.评价反思

引导学生发现针孔照相机与日常生活真实使用的照相机的区别与联系,发现运用科学原理与制成合格产品之间的区别和联系,树立正确的工程思想。

案例评析:"晶彩"小课堂——针孔照相机互动体验

本章小结

本章从技术与工程在小学科学教育中的价值入手,重点对技术与工程领域内容教学目标及其教学策略的选择进行了探讨。小学科学课程中技术与工程领域的教学在于培养学生的跨学科综合能力,促进对科学技术的理解、注重创新精神的发展。教学理念强调基于工程设计理解科学概念,重视探究过程与掌握科学方法相结合,彰显活动的开放性。基于上述教学理念从技术与工程概念理解、工程设计教学两个方面阐述了教学策略。小学科学课程对技术与工程的关注是对当前STEM教育理念的积极回应,其最终的教学目的是通过技术应用和工程设计培养学生的批判性思维、创造力、决策思维以及问题解决能力。

【思维导图】

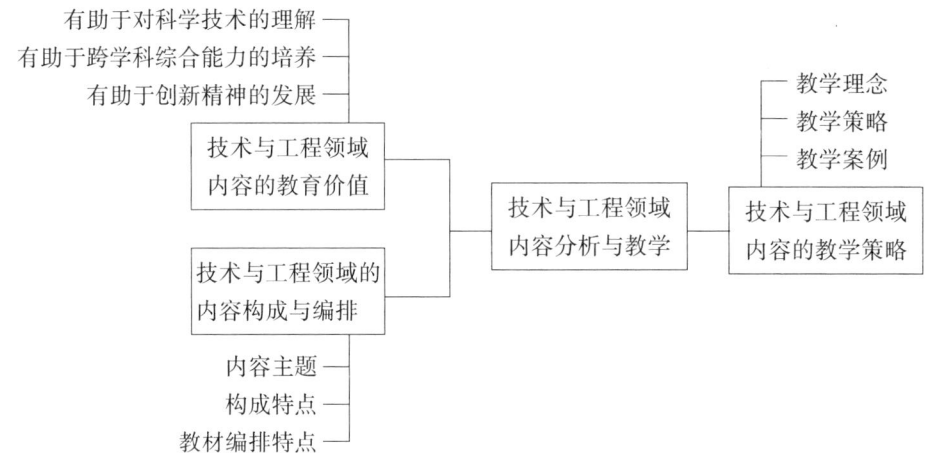

【思考与实践】

1.分别选择苏教版科学教材、教科版科学教材、翼人版科学教材中有关技术与工程领域的教学内容,写出其教学目标,并比较异同。

2.分析苏教版科学教材、教科版科学教材、翼人版科学教材中技术与工程领域相同的内容,从内容的呈现方式、编排方式等方面比较异同。

3.查阅并整理杂志《科学课》中有关技术与工程领域内容的教学案例,从教学目标、教学理念、教学策略、科学探究过程等方面评析该案例,并设计改进后的案例,与同学和教师交流。

【学习评价】

评价维度	评价内容				
	评价标准	评价等级			
		A	B	C	D
知识与技能	理解技术与工程领域的教育价值、内容、特点、教学策略				
过程与方法	能基于技术与工程教育理念设计具体的教学活动;掌握技术与工程领域内容教学方法				
情感、态度、价值观	理解技术与工程对人类社会发展的多面性,树立正确的技术观,能基于热点技术问题进行技术与工程内容的教学				

【推荐阅读】

1.［美］凯瑟林·库伦.科学技术与社会——站在科学前沿的巨人［M］.上海:上海科学技术文献出版社,2007.

2.陈敏,郑思晨.STEM+活动设计与体验(第二进阶)［M］.上海:上海教育出版社,2018.

3.陈钱钱,赵国庆,王晓静.科学工程实践、跨学科概念与学科核心知识的整合——从《下一代科学教育标准》视角看WISE项目［J］.远程教育杂志,2018(2):29-36.

第十一章
基于信息技术的小学科学教学

21世纪信息技术对教育的影响是不可估量的。它不仅带来教育形式和学习方式的重大变化,更重要的是对教育思想、观念、模式、内容和方法产生深刻的影响。

——陈至立

视觉经验对学习的影响比其他各种经验都强得多。

——美国教育协会视听教学分会

信息技术与教学的深度融合是当今教育改革和发展的大趋势,包括我国在内的多国政府颁布了适合本国国情的信息技术与教学整合指导性政策,以促进其发展。例如,2018年4月,教育部印发了《教育信息化2.0行动计划》。在我国基础教育中,信息技术与小学各个学科的教学活动进行整合。近几年来,小学科学教学活动在与信息技术整合发展过程中,已经初步形成了具有我国特色的信息技术与小学科学教学整合模式。因此,我们需要对小学科学信息化学习环境,信息技术与小学科学教学整合的含义、原则、途径和类型有所了解和认识。

第一节　信息技术与小学科学教学概述

(1)了解小学科学信息化学习环境的构建及其作用。
(2)理解信息技术对小学科学教学的价值。(重点)

一、信息技术与小学科学信息化学习环境

(一)信息技术的含义

1. 信息技术的定义

从20世纪50年代起,信息技术高速发展,推动人类社会进入信息时代。对于信息的定义,由于角度的不同,人们对信息的认识是不同的。《韦氏词典》认为"信息是用来通信的事实,在观察中得到的数据、新闻和知识"。申农定义信息是"在通信的一端精确地或近似地复现另一端所挑选的信息,至于通信的语义方面的问题与工程方面的问题是没有关系的"。

信息技术(Information Technology,IT)的定义有广义和狭义之分。广义的信息技术是指完成信息的获取、传递、加工、再生和使用等功能的技术。狭义的信息技术是指人类处理信息的技术,是计算机技术、计算机与通信,以及计算机、通信与控制的总称。

2. 信息技术在教学中的应用

信息技术的发展越来越迅速,在社会各个方面的应用也越来越普遍。信息技术在教育中的应用引起了"第四次教育革命"。而且相较于专业教师出现的"第一次教育革命"、文字体系出现的"第二次教育革命"和印刷术出现的"第三次教育革命",在"第四次教育革命"中,信息技术在教育领域的应用使得教材多媒体化、教育更加个性化和多样化。

目前,在教育中常见的信息技术包括:多媒体技术、计算机网络技术、虚拟现实(Virtual Reality)技术和人工智能(Artificial Intelligence)技术。[1]信息技术在教学中的应用不仅仅是指软硬件环境的改变、教育资源的丰富,它的发展还推动了教学各方面的改革,对教学过程、学习方式和教育模式都产生了深远的影响。在教学过程中,信息技术为教师开展新的教育模式提供条件,使其在教学过程中有更广泛的选择余地和发挥空间。

在发达国家,信息技术在教学中的应用经历了CAI(Computer Assisted Instruction,计算机辅助教学)阶段、CAL(Computer Assisted Learning,计算机辅助学习)阶段、IITC(Integrating Information Technology into the Curriculum,信息技术与课程整合)3个阶段。[2]其中,计算机辅助教学和计算机辅助学习都是直接使用计算机技术辅助教学和学习活动的开展。和这两个阶段相比,信息技术与课程整合阶段强调了信息技术是用来营造信息化的教学环境,用以支持教学过程中情境创设、启发思考、信息获取、资源共享、自主探究、协作学习等教学和学习方式,从而达到"教师为主导、学生为主体"的双主教学模式。

而在我国"第四次教育革命"中,现代信息技术在教育中的应用则分为4个动态的发展变化阶段——"起步""应用""融合"和"创新"。[3]其中,信息技术在教学应用的"起步"

---

[1] 闫志明,宋述强. 信息技术教育应用的理论与实践[M]. 北京:高等教育出版社,2017.
[2] 何克抗. 信息技术与课程深层次整合理论[M]. 北京:北京师范大学出版社,2008.
[3] 李玉斌. 现代教育技术实用教程[M]. 北京:高等教育出版社,2006.

阶段中,教师依然是教学活动的主体,只是信息的传播渠道更加多元化和多媒体化。到了"应用"阶段,教师开始利用计算机技术改变教学方法,提高教学效率。而进入信息技术与教学"融合"阶段后,教师将信息技术与课堂教学充分融合,逐步形成了"教师为主导,学生为主体"的教学模式。最终,当信息技术全面融入教学过程中时,则进入"创新"阶段。在"创新"这一阶段中,信息技术在教学中的应用开始改变教学模式,重构学校的组织结构。因此不难发现,我国的信息技术在教育中应用的4个阶段并不是完全以国外CAI、CAL和IITC的阶段进行区分的,而是有所交叉融合,同时有所侧重。

(二)小学科学信息化学习环境的建构

科学探究活动是小学生学习科学知识的重要途径。根据我国2017年颁布的《标准》,小学科学教学倡导探究式教学,即在让小学生熟悉科学研究活动的过程中,教师需要尽可能地为其提供足够多的事实和数据。科学探究活动是指通过查阅同行的研究成果和相关资料,观察大量事实数据信息,从中找到事物及其变化的规律并解释规律,最终进行成果的交流和发布。在整个过程中,最重要的是观测大量事实与数据信息。但是,由于传统课堂教学过程受到工具、资源和时空等的限制,导致小学生难以获得足够的数据信息以支撑其开展科学探究活动。

利用信息技术构建的信息化学习环境帮助教师通过多种信息传播途径演示科学活动过程,方便学生进行观察。小学科学信息化学习环境丰富了教师的教学手段、课题组织形式、师生交互方式,从而有效地提高了小学生科学的学习效果。随着"互联网+"技术的迅猛发展和应用,产生了"互联网+科学教育"的教学模式,它使得科学学习活动更接近真实的科学探究过程,更加科学化,便于学生对科学活动进行重演、深加工、精加工与多维度加工,以实现科学的深度学习。[1]信息技术改善了小学科学学习环境,提供了理想的硬件环境、软件环境和人文环境,新学习环境的构建使得人的感官可以在同一时间接收到同一信息源的信息,从而启发和创新了教师的教学思维,提高了教学的效率。同时,增强了学生的学习效果并提高了他们的学习兴趣,培养了他们的思维能力。

信息技术为小学科学学习创设了信息化学习环境,这种学习环境包括6个方面。

(1)帮助教师和学生从大量、烦琐的手工工作中解放出来,便于其开展思考、讨论和成果展示,从而提高工作效率。

(2)增强学校科学知识与《标准》科学知识的联系。

(3)通过即时、视觉的反馈支持科学教学的探索和实验。

(4)控制科学实验过程。

(5)多媒体软件支持和重复"虚拟科学实验"活动的开展。

(6)利用计算机控制的虚拟实验、数字记录设备、显微镜对实验过程进行分析。

建构小学科学信息化学习环境时,教师需要具备获取和加工多媒体素材资源、制作

---

[1] 袁从领,母小勇.论"互联网+科学教育"的教学模式创新[J].课程·教材·教法,2018(8):92-98.

多媒体课件、正确使用新型教学模式等能力。信息技术为小学科学教学提供信息化学习环境的同时,科学教师的教学模式和方法也产生了相应的变化。常用的信息化教学模式有情境化教学模式、基于问题学习的教学模式、Web Quest教学模式、基于网络协作学习的教学模式和实验探究教学模式。①

二、信息技术对小学科学教学的价值

资料卡片:"互联网+科学教育"

(一)促进学生有效学习:全新的信息化学习方式

学生的有效学习是指符合教学原理,能够花更少的时间,学到更多知识的学习。余文森教授指出学习的有效性要从学习速度、学习结果和学习体验3个维度来进行考量。其中,学习速度是指学生学习特定内容所需要花费的时间;学习结果是指学生在学习后所发生的变化、进步和取得的成绩;学习体验则是指学生在学习时的"过程兴趣"(伴随)和"结果兴趣"(生发)。前两项指标可以根据时间和成绩两项指标来考量,学习体验则是由学生学习过程中的状态(生机勃勃还是愁眉苦脸)以及学习后的获得感来评价。

我国小学科学教学的目标是提高小学生的科学素养,包括引导学生建构科学知识、培养他们的科学精神和科学态度、使其掌握科学方法。其中,科学知识是指科学事实、概念和解释性理论,它包括内容知识、程序性知识和认知性知识3类。②科学素养是作为一名具有反思力的公民能够运用科学思维参与相关科学议题的能力。科学态度是学生对科学技术、科学探究方法和环境事件等一系列看法,包括科学兴趣与环境意识等。

在全新的小学科学信息化学习中,常用的有效学习方式有3种。

1. 探究式科学学习

《标准》明确指出提倡使用探究式教学方法。这是因为科学探究活动涉及学生多种能力的培养,包括提出问题和假设、制订计划、制作与创造、观察与实验、表达与交流等。信息技术提供了网络搜索、在线交流、课件模拟等多种方法,使得小学生开展探究式科学学习更加高效。作为国内外公认的科学学习的有效学习方式,探究式的科学学习方式能够有效提高学生的学习速度和学习结果,与此同时,学生通过自主地进行观察、实验、交流等活动,也提高了其学习体验。

2. 项目式科学学习

基于项目的科学学习是一种以学生为中心的学习方式,以项目的形式推动学生主动开展科学探究、学习科学知识。项目的开展一般由几位学生形成小组共同完成,学生小

---

① 孙雪冬.现代教育技术与小学科学教学[M].北京:高等教育出版社,2009.
② 潘士美,张裕灵,李玲.义务教育学生科学素养及其关键影响因素研究——来自PISA、TIMSS和NAEP的国际测评经验[J].外国教育研究,2018(10):76-87.

组通过完成真实的任务来发展小组成员的科学知识和科学方法技能,提高科学素养。信息技术为开展以学生为中心的项目科学学习提供了新资源和环境。小学生在这种基于项目的学习过程中通过完成项目,达到一定的学习效果,整个学习状态是生机勃勃的。

3. 学生自主科学学习

自主学习是指学生在教师的指导和带领下,自主地完成知识建构的过程。开展自主的科学学习,既可以是以小组为单位进行协同学习,也可以是小学生自我开展实验等活动来收集信息,完成知识的构建。信息技术在小学生自主开展科学学习活动中发挥着重要的促进作用。在信息化环境下,教师根据学生的特点和科学学习的内容设计课程,学生可以花费较短时间构建新知识,获得较好的学习效果。而且在信息技术的支撑下,学生体验到科学学习的乐趣,获得较高的过程兴趣和结果兴趣。最终学生在自主科学学习的过程中体会到学习的快乐,进而激发他们养成科学学习的习惯和开展终身科学学习的意识。

国内外研究结果表明在小学阶段,学校的信息化程度将直接影响学生在科学学科的学习效果,信息化程度越高,带给小学生在科学学习中的影响越积极。[①]具体原因可归纳为4点。

(1)通过信息化学习方式提高小学生的科学思维水平和能力层次。信息和多媒体技术在小学科学课堂上的使用,帮助小学科学教师将抽象的知识直观化、形象化,从而有助于小学生理解和接受。

(2)通过信息化学习方式激发小学生学习科学的动机。信息和多媒体技术在小学科学中的应用使得实验过程可视化、课堂资源网络化,有利于学生自主获取学习的信息和资源,进而激发其学习的动机。

(3)信息化学习方式有利于小学生获得更好的学习结果。信息技术作为一种现代化的教育和学习手段,具有形象、具体等特点,能够帮助学生掌握和突破教学重难点,获取知识,取得学习的进步。

(4)信息化学习方式有利于培养小学生学习科学的兴趣。学生在学习过程中的兴趣主要涉及过程兴趣和结果兴趣。在小学科学教学中,整合信息技术可以为学生创设出有吸引力的学习情境,激发学生的过程兴趣和结果兴趣,进而提高小学生在科学教育中的学习兴趣。

(二)促进教师有效教学:全新的信息化教学方式

有效教学是指既能促进学生发展又能促进教师自我成长的教学,其主要指标涵盖了学生的改变——学生的综合素质得到明显提高,教师的改变——教师的角色发生变化,课堂教学的改变——课堂充满活力。具体来看,学生综合素质的提高是指学生的学习能

---

① Hu X., Yang G., Chun L., Frederick K.S.L. The Relationship Between ICT and Student Literacy in Mathematics, Reading, and Science across 44 Countries: A Multilevel Analysis[J]. *Computers & Education*, 2018(125): 1–13.

力、动手实践能力、质疑创新能力等得到明显的提高。教师的角色变化则是指教师从单一的知识传授者变成课程教学的合作者和研究者,即教师在为学生提供平等、民主、科学的课堂氛围的同时,也需要参与课程的研究与开发。课堂充满活力要求教师在教学过程中注重知识、技能、过程、方法、情感、态度、价值观的有机整合,关心学生在学习过程中的体验,提高学生的学习兴趣,促进其积极主动参与到学习活动中。

对于小学科学有效教学,20世纪40年代至60年代,美国哈佛大学兰本达教授提出"基于探究的小学科学有效教学"——"探究-研讨"教学法,就是要让小学生通过对自然事物的观察、描述、互相交流感受和解释,在思想上形成认识对象的模型,然后在实践中加以检验,从而找出各种现象之间的联系,形成对自然界的理解。"探究-研讨"教学法和我国目前小学科学标准中提倡的探究式教学在本质上是一致的。我国教育学家陶行知也认为儿童的科学创造力需要教师的精心培养和开发,需要教师引导学生自主学习科学知识,创造条件发挥儿童的主体作用,促使其在科学学习过程中主动探究。

信息技术能够从教学活动设计、课程资源和情境化教学等多方面优化小学教师的有效教学。

(1)信息技术丰富了小学科学教学资源。由于科学课程具有开放性的特征,在小学科学教学中,教师和学生不应该局限在教室和实验室中,科学教学空间应该拓展到户外。过去,教师主要通过课本上的图片来开展户外相关教学。

(2)信息技术改变了小学科学教学模式。教师要帮助学生获得思考解决问题的能力、交流与协作的能力以及创新创造能力,这些能力都需要教师从以学生为主的建构主义学习理论出发,开展探究式等教学活动来实现。

(3)信息技术提高了小学科学教学效果。由于信息技术丰富了小学科学教学资源、改变了教学模式、提高了学生的学习兴趣,因此,同仅以教师传递科学知识的传统教学相比,信息技术在小学科学教学中的应用明显地提高了教学效果。

基于信息技术的特点和小学科学教学的最新要求,小学科学教师在教学活动中应当利用信息技术组织、引导和促进科学探究教学活动,采用信息技术参与到科学探究教学活动中,平等地和学生开展合作,应当开发和建设信息化科学课程资源,应当有创造性地使用信息技术设计科学课程。

【问题讨论】

1.信息技术对小学科学教学有哪些作用?

2.结合实例,分析小学科学信息化教学资源的开发途径。

第二节　信息技术与小学科学教学的整合

学习提要

(1)理解信息技术与小学科学教学整合的含义及原则。(重点)
(2)理解信息技术与小学科学教学整合的途径和类型。(重点,难点)

一、信息技术与小学科学教学整合的含义

《标准》有关"教学媒体建议"是"现代教育媒体及技术具有许多优势:它能将抽象的科学概念具象化,有助于学生的理解;它可以创设虚拟的问题情境支持学生的探究活动……有利于激发学生的学习动机"。认识信息技术与科学教学整合的含义是开展整合的前提。

张文杰教授等认为我国信息技术与学科教学整合主要分为"大整合论"和"小整合论"。后者等同于信息技术与课程整合,是目前国内信息技术与学科教学整合的主流观点。

南国农教授认为它是将信息技术融入课程教学体系的各个要素中,使之成为教师的教学工具、学生的认知工具、重要的教材形态和主要的教学媒体。[1] 何克抗教授是从教学环境来定义信息技术与课程整合的概念,它通过将信息技术有效地融合于各学科的教学过程来营造一种信息化教学环境,实现"教师为主导,学生为主体"的双主教学结构。[2] 由此可见,其目标是利用信息技术营造新的教学环境,整合了信息技术、信息资源、信息方法、人力资源和课程内容,生成新的教学工具、认知工具、教材形态和教学媒体,以支持"自主、探究、合作"的教学和学习方式,从而从根本上改变传统以教师为中心的课堂教学模式。从信息技术与课程整合的定义以及信息技术与课程整合的目标分析,李芒教授将信息技术与课程整合的内涵概括为以下3点:以计算机网络和多媒体技术为基础的信息化环境中实施课程教学活动;使得课程内容信息化并成为学习者的学习资源;利用信息技术改变学习者的学习方式。[3]

小学科学教学内容有关物质世界、生命世界、地球与宇宙、技术与工程四大领域的科学知识,有许多的现象、原理、规律等知识点,小学生难以理解,有些甚至无法直接观察得到。这时,信息技术的应用使得教师能够更加方便地通过多种呈现方式帮助学生间接"亲自经历",达到更好的教学效果。

小学生身心发展的不平衡性、阶段性和顺序性,使其在学习过程中更能接受直观和

---

[1]南国农.教育信息化建设的几个理论和实际问题(上)[J].电化教育研究,2002(11):3-6.
[2]何克抗.信息技术与课程深层次整合理论[M].北京:北京师范大学出版社,2008.
[3]李芒.论信息技术与课程整合的含义、意义及原则[J].电化教育研究,2004(5):58-62.

形象的教学法,同时,他们对周围世界有强烈的好奇心和探究欲望,乐于动手操作。因此,如果科学教师采用信息技术和小学科学教学整合的方式有效地为学生提供直观和形象的教学,将能更好地满足其对科学知识的好奇和探究。

信息技术与小学科学教学整合是指利用信息技术来构建小学科学教学环境,整合信息资源、信息技术、课程内容等,开发教育和认知工具,从而支持教师开展以探究式教学为主的小学科学教育,支持学生进行以探究式学习为主的小学科学学习,充分发挥"教师为主导,学生为主体"的教学结构。

二、信息技术与小学科学整合的原则

国内外专家在探索和研究信息技术与课程整合时,发现有多种途径和方法,但是有些是低效或者浅层次的整合,有些是高效乃至深层次的整合。根据信息技术与课程整合的定义和三大属性,教育学和教育技术学专家提出了信息技术与课程高效和深层次整合在具体实践过程中需要遵守的六大原则[①]。

(一)运用正确的教育理论指导

正确的教育理论能正确指导信息技术与课程的整合,这里正确的教育理论主要是指建构主义。信息技术与课程整合需要从根本上转变教学结构,形成"教师为主导,学生为主体"的教学结构。强调"以学为主"的建构主义,其学习和教学理论以及其教学设计方法可以为信息化的教学提供依据。

(二)选择恰当的整合策略

信息技术与课程的整合是以建构主义教育理论为指导,构建"教师为主导,学生为主体"的教学结构,教师需要遵循教学对象的具体特征,设计多样化、多元化和多层次的整合策略,进行真实情境的创设、启发思考、信息获取、资源共享、自主探究、协作学习,从而充分调动学生的积极性、主动性和创造性。

(三)构建突出学科特点的教学模式

信息技术与课程整合有多种模式,各自有自己不同的实施步骤和方法,因此在具体整合时,需要结合各门学科的特点,既遵循相同的整合原则,也应当根据学科特点采用不同的整合策略,建构易于实现本学科课程整合,能够有效支撑"主导-主体"教学结构的教学新模式。

(四)增强学生动手活动

由于信息技术与课程整合遵循"以学生为主体"的教学模式,运用"教学并重"的教学

---

① 李芒.论信息技术与课程整合的含义、意义及原则[J].电化教育研究,2004(5):58-62.

设计理念,需要学生的积极参与,因此在进行信息技术与课程整合时,必须为学生提供一个发挥主体性的舞台,增加其在教学活动中的动手机会。

(五)灵活应用各种媒体技术

由于信息技术是多种技术的综合,范围十分广泛,信息化教学资源包括多媒体素材类、多媒体课件类、网络课程类和信息化学习工具类。教师和学生都需要掌握各种技术的功能和操作方法,灵活地使用各种技术进行教与学。

(六)将学生的学习成果制作为成品,并发表

学生获得学习成果后,需要将学习成果和他人交流,包括老师、同学、家长和其他人员,这是一个重要的学习环节,所以教师应帮助学生进行反思、总结和提高。和他人的交流还能提高学生的交流能力和表现能力。

三、信息技术与小学科学教学整合的途径

(一)运用先进的小学科学教学理论(特别是探究式教学理论)指导信息技术与小学科学教学整合

探究式教学是目前小学科学教学倡导的教学模式。在探究式教学过程中,通过提出探究问题、设计探究方案、实施探究方案、交流探究结论,学生最终掌握科学知识和方法,提高科学素养。

目前,常用的信息技术与小学科学教学整合的教学模式中,基于问题学习的教学模式是运用探究式教学理论指导信息技术与小学科学教学整合的代表。作为一种发展性教学的高级类型,基于问题的小学科学教学模式是将学生置于实际问题情境之中,通过组织学生组建团队解决实际问题的方式,使学生将所学知识与实际生活联系起来,在培养其学习科学知识的兴趣和主动性的同时,构建其科学知识,培养其科学素养和方法。

(二)围绕"教师为主导,学生为主体"的双主教学结构和"教学并重"的教学设计理论进行信息技术与小学科学教学整合

新课改以来,教学过程中师生关系得到了重新定位,"教师为主导,学生为主体"的双主教学结构备受推崇。"教师为主导,学生为主体"的教学结构需要"教学并重"的教学设计理论,"教学并重"的教学设计理论的最终目标是实现"教师为主导,学生为主体"的教学结构。在整合信息技术与小学科学教学时,需要紧紧围绕"教师为主导,学生为主体"的教学结构和"教学并重"的教学设计理论。

小学科学教师在基于网络协作的教学模式开展教学的过程中突出体现了这一教学

结构。基于网络协作的小学科学教学模式是指利用计算机网络及多媒体等相关技术,由多名小学生针对同一个科学学习内容开展相互协作,从而完成教学目标和学习目标的过程。它有利于小学生对科学知识的获取和保持,增强了小学生参与科学课程的参与感,培养了小学生的协作和沟通能力。基于网络协作的小学科学教学模式的基本步骤包括:引入主题,分配任务,协作学习,成果展示和评价总结。

(三)重视小学科学教学资源建设和信息化学习工具的收集与开发,灵活使用多种媒体工具

在小学科学教学中,信息化的教学资源是实现信息技术和教学整合的必要条件,同时,教师还需要使用多种媒体工具。Web Quest 模式是目前常用的小学科学教学模式。

Web Quest 教学模式是以发现学习论和建构主义理论为基础发展起来的,它是信息技术与课程整合的教学模式的一种。它提供学习中通过互联网或其他模拟资料进行信息部分或者全部交换的教学模式。学生可以通过这种方式锻炼分析、综合和评价等能力。这种教学模式的具体过程包括:引发学生参与科学学习的兴趣、教师为学生下发学习任务、教师创建新的或者利用已有资源、教师为小学生勾勒完成任务所需要经历的步骤、小学生进行学习成果展示。

(四)探索易于信息技术与小学科学教学整合的新型教学模式

根据信息技术与课程整合的原则,各个学科需要按照本学科的特点和要求,在整合信息技术与本学科的过程中,探索新型教学模式。探究式教学模式是小学科学有效教学的主要模式,小学科学教师通过在实验过程中开展探究教学整合了信息技术与小学科学教学。在小学科学教学中,探究式教学模式是指在教师的指导下,学生运用已有的知识和技能,从探索和发现的视角,通过亲自做实验来发现问题、思考问题、分析问题和解决问题。其根本目的是培养小学生的科学创新意识、创新思维和创新能力。具体的步骤有:创设情境,提出问题;猜想假设,实验设计;实验探究,分析结果;归纳总结,运用创新。

信息技术与小学科学整合常常以课件作为载体,因此,根据运行平台进行划分,信息技术与课程整合的课件可划分为单机运行的课件和网络版的课件。在与小学科学教学的整合过程中,两种课件的具体教学含义如下。

1.基于单机课件的小学科学教学

单机课件包括通过网上搜索、下载、整理即可获得的信息化教学资源,也包括教师自己设计、开发的教学资源。单机课件是通过多媒体技术辅助教师的"教"或者促进学生自主地"学",来达到教学目的的软件。使用单机课件开展教学一定要结合学科的特点,例如在讲解理工科抽象概念时,利用三维动画效果能促进学生更直观地学习教学重难点,主动探究,从而取得比较理想的教学效果。

2.基于网络课件的小学科学教学

小学科学教师通过网络开展教学即教师利用网络设计课程。基于网络的课程是指在先进的教育思想、教学理论和学习理论指导下的基于Web的课程,其基本特征包括交互性、共享性、开放性、协作性和自主性等,其中最重要、最本质的是交互性和共享性。交互性包括人机交互、师生交互、生生交互;共享性是指网络促使信息的交流更及时、开放,可以重复利用网络进行课程资源的开发和重组。计算机网络技术具有便捷性、合作性、及时性和共享性等教育特性。基于网络的教学资源是基于网络课程的重要内容。与传统的运行在单机上的多媒体课件相比,网络课件具有内容丰富、共享程度高、成本低、内容更新方便及时等特点。因此,小学科学教师在开展基于网络的课程时,需要下载或设计网络教学资源。

【问题讨论】
1. 根据小学科学教学的特点,信息技术还可以支持哪些小学科学教学模式?
2. 结合实例,谈谈基于网络的小学科学教学设计。

第三节 信息技术与小学科学教学整合的案例

理解信息技术与小学科学教学整合的模式及其特点。(重点)

一、基于网络的小学科学学习资源设计与案例

在信息技术与课程整合过程中,需要营造信息化教学环境,设计信息化教学资源是营造信息化教学环境的核心内容之一。基于网络的教学资源是信息化教学资源的重要形式之一,而在互联网时代,教师利用网络搜索、下载互联网教学资源进行设计已经越来越普遍。华南师范大学教育技术研究所针对广州市番禺区德兴小学教师设计开发了基于小学科学"生理与健康"的学习资源和探究式学习网站,德兴小学科学教师基于此网站设计出优秀的教学设计方案。本次课程设计内容是教育科学出版社《科学》三年级上册《认识食物》,学习环境包括Web教室和Internet,学习资源是"生理与健康"学习网站。

【案例探析】

认识食物

教学内容：教育科学出版社《科学》四年级下册"食物"

教学环境：Web教室和Internet

学习资源："生理与健康"的学习网站

教学过程：

一、教师使用PPT创设教学情境，引出授课新知。

二、教师布置探究式学习任务，讲授各种资源的使用方法。

三、通过教师引导和学生小组讨论，各小组选定探究主题。

四、通过教师的指导，学生在专题网站上开展食物营养成分分析和利用实验仪器进行实验并记录数据，对各组的主题进行自主探究。

五、每个小组对本小组在探究活动中形成的收获进行汇报。

六、教师提出一个新的任务——设计一份喜爱的食谱。

七、在教师的指导下，学生利用专题网站设计营养食谱，并利用营养计算工具计算食谱中的营养含量。

八、教师对每组学生的食谱设计提出修改建议。

九、学生在教师的指导下，再次利用"生理与健康"的学习网站对营养食谱的设计进行改进，同时再次计算食谱中的营养含量。

十、教师组织学生进行交流和总结。

——谢幼如.信息技术与小学课程整合[M].北京：高等教育出版社，2007.

二、基于网络的小学科学探究式学习模式与案例

探究是科学教育的本质。在1986年，英国利兹大学的研究员德赖弗提出了建构主义的科学教育思想，即儿童在探究过程中不断地对原有的观念进行修正，或者对新的知识理解进行构建。《标准》明确提出了"倡导探究式学习"的重要理念，探究式学习模式也被认为是培养学生科学素养的有效教学模式之一。基于网络的小学科学探究式学习模式强调了做中学、学中思，在探究过程中培养学生的科学素养、探究能力、批判性思维，发展其创造性和想象力，这满足了教师和学生在科学教与学活动中的需求。探究式教学作为小学科学教育的有效教学模式，其基本环节包括：提出探究问题、设计探究方案、实施探究方案、交流探究结论。

本段以澳大利亚某小学"动物教学"为案例，讲述教师在构建学生的"动物"认知时设计的教学案例。

【案例探析】

澳大利亚小学的"动物教学"——构建学生的"动物"认知

教学内容:澳大利亚小学三、四年级混合班级"动物"单元。

教学工具:多媒体计算机技术

教学过程:

一、创设情境

科学教师玛丽采用多媒体计算机技术设计出一幅本地动物园的电子旅游图,以此建立起"动物"概念框架的意境。

二、小组讨论

根据旅游图中展馆的数量,玛丽老师将学生分为若干个小组,每个小组负责一个展馆和一种动物的介绍。每个小组需要自己找资料(图片和文字),利用多媒体计算机技术进行演示。

玛丽老师帮助学生利用图书馆和互联网技术收集资料,指导学生对比分析资料的有用性和重要性。

三、集体分享

玛丽老师组织全班学生以小组为单位进行交流和讨论。

三、基于网络的小学科学 E-learning 模式与案例

E-learning 是互联网时代一种全新的教学和学习模式。E-learning 即网络教学,是通过互联网进行的学习与教学活动,它充分利用现代化信息技术所提供的、具有全新沟通机制与丰富资源的学习环境,实现一种全新的学习方式。这种学习方式将改变传统教学中教师的作用和师生之间的关系,从而从根本上改变教学结构和教育本质。

传统小学科学教学活动是在课堂、实验室和户外开展的,而信息和网络技术与科学教学的整合将带来科学教育结构和教育模式的改变。教师的角色也发生了改变,科学教师需要掌握一定的信息素养,成为一名合格的 E-learning 设计者。目前,在我国小学科学教学中,基于网络的小学科学 E-learning 模式越来越普遍。本段以人教版《科学》六年级下册"无限宇宙"的第一课"太阳系"为例,解析基于网络的小学科学 E-learning 模式。

【案例探析】

太阳系

教学内容:人教版《科学》六年级下册"无限宇宙"的第一课。主要内容包括:

1. 认识太阳系里的主要星体。

2. 学习整合八大行星的距离和大小。

3. 建立太阳系的模型。

教学环境与工具："微博"平台。

教学过程：

一、课前利用网络以及微博自主学习，完成微话题。教师在微博平台上发布"什么是太阳系"的微话题，学生在微博平台开展讨论。教师将学生分为若干小组，每个小组选择一个感兴趣的星球，成立星球探险队，全面了解星球的情况。

二、课堂交流"微话题"，导入学习。播放"神舟十号"和"太阳系"等视频，导入课堂学习主题。

三、进一步整理信息，深入学习。通过谈话和小组汇报的方式，开展组内和组间的交流，整理信息和深入学习。

四、整合资料，分析研究。教师引导学生开展有关太阳系中各星球特征的信息收集、处理、对比和分析，并进行讨论。教师利用画图方式引入"相对直径"和"相对日地距离"概念，讲授其计算方法。

五、以"太阳系中，八大行星之外其他成员"为题，组织学生开展拓展研究。教师播放一段有关太阳系行星的视频，学生结合视频内容和教师在微博上提供的资料，将学习心得发布到微博平台上。

——周志飞，王瑜，王美琦. 网络·建模·思维：一种整合视角上的教学建构——《太阳系》一课的信息化教学设计[J]. 中国信息技术教育，2015(4)：14-16.

四、基于信息技术与科学课程整合的STEM教学与案例

STEM教育理念核心就是实现科学、技术、工程和数学学科之间的跨学科整合。根据《标准》的要求，我国小学科学学科是一门基础性、实践性和综合性的课程，需要物质科学、生命科学、地球和宇宙科学、技术与工程4个领域知识相互渗透和联系。《标准》要求学生有运用知识解决生活中实际问题的能力，更要有创新能力。这与STEM教育的科学、技术、工程和数学学科之间的跨学科整合理念相似。这里以适合小学高年级的学习主题"桥梁"为例介绍基于信息技术与科学课程整合的STEM教学案例。

【案例探析】

桥梁

教学内容：

1. 理解桥梁的三大分类：悬挂桥、横梁桥和拱桥。

2.根据工程学相关原理,设计、搭建3种桥梁。

教学工具:

互联网搜索工具:台式电脑。

搭建桥梁工具:20根吸管、一根胶带(1米)、两摞书籍、几块木头、一米卷尺、一罐硬币。

教学过程:

1.教师将学生分为若干小组,并为每个小组提供教学工具,要求每组以搭建一架跨度为25厘米的桥为主题开展学习活动。

2.学习和搭建桥梁的过程

(1)在桥梁两端,学生用两摞书或者木头来固定,并以书或者木头之间的距离作为桥梁的跨度(应为25厘米)。

(2)学生只可以利用20根吸管和一根1米长的胶带来完成桥梁的搭建。

(3)学生可以按需求裁剪吸管。

(4)学生所搭建的桥梁不可以触碰除桥梁两端外任何其他地方。

3.所有小组可以利用互联网工具搜索有关悬挂桥、横梁桥和拱桥的相关知识,且需要在一节课的时间内研究桥梁该如何搭建。

4.所有小组利用第二节课对所得信息和思考结果进行头脑风暴,讨论并选择出桥梁设计的最终方案。

5.在第三节课,学生需要完成桥梁的搭建。

6.桥梁搭建完毕后,学生需要利用硬币开展桥梁承重力测试。根据测试结果,学生对桥梁进行改进。

7.最后,以小组为单位,学生对所设计的桥梁进行介绍,并讨论为什么一些桥梁的设计优于(或劣于)其他桥梁,它们具备什么样的特征,教师所提供的建筑材料有哪些缺陷,学生是如何克服这些缺陷的等问题。

8.对本课程感兴趣的同学,可以设计跨度大于25厘米的桥梁。

第十一章 基于信息技术的小学科学教学

本章小结

本章以信息技术与小学科学教学信息化为切入点,重点讲述了信息技术与我国小学科学课程整合的含义、途径等。在小学科学教学过程中,信息技术为探究式教学方式等提供了新的教学环境、丰富了教学资源、改变了教学模式。《标准》重点倡导了探究式教学方式,这同信息技术与小学科学课程整合本质一致,突出了"教师为主导,学生为主体"的新型教学结构。通过信息技术与小学科学课程的整合,能极大提高学生的科学知识和素养,培养其学习科学的兴趣和爱好,使其掌握科学地学习科学知识的方法。最后本章介绍了常见的信息技术与小学科学教学整合的4种类型及具体案例。

【思维导图】

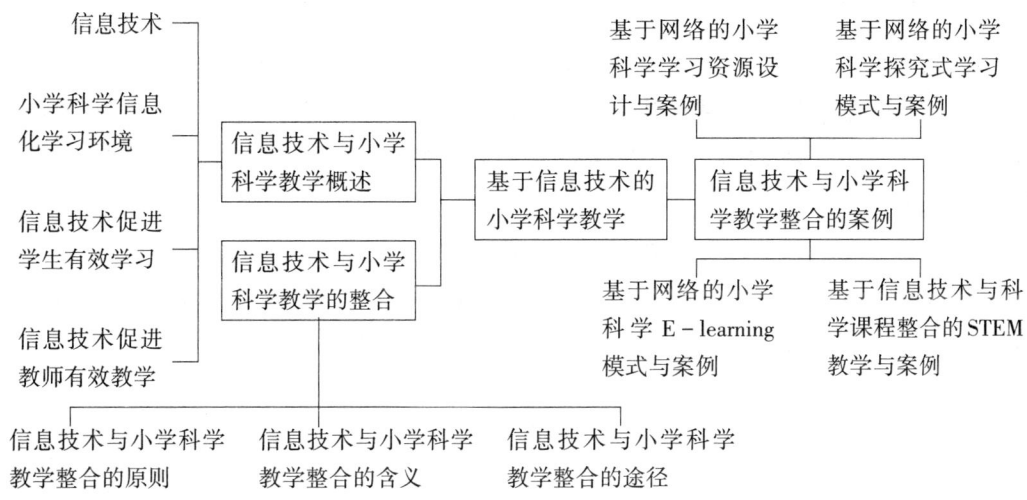

【思考与实践】

1. 信息技术对小学科学教学的作用具体体现在哪些方面?
2. 信息技术是如何促进小学科学教学中学生的有效学习的?
3. 信息技术是如何促进小学科学教学中教师的有效教学的?
4. 简述信息技术与小学科学教学整合的含义和途径。
5. 在本章列举的教学案例中,请选择一到两个进行改进。
6. 请设计一个基于信息技术与小学科学教学整合的STEM教学案例。

【学习评价】

评价维度	评价内容				
	评价标准	评价等级			
		A	B	C	D
知识与技能	能够理解信息技术与小学科学教学整合的含义、原则和途径;能够选择适合自己开展小学科学教学的信息技术;针对自己所选的不同信息技术,能够选择和利用合适的教学策略;能够陈述4种常见的信息技术与小学科学教学整合的类型				
过程与方法	通过理论学习,明确信息技术与小学科学学科整合的原则、含义和途径;通过小组讨论和案例分析,认识信息技术与小学科学学科整合的几种常用模式				
情感、态度、价值观	树立教师在信息时代,通过整合信息技术与小学科学学科开展教学活动的意识				

【推荐阅读】

1. 何克抗. 信息技术与课程深层次整合理论[M]. 北京:北京师范大学出版社,2008.

2. 陈思铭,刘长凤. 信息技术与学科教学整合的应用研究探析[J]. 中国电化教育,2014(12):113-116.

3. 丁邦平. 小学科学有效教学[M]. 北京:北京师范大学出版社,2015.

4. 吴颖惠,李芒,侯兰. 信息化学习方式教学课例研究与实践[M]. 北京:人民邮电出版社,2017.

第十二章
小学科学教学资源的开发与利用

课程开发的过程即对课程资源的筛选与利用,教材不是唯一的课程教学资源,教师是重要的课程教学资源,课程教学资源的开发和利用必须纳入课程改革计划,得到课程政策的保证和支持。

——吴刚平

课程开发包括人类经验的分析、具体活动或具体工作的分析、课程目标的获得、课程目标的选择、教育计划的制订。

——约翰·富兰克林·博比特

课程开发是一种循环往复不断发展的历程,随着社会政治、经济和新的教育研究成果的不断涌现,课程将永远处于一种变化的状态中。

——拉尔夫·泰勒

小学科学教学资源的合理开发与利用是每位从事小学科学教学的教师所必备的关键能力。如何正确认识小学科学教学资源及其类型;如何科学合理地开发与利用常见小学科学教学资源,有哪些基本的原则;如何有效利用常见小学科学教学资源等问题,都是本章要介绍和讨论的内容。

第一节 小学科学教学资源概述

(1)理解小学科学教学资源的含义与价值。

(2)理解小学科学教学资源的分类与特点。

(3)理解并能够应用小学科学教学资源开发与利用的原则。(重点)

一、小学科学教学资源的含义与价值

(一)资源与教学资源

资源(Resource)的含义广泛。《辞海》解释为"生产资料或生活资料等的来源"。联合国环境规划署(UNEP)将资源定义为:"在一定的时间、地点条件下,能够产生经济价值,以提高人类当前和未来福利的自然环境因素的总和。"根据信息资源学的观点,资源是指自然界和人类社会中能够创造物质和精神财富的各种客观存在形态或存在物。所有的资源都可用于教育与学习,根据对象不同分为教育资源和学习资源。教育资源是构成教育系统的基本要素,指教育者在教育活动过程中,为了达到一定目的,实现一定教育功能使用的各种资源。学习资源是学习者进行学习的物质基础,指与学习者进行有意义学习相关的各种资源。

什么是教学资源(Teaching Resource)?所谓教学资源,是指那些可以提供给学习者使用,能帮助和促进他们学习的信息、技术和环境。[1]教学资源就是教学信息的来源,或者指一切对教学有用的物质和人力。[2]因此,从广义上可以认为教学资源就是在教学过程中使用的一切人力、物力及自然资源的总和。从狭义上,教学资源则是指课堂教学中,除教材之外起辅助作用的教学材料。

教学资源与教育资源、学习资源既有联系又有不同。教学资源包含在教育资源中,又与学习资源互有交叉。

(二)科学教学资源

科学教学资源(Science Teaching Resource)是教学资源的一部分,是与培养或提升学生科学素养相关的教学资源,指在教学中对学生进行科学教育的一切人力、物力及自然资源的总和。[3]科学教学资源是一种系统资源,是科学学习和教学的主要工具,包括在科学课程教学活动中可供利用的一切物质的、精神的、校内的、校外的教学资源。通过利用这些资源,可以激发学生学习科学的欲望、探究自然的兴趣和好奇心,为学生学习科学设置情境提供有效帮助。

随着我国科教兴国战略的提出,国家越来越重视科技的发展,科普事业得到稳步推进,科学教学资源的表现形式也日渐丰富。科学教学资源无论是从内容、数量、媒体种类还是从存储、传递和提取信息的方式都发生了很大变化,尤其是教学资源的可获得性和交互性特征的日臻凸显,反映了社会进步对教育发展的支持。

---

[1] 余武.信息化教学资源的开发和建设[J].中国电化教育,2001(7):15-17.
[2] 林培英.论地理教学资源[J].课程·教材·教法,2002(5):44-47.
[3] 彭蜀晋,林长春.科学课程与教学论[M].北京:高等教育出版社,2005.

(三)小学科学教学资源

小学科学教学资源(Primary Science Teaching Resource)则指在教学过程中对小学生进行科学教育的一切人力、物力及自然资源的总和。小学科学教学资源不同于学前科学教学资源、中学科学教学资源、大学科学教学资源等,具有其独特的小学阶段性,这是由小学生群体固有的生长发育的生物学特点决定的。

随着科学技术的快速发展和我国对小学科学教育重视度的提高,特别是信息技术的广泛应用,小学科学教学资源也在不断地丰富。其人力资源不仅局限于小学科学教师,还包括家长、自然科学专家及广大科学普及人员等;其物力资源不仅有小学校园内的科技角、科技长廊、科技宫或科技馆,还包括校外的少年宫、科技中心、科技馆、文化中心等;其自然资源泛指大自然中存在的各类物质。小学科学教育资源的开发与利用的空间如此广阔,那么,如何充分利用这些教学资源,对小学科学教师及职前小学科学教师具有极大的挑战性。

二、小学科学教学资源的分类与特点

(一)小学科学教学资源的分类

资料卡片:全球课程资源共享

小学科学教学可利用的资源非常广泛,其形式多样、内容丰富,是科学教育实施的重要资料来源。因视角不同,小学科学教学资源的分类结果会有所不同。

按功能特点可把小学科学教学资源划分为素材性教学资源和条件性教学资源[1],其中素材性教学资源是小学科学课程教学的直接来源,如教科书、学生活动手册、课标、课标解读、教师参考用书、实验仪器、实验材料等;条件性教学资源是小学科学课程教学的间接来源,如科学教师、学生、教学管理人员、科普专家、科学家等。二者相辅相成,在很大程度上决定着小学科学课程的实施范围及水平。按空间分布特点还可以把小学科学教学资源划分为学校、家庭和社区三类教学资源。[2]在这三类教学资源中,每一类都既含有素材性教学资源,也含有条件性教学资源。一般而言,学校教学资源在小学科学教学过程中占主要地位,家庭和社区教学资源起辅助作用。但由于我国地域辽阔,当前区域间发展不均衡,这三类资源在小学科学课程教学过程中的作用也不均衡,对于偏远山区而言,其教学很多依赖于家庭或者社区。近年来,随着信息技术的不断发展,网络技术和人工智能教学资源逐渐打破了学校、家庭、社区资源的界限,可同时在学校、家庭、社区范围内使用相同的网络教学资源或人工智能教学资源,因此除学校教学资源外,网络教学资源和人工智能教学资源逐渐成为小学科学教学应用的主要资源类型,详见表12-1。

---

[1] 韩辉,夏永康,周扬. 小学课程资源开发和利用的实践智慧[M].北京: 高等教育出版社,2004.
[2] 张红霞. 小学科学课程与教学(第2版)[M].北京: 高等教育出版社,2010.

表 12-1 小学科学教学资源的分类

分类标准	类型	内容	相互关系
按功能特点划分	素材性教学资源	包括教科书、学生活动手册、小学科学课程标准、小学科学课程标准解读、教师参考用书、课程计划、教学设计、教学参考资料、音像制品、多媒体课件、网络资源、实验仪器、实验材料、实验室、创客空间、校园气象站、校园种植园、科普图书角、实践活动展示角、文化宫、博物馆、科技馆、虚拟现实技术、人工智能等	素材性教学资源的实现需借助条件性教学资源，条件性教学资源的价值体现需素材性教学资源的支持
	条件性教学资源	包括小学科学教师、小学教育管理人员、学科专家、科普专家、学生、家长等	
按空间分布特点划分	学校教学资源	包括校内的实验室、科普图书馆、图书角、创客空间、科技长廊、科技角、教师、学生等	传统意义上主要分学校、家庭、社区三类教学资源，且主要以学校教学资源为主，家庭和社区教学资源为辅。但随着信息技术的广泛使用，网络教学资源和人工智能教学资源逐渐打破学校、家庭、社区的空间分布界限，且逐渐成为小学科学教师开发的主要资源，因此单独列出
	家庭教学资源	包括家庭环境、家长、家庭其他成员、家庭设备及书籍储备情况等	
	社区教学资源	包括社区基础设施、人文环境、地理环境、科学教育设施（展板、宣传画等）、科技馆、博物馆、社区人员构成等	
	网络教学资源	浏览器等搜索引擎、小学科学课程网、小学科学教师教育教学交流平台、QQ群、微信公众号或微信群等	
	人工智能教学资源	航模、乐高各系列机器人、人形机器人等	

(二)小学科学教学资源的特点

根据皮亚杰的儿童心理学得知，小学生的心理年龄特征处于具体运算阶段，其认知结构中已有了抽象概念，能进行逻辑推理，但在做更深理解时，需要实际经验做支撑，需要借助具体事物和形象的支持来进行逻辑推理。[1]因此，无论哪种小学科学教学资源类型，都应该在符合小学生的心理年龄特点的基础上，具备5个特点。

1.广泛性

小学科学教学资源的广泛性体现在内容和形式两方面。在内容的选择上，根据课标要求，小学科学的课程教学内容主要涉及生命科学、物质科学、地球与宇宙科学和技术与工程四大领域。那么在围绕小学科学课程教学目标的要求下，教师在教学资源的利用与开发上，可以在符合课标要求的范围内，选取广布于自然界当中的大量适宜教学资源。

---
[1] 阮成武.小学教育概论[M].上海：华东师范大学出版社，2011.

在教学资源呈现形式方面,可以不局限于课堂上的教材、教具、实验器材,学校内的科技长廊和科技角等实物资源,还可开发多媒体课件、网站、虚拟现实技术及人工智能等虚拟资源形式。

2. 生活化

小学科学教学资源的生活化主要体现在小学教学资源要围绕小学生的生活实际取材,这样不仅容易创设良好的教学环境,还可以引发小学生对已有经验的回忆,有利于教学过程的顺利开展。生活化的教学资源,对于教师而言,更容易采用维果茨基的最近发展区理论开展教学活动,提高小学科学课程的教学效果。

3. 探究性

小学科学教学资源的探究性是满足小学生的好奇心和求知欲的最基本要求。好奇心可以引发小学生的学习行为,是科学学习的起点。因此,小学科学教学资源应该能支持小学生的探究活动,有利于小学生从资源中发现和提出问题,能够更有利于学生搜集证据、观察实验、动手动脑、形成问题解决的方案。

4. 开放性

小学科学教学资源的开放性主要体现在时间、空间两方面。在时间上,小学科学教学资源不仅仅局限在有限时间的课堂之上使用,还可以在课下利用诸如网络、多媒体课件、报纸、杂志、科技场馆等科学教育资源进行教学与学习,因此在时间上更加开放。在空间上,学校、家庭、社区和网络教学资源之间的空间界限被逐渐打破,不同学校之间的教学资源完全可以因为网络的存在而共享,为教师进行小学科学的有效教学提供开放性的平台,也因而拓展了小学生的学习视野与空间。

5. 综合性

小学科学教学资源的综合性主要体现在小学科学教育自身的特点上。小学科学课程标准要求其课程内容集生命科学、物质科学、地球与宇宙科学及技术与工程领域于一体,各学科之间有交叉、联系、渗透。近年来,随着STEM和STEAM(Science,Technology,Engineering,Art,Mathematics)科学教育理念在世界范围内兴起,作为服务于小学科学课程教学的小学科学教学资源也越来越具有学科综合性。

三、小学科学教学资源的开发与利用原则

教学资源的开发,就是探寻一切可能进入课程,能够与教育教学活动联系起来的可供开发的资源。[①]教学资源的利用是指充分挖掘现有资源的教育价值。由此可见,教学资源的开发与利用是紧密联系的,开发是利用的前提与基础,利用是开发的目的与结果,开发过程包含着一定的利用,而利用过程也会促进进一步的开发。

---

① 段兆兵.课程资源的内涵与有效开发[J].课程·教材·教法,2003(3):26-30.

小学科学教学资源丰富多样,其开发与利用还需要遵循一定的原则才能达到有效教学的目的,因而需要注意6个原则。

(一)开放性原则

小学科学教学资源的开发与利用是开放性的,教学效果的达成和教学目标的实现与教学内容的选择有密切的关系。一切能够符合课标要求的、有利于教学目标达成的教学资源,无论是国内的还是国外的,校内的还是校外的,社区的还是家庭的,只要在内容上无不良倾向,积极向上的各种类型资源,都可以用作小学科学教学资源。

(二)经济性原则

小学科学教学资源的开发与利用要遵循经济性原则。由于小学生关注的科学问题或学习内容大都与小学生的亲身经历有关,因此在课程资源开发与利用上应尽量选择能服务于教学目标的低成本实验材料,但也要注意在课程资源的开发过程中保证科学性。

(三)针对性原则

小学科学教学资源的开发与利用要有针对性。小学科学教学资源的多样性、丰富性决定了教学资源的可选择性,因此针对不同的授课对象、不同的授课内容,在教学资源的选择上要突出小学生的心理年龄特点,在一定的合理范围内,有针对性地开发科学教学资源。

(四)共享性原则

小学科学教学资源的开发与利用是共享的。只有在共享的前提下,小学科学教学资源的开发与利用才有进一步发展的空间。不同开发主题下的同一个教学内容,会因开发主体的不同而有不同的教学资源设计。比如每年的全国小学优质课展示,为全国范围内的小学科学教师或职前科学教师们提供了很好的参考范本,供大家共同研究与开发。

(五)适度性原则

小学科学教学资源的开发与利用还需要适度。过度开发的科学教学资源可能会影响教学效果的呈现,本末倒置。仅用教材教又会陷入照本宣科,不符合课程标准的理念要求,因此对于小学科学教学资源的开发者来说,如何恰当地、适度地选择与开发教学资源是需要经过多次的模拟授课、磨课等教学环节来历练的。

(六)创新性原则

小学科学教学资源的开发与利用还要体现创新性。科学本身就是不断发展的,小学科学教学资源的开发与利用需要与时俱进,要经常考虑是否恰当地选择了新技术融入教学中,是否在教学内容上体现出与不同学科融合的跨学科特点,是否在教学环节的处理上根据学生的班风、班级文化进行了创造性的尝试。

【问题讨论】

1.谈谈你对网络教学资源的认识:

(1)网络教学资源在科学教学资源的分类中处于什么地位?

(2)网络教学资源在小学科学教学中的作用有哪些?

2.你对小学科学教学资源开发与利用的原则有何补充?

第二节 常见小学科学教学资源的开发

(1)理解小学科学实验教学资源的类型,并能够进行合理开发与利用。(重点,难点)

(2)了解小学科学校外教学资源的类型,并会适时开发与利用。

(3)理解小学科学网络教学资源的类型,并能够有选择性地开发与利用。(重点,难点)

一、小学科学实验教学资源的开发

实验教学资源是小学科学教学过程中的主要资源形式,是教师最经常接触的教学资源。目前,由于区域教育资源分布不均,小学科学实验教学资源分布也不均衡,由此如何合理有效地开发与利用小学科学实验教学资源就显得尤为重要。

(一)小学科学实验教学资源的类型

小学科学实验教学资源根据不同的分类标准有不同的分类方式。按内容来分,小学科学实验教学资源分为文本资源、实物资源、人力资源和制度资源。

1.文本资源

小学科学实验教学文本资源包括教材、教学参考书、小学科学实验指导、科普书籍等。文本资源是小学科学实验教学资源的基本构成,是开展小学科学实验教学的最基本条件。

文本资源是传统小学科学实验教学中最主要的教学资源,也是现代小学科学实验教学活动不可缺少的素材性资源。其特点是科学性强、结构明确、便于保存与提取、可反复使用,且经济、方便,但在信息存储、更新速度、传播展现能力等方面受到限制。

2.实物资源

小学科学实验教学实物资源包括小学科学直观教具、小学科学教学媒体资源和小学科学教学场所。

（1）小学科学直观教具。

小学科学直观教具包括小学科学教学仪器、标本、模型、挂图等，是教师进行小学科学实验教学的重要工具。

①小学科学教学仪器：包括与教材相关的物质科学、生命科学、地球与宇宙科学、技术与工程领域所涉及的最基础的实验仪器与设备，如显微镜、解剖镜、天平、烧杯、酒精灯、电压表、电流表、天文望远镜、航模、3D打印机等。这些设备是学生开展科学探究活动的重要条件。

②小学科学教学标本：包括动物剥制标本、植物压制标本、组织玻片标本等生命科学标本；岩石、矿物等地球科学标本等。这些标本资源可以传递事物的全部特征及表象。

③小学科学教学模型：包括人体结构模型、3D打印模型等，可以在保留事物原来面貌的前提下，展示事物的主要特征。

④小学科学教学挂图：主要用于呈现直观结构、变化过程等，比如蚂蚁的结构挂图、花的一般结构挂图、月相的变化等。挂图的使用可以吸引学生的注意力，使学生有直观感受，容易理解与记忆相关知识。随着现代化教育进程的推进，挂图逐渐被多媒体课件中的图片取代，但缺少多媒体设备的小学需要对挂图资源进一步开发与利用。

直观教具的使用可以呈现视觉信息，使教学内容变得直观、易于理解，在学习和回顾教学内容时，发挥了其他资源不可替代的作用。

（2）小学科学教学媒体资源。

小学科学教学媒体资源包括音像资料、网络科学教育资源、人工智能教育资源等。

①音像资料是小学科学教学重要的辅助资源，主要包括与教材配套的光盘、小学科学教育教学实录光盘、科普影视片的光盘及广播电视的科学教育频道上的内容等，使小学科学教学与学习内容以录音或录像的形式表现出来，具有生动、形象、表现力强、不受地域限制的特点。

②网络科学教育资源因其不受时间、空间、宏观、微观的限制，使小学科学实验教学内容在网络支持下得以再现，重复利用，为小学科学教育教学提供了很好的学习和交流平台，从而使教学、学习变得更加容易。

③人工智能教育资源是使用计算机模拟人的某些思维过程和智能行为的教育资源，涉及计算机科学、心理学、哲学和语言学等交叉学科，其范围远远超过了计算机科学的范畴，目前应用于小学科学教育教学的主要为各种类型的机器人，如乐高机器人、人形机器人等。

（3）小学科学教学场所。

小学科学教学场所是学生进行科学学习或知识扩展的地方，主要指校内的学习场所，包括班级教室、实验室、校内图书馆、种植养殖园、气象观测站等，是学生进行科学学习的主要场所。例如,实验室是学生亲身体验、感悟科学探究过程,获得直接科学经验的场所;图书馆是学校的科学信息中心,对科学实验教学与科学学习起到辅助作用。

3. 人力资源

人力资源包括科学学科专家、教师、学生、家长及社会各界人士。人力资源不仅是小学科学实验教学资源的组成部分,而且是其开发与利用的主体,具有主观能动性。

①科学学科专家,包括科学家、小学科学教育专家等。他们具有渊博的知识,能够从宏观上把握小学科学课程改革的方向,确立培养目标,提供理念支持。

②小学科学教师是科学教学活动的组织者与管理者。教学资源的有效配置与优化组合,关键在于小学科学教师主观能动性的发挥与创新。实践表明,小学科学教师的素质决定了小学科学实验教学资源的范围、开发与利用的程度及发挥的效益水平。

③学生既是重要的教学资源,也是小学科学实验教学资源的开发者与利用者。学生对小学科学教学资源的开发主要以活动的方式体现,如科学兴趣小组、环保小组、种植小组、养殖小组等。

④家长及社会各界人士是潜在的小学科学实验教学资源,因其工作单位不同,有各种各样的教育资源优势,如果能够把这部分教学资源加以合理利用,能够有效提高小学科学的教学质量,并能引起社会各界对小学科学教育的关注。

4. 制度资源

小学科学实验教学的制度包括内在制度和外在制度两方面。内在制度指学生群体内随经验而演化的群体习惯,如班风、学风、礼貌、小组分配与合作习惯等;外在制度指靠强制措施强加于课堂上的规则,如学校和实验室内的行为规则或实验室安全规则。

(二)小学科学实验教学资源的开发

1. 应该建立小学科学教学专用实验室

要提高小学科学实验教学质量,从长远来看,应该建立小学科学教学专用实验室。小学科学教学专用实验室内配备必要的与教材配套的实验仪器,可以给小学科学教师提供课程设计与研究的场所,提高其专业发展能力,还可以给小学生提供便利的探究场地,规范小学生的基本实验操作。

2. 应该提升校园科学文化氛围

在校内的走廊、教室或实验室内布置科学教育资源的挂图、展板;在校内设种植园、养殖园、科技长廊等课外实验与实践场所。良好的校园科学文化氛围,可以促进小学生养成学科学、爱科学的品质,对其科学探究能力的培养起到潜移默化的作用。

3. 教师应该增强小学科学实验教学资源的开发意识

小学科学实验教学资源属于素材性教学资源,需要作为条件性资源的教师和学生共同开发才能发挥其应有的作用。因此教师具备良好的教学资源开发意识,可以使教师批判性地使用教材、研究教材,还能使其创新性地开发与创作小学科学实验教学资源。

二、小学科学校外教学资源的开发

(一)小学科学校外教学资源的含义与类型

小学生除了可以在校内进行科学教育内容的学习外,根据《标准》要求的"了解科学、技术、社会和环境的关系,具有创新意识、保护环境的意识和社会责任感"[①],校外也是小学生科学学习与生活的主要场所,具有丰富的科学教学资源,因此小学科学教师应该充分开发与利用校外科学教学资源。

小学科学校外教学资源指校外一切适合于小学生的,能够开发与利用的科学教学资源,主要包括社区和企事业工作人员及个体工商户、中学和高校及科研院所的专家学者、学生家长等人力资源;社区内的山水、植物、动物等零散的自然资源;还有图书馆、博物馆、展览馆、劳技中心、少年宫、青少年科技活动中心、动物园、植物园等有专门人员管理的场馆资源等。

(二)小学科学校外教学资源的开发策略

校外教学资源的有效开发不仅有利于科学课程的有效实施,有利于提高教师的专业素养,还有利于提高学生的知识与能力水平,[②]缓解学校教学资源的短缺。因此充分开发与利用校外教育教学资源是十分重要的。

资料卡片:博物馆的科学教育功能

1. 提高学校开发与利用小学科学校外教学资源的意识

学校要从课程改革的实际要求和学校可持续发展的战略高度出发,积极主动地与校外相关单位建立联系,共同开发小学科学教学资源。这不仅可以借助相关单位的人力资源开展科技教育活动,还可以争取器材设备或资金。如:对于博物馆、科技馆、植物园、少年宫、青少年科技活动中心等有专门人员管理的场馆单位,可以带学生进入场馆开展科学体验活动,或聘请场馆专家进入小学授课;对于高校或科研单位,可以向它们争取一些所谓"过时"的实验仪器等。

2. 建立完善的小学科学校外教学资源开发机制

学校要参照当地的相关政策法规,通过与校外相关单位进行协商的方式或签订协议等手段来规范学校和校外相关单位的合作。这样不但可以约束双方的权利和义务,也能使双方的合作更加顺畅。同时,学校需要一定的组织机构认可合作方式,如当地教育委员会、科学技术协会、青少年科技教育中心等组织机构,使学校对校外教学资源的开发与利用规范化、组织化和系统化。校外教学资源开发机制的有效建立,可以使学校与校外单位形成教育合力,从而为小学生的高效学习提供有力的支持。

3. 以活动形式开展小学科学教学

---

① 中华人民共和国教育部.义务教育小学科学课程标准[M].北京:北京师范大学出版社,2017.
② 冷丹阳.小学科学课中社区课程资源开发与利用探析[J].辽宁师专学报(社会科学版),2009(1):85-86.

虽然校外相关单位与学校之间的资源可共享,但二者毕竟在空间上存在距离,因此最好以一次或多次活动的形式开展小学科学教学,主要活动形式包括小学生创造发明活动、各种科技竞赛活动、科技夏令营、社区科技俱乐部、科技周、科技月、科技节、国际交流等。要尽量争取国家、地方各级部门的政策支持,教师可以根据课程目标的需要和社区的具体条件,采用科普宣传讲座、科技展览、科技竞赛等多种多样的科技活动形式,有针对性地组织学生参与一些实践活动,使学生在积极参与实践活动的过程中,激发学习积极性,培养掌握知识和运用知识的态度和能力。

此外,学校还可以聘请科技人员或某领域的专家担任学校的青少年科技辅导员,邀请他们给学生做科普讲座等。乡村小学可利用自身的地理优势,与一些粮食作物种植户、蔬菜种植户、动物养殖户等联系,建立学校的科技实践基地,从而开展系列科学教育活动。

【问题讨论】

1. 结合资料卡片中陶行知的科学教学资源开发理念,分析在当今社会建立小学科学实验室的必要性。
2. 谈谈家庭科学教育资源的重要地位及开发途径。

资料卡片:陶行知有关科学教学资源开发与利用的理念

三、小学科学网络教学资源的开发

随着网络技术的日益普及,网络科学教育资源日益增加。在教育现代化不断推进的进程中,网络科学教育资源具有信息容量大、智能化、虚拟化等特点,①如何开发与利用小学科学网络教学资源,逐渐受到广泛关注。

(一)小学科学网络教学资源的类型

1. 科技前沿热点

教师应该关注科技前沿热点问题,收集并记录相关信息,且要能够经常在课程教学过程中融入当前世界范围内的最新科技信息,从而增加小学生对科技改变生活的关注,树立其学科学、爱科学的远大科技梦想。这些内容不仅可以补充教材的内容,还可以开阔学生的视野,引导他们关心和关注生活中的实际问题,并培养和锻炼他们用所学知识分析解决实际问题的能力。

2. 教育网站资源

教师应该非常熟悉常用的教育网站资源,包括一般的教育网站、微信公众号、腾讯QQ等网络媒体,使其服务于小学科学课程教学实际。一般可以通过搜索引擎,如360搜索、谷歌、百度等输入"小学科学"进行搜索,查找相关网络资源。常用网址,如全国中小学教师继续教育网等,与小学科学教育相关的微信公众号、腾讯QQ等,都含有大量的小

---

① 韩辉,夏永庚,周扬.小学课程资源开发和利用的实践智慧[M].北京:高等教育出版社,2004.

学科学教学案例、教学素材资源库、科学教育理论前沿、科学知识、科技活动等模块,方便小学科学教师及小学科学教育研究者查询与利用。

3. 网络期刊数据库

一般常用的中文数据库主要有CNKI(中国知网)、维普数据库等。对这种网络教学资源的开发与利用需要地方或学校投入资金对数据库进行购买,该资源对小学科学教师的专业发展极为有利。这些数据库不仅可以为教师提供常规的教学案例资源,更重要的是可以提供理论支持资源。

(二)小学科学网络教学资源的开发策略

网络教学资源逐渐打破传统的校内教学资源和校外教学资源的界限,可以实现校内教学资源与校外教学资源的相互转换,其开发策略主要包括4个方面。

1. 优化教学设计

备课是教师最基本的工作,备课的质量直接影响教学效果。目前,网络为教师备课提供了可参考的教学设计方案、教学素材、教学课件等教学资源,教师不仅可以通过下载的方式丰富自己的教学设计方案,提高课件制作的水平,还可以把自己开发与设计的教案、课件上传到网络上与他人分享。

2. 帮助查疑答惑

教师和学生都会遇到一些难以解决的问题,他们可以通过在搜索引擎中输入关键词的方式"问网络",网络上会有人帮你解决问题,但一定要多查找相关资料,辨别真伪后才能加以利用,这也说明网络教学资源的缺点,尽管其内容丰富,但也存在诸多伪科学的内容,需要教师加以提防,并对小学生加以教育与引导。

3. 丰富教学手段

在传统教学中,教师常以口头讲解和板书的方法教学,利用实物、标本、教具、实验器材等进行实物演示。学生由于缺乏直接经验,常觉得某些问题难理解、枯燥乏味。网络教学则可以让学生看到图文并茂、视听一体的交互集成信息,大大提高了教学效果。

4. 转变学习方式

在知识更新速度越来越快的今天,学生必须具备获得新知识的一定能力,而不能处处依赖教师。以学生为本是现代教育理念的核心,我们应该充分发挥学生的主体作用。教师可以在教学中把一些问题交给学生,引导他们自己到网络上去收集资料,通过探究解决学习上的困难,发现知识。

【问题讨论】

1. 结合小学科学教学实际,谈谈你对开发科学教学资源的见解。
2. 根据《标准》要求,规划设计一个建立小学科学教学资源库的方案。

第三节　小学科学教学资源的利用模式

(1)了解小学科学教学资源的利用目的。
(2)理解并能够应用小学科学教学资源的主要利用模式。(重点,难点)
(3)理解小学科学教学资源的利用案例及其分析方法。(重点)

小学科学教学资源的利用,就是在教学中充分挖掘科学教育资源的教育教学价值。对于教师而言,就是如何将小学科学教学资源运用于科学教学活动中的过程。

一、小学科学教学资源的利用目的

根据《标准》要求,教师应尽可能地根据学校自身的资源配置情况来开发可利用的教学资源,因此围绕《标准》的4个分目标即科学知识,科学探究,科学态度和科学、技术、社会与环境方面的要求,对小学科学教学资源的开发与利用,其主要目的如下文所述。

(一)创设科学课程学习的情境

小学科学课程的教与学与小学语文、数学、英语等学科有明显的区别,最主要的区别在于教师和学生的教具、学具准备方面,一般在教学设计上还要明确预设教具、学具的具体数量、规格或者型号等信息。如果学校具备专门的小学科学实验室,内部配备了较为齐全的实验器具,这在很大程度上有利于教师为学生创设情境,组织开展科学活动,提高教学效果。但这并不意味着外在的教学资源越多,就一定能创设出适合某课程教学的情境,小学科学课程教学效果就一定越好。教学目标的达成或者教学效果的呈现最主要的还是取决于教师本身对教学资源开发设计与实施的能力。

(二)培养学生自主探究的习惯

科学探究是小学科学课程学习的主要方式之一。《标准》明确要求改变以前以传授科学知识为主的教学方式,注重学生的科学思维、科学精神、科学素养的培养,要让小学生在学习科学课程时,像科学家进行科学研究一样。自主探究的学习习惯,无疑是小学科学教师在教学过程中要注意引导与培养的。教师作为条件性教学资源,要积极设计与开发各类素材性教学资源服务于教学实际,让小学生在自主探究的过程中学习科学知识,养成基本的科学思维习惯,为其未来更高年级的科学课程学习奠定良好的基础。

(三)提高学生对科学本质的理解

科学素养包括科学知识、科学精神、科学本质观等多方面内容,其中科学本质观是科学素养的重要组成部分。科学本质观是关于"科学是什么"的理解,[①]也是区别科学与非科学的一把标尺。教师可以在语文课堂教学中开发合适的教学资源增加学生对科学知识的了解,还可以在数学课堂上通过增加数学史的方式提升学生对科学是个性化的、是历史的、是变化的的认识。小学生在科学课程教学过程中通过自主探究,从发现问题开始,经过提出假设、搜集证据、验证假设、撰写研究小论文、表达与交流等多种形式,来体会科学本质观,从而提高对科学本质观的理解。

(四)锻炼学生问题解决的能力

问题解决能力是学生核心素养的重要组成部分之一。小学生的问题解决能力在一定程度上影响着其后续学习与生活的能力。在小学科学教学资源的开发与实施过程中,学生要在教师的指导下完成一系列科学学习活动,这些活动资源的实施效果直接取决于学生的问题解决能力。同时,学生在这个过程中也能进一步锻炼问题解决能力。尤其以小组合作学习方式进行科学课程学习时,组员之间彼此是隐性的教学资源,在课程开发与实施过程中,组员之间互相学习也会有效锻炼学生彼此的问题解决能力。

二、小学科学教学资源的利用模式

(一)情境体验模式

该模式适合在实验室、科技场馆、种植养殖园等具备实验仪器、实验材料等科学教学资源的教学环境中使用,主要通过给学生创设亲自动手操作、体验科学探究实验过程的情境,让学生在亲历探究的过程中培养规范的操作习惯,养成科学、严谨、求实、互助合作、不怕失败的科学精神。在此过程中,需要注意教师在教学实施环节中组织者、管理者与协调者的身份,而学生才是整个体验过程的主体,要给学生自由发挥的空间,要及时帮助与指导学生解决在体验过程中所遇到的问题。在科学教学资源不能满足学生的实际需要时,还要根据具体情况与科学教学资源的管理者进行协调与沟通,或自行开发,直到满足为止。当然,这需要国家、地方、学校等各级教育管理部门在资金与设备等方面给予大力支持。

(二)讨论交流模式

在教室、家庭、社区等不具备亲自动手操作探究的环境中,教师可以组织学生对教材、图片、视频、科技新闻、某一观点等科学教学资源进行交流和讨论。对同一个科学问

---

①张红霞.科学究竟是什么[M].北京:教育科学出版社,2003.

题的看法,不同的人因其分析角度不同而不同,因此可以采用小组讨论的方式,先各自陈述其观点,然后再探讨交流,从中可以进行比较、分析、判断,从而提高学生分析问题与解决问题的能力。

(三)竞赛模式

该模式是针对某一特定科学教育主题,以比赛的形式,对各种形式的小学科学教学资源进行利用。为了能够在比赛中得到好的成绩,学校、教师、家长、学生的积极性会被最大限度地调动,他们会尽可能多地对现有小学科学教学资源进行收集、整理与消化,从而达到对小学科学教学资源的广泛利用。这种模式可以在国家级、省市级、校级、班级等不同范围,针对教师、家长、学生等不同对象进行,以此来提高我国不同人群的科学文化知识水平和技能水平。比如:全国青少年科技创新大赛、某地区小学生天文知识竞赛、某社区科学文化宣传竞赛等。

(四)展示模式

该模式主要是利用展牌、展板、宣传画、视频、电视、广告等形式,对周围环境进行科学教育的文化渲染、文化熏陶,是被教育者对科学教育资源的一种被动利用模式。为什么它是被动利用模式呢?例如:在全国各地的道路两边放置的国家科学文化大发展大繁荣的宣传展示牌、在天津市科技馆内设置的天津市工业发展史主题展览、在学校校舍走廊放置的科学家人物像等,这些展牌本身并不一定进入课堂教学,但使观看展牌者受到科学教育,并会在其今后的学习、工作与生活中不经意间利用这些科学知识解决实际问题,因此展示模式被称为被动利用模式。

三、小学科学教学资源的利用案例

案例评析:认识感官

(一)小学科学实验教学资源的利用案例与分析

认识感官

【教学片段】

片段一:在"用眼睛看"活动中,教师出示了一幅隐藏了各种小动物的图,让学生睁大眼睛寻找小动物,通过找一找、看一看两个环节,让学生从"初步地看"到"仔细地看"来观察小动物的外形特征。

片段二:在"用耳朵听"活动中,教师播放了两次声音,第一次让学生听各种声音,描述并模仿听到的声音,第二次让学生想象声音背后的故事,从而训练学生带着目的、任务去听。

片段三:在"用鼻子闻、舌头尝和皮肤感觉"活动中,教师采用了小组合作探究方式完成。让每组的组长拿着托盘，放在组内，四位同学轮流用鼻子闻；让组长掰开橘子，分给组内同学用舌头尝；然后让同学们把橘子皮放在手上摸一摸、脸上碰一碰去感受。

片段四：组织学生汇报、交流，让学生分享实验活动中的发现。

——夏业云，张宏.小学科学一年级实验活动案例研究——以《认识感官》一课为例[J].教育实践与研究(A)，2018(Z1)：89-92.

(二)小学科学网络教学资源的利用案例与分析

各种各样的植物——蒜

【教学片段】

片段一：创设探究活动环境。教师通过QQ或微信群的方式，把关于蒜的科普知识、习俗和传说等资料先发给学生们。

片段二：探究问题的设置。教师通过建立微信群的方式，生成群的二维码，学生再通过智能手机扫此二维码的方式领取探究问题、探究对象及活动任务说明，准备种植蒜的空间及条件。

片段三：探究活动的实施。教师在微信群定期发布探究任务：①探究蒜瓣萌发需要的条件；②适宜条件下蒜瓣萌发的生长记录；③蒜幼苗在不同环境下的生长变化；④收获蒜苗和蒜黄。教师要求学生在每一个探究活动中都要做好观察记录，拍好照片和视频并上传至微信群或朋友圈。

片段四：探究活动结果评价。教师让学生整理自己所有的探究过程的图文信息，制作H5电子书，并附上学习心得体会。

——杨献梅.基于微信平台的小学科学探究学习活动设计——以《各种各样的植物——蒜》为例[D].保定：河北大学，2017.

(三)小学科学社区教学资源的利用案例与分析

创意纸电路——城市智慧斑马线

【教学片段】

片段一：活动目标设定与活动准备。通过访谈，以STEAM学科内容为基础，从知识与技能、过程与方法和情感态度价值观3个维度设定目标。招募35名学生，其中有小学生19人和初中生16人，对其进行分组，每组3~4人，以武汉科技馆的实验室为活动场所，并准备活动所需的材料。

片段二：创设情境，发现问题。教师通过PPT展示创意纸电路作品和图片，引起学生的感性认识与创造欲望，然后设问，引发学生思考纸电路的工作原理和工程设计知识，并进行头脑风暴。

片段三：初步探知，理解背景知识。教师在白纸上用纽扣电池、导电胶、发光二极管等简单演示让纸发光的实验，让学生了解基本电路知识，学生仿做。

片段四：确定问题，提出方案。教师让学生经过讨论提出城市智慧斑马线的设计图，确定所需材料清单，以小组为单位汇报设计理念和设计思路，让学生在比较中养成批判性思维。

片段五：模型设计，方案实施。教师在此过程中从旁观察并与学习者交流，引导他们，但允许学生通过试错来调整方案。

片段六：作品分享，评价反思。通常采用学生自评、小组互评和教师评价相结合的方式进行评价。分享作品时主要从性能、实用性、艺术性和创意等方面介绍，还要分享活动中的成功经验与失败教训。

——马莹华.科技馆中基于STEAM的创客教育活动设计与应用研究[D].武汉：华中师范大学,2017.

【问题讨论】

1.你觉得当前小学科学教学资源的利用情况怎样？你常浏览哪些科学教学资源网站？你是如何利用这些网络教学资源的？

2.请问面对如此丰富多样的科学教学资源，你是如何利用它们进行有效教学的？

本章小结

本章从小学科学教学资源的概述出发，阐述了小学科学教学资源的含义与价值，并依据不同的分类标准与特点对小学科学教学资源进行了分类，总结了小学科学教学资源开发与利用的基本原则。从实验教学资源、校外教学资源和网络教学资源3个方面对常见小学科学教学资源的开发与利用进行了详细介绍与分析比较。最后以案例的形式分析了小学科学教学资源的利用目的、模式。

【思维导图】

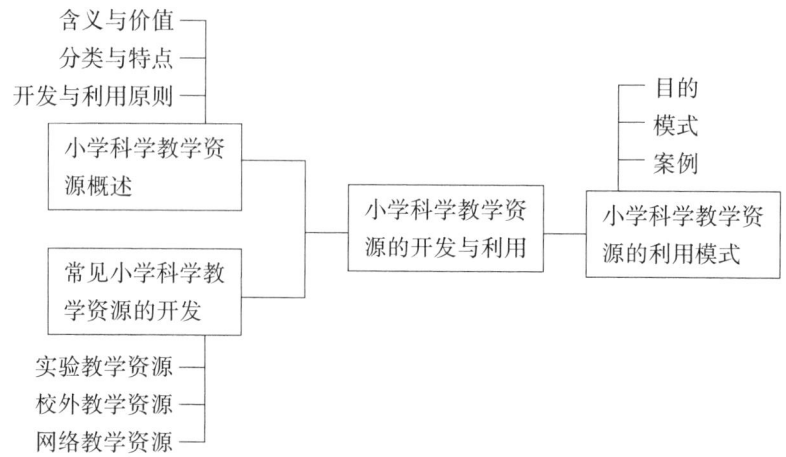

【思考与实践】

1. 请举例说明小学科学教学资源的开发与小学科学教学资源的利用之间的关系。

2. 阅读下面的材料,请问你觉得这则材料中隐含了哪些问题?如果你是这个学校的科学教师,你将如何处理?

在市政府的资助下,某小学建立了专门的科学教学实验室,并配备了与所使用的科学教材配套的实验器材,但实验室建好后,一直是锁头看门,学校没有安排小学生进入实验室开展教学活动,究其原因主要有3点:(1)担心新配置的实验仪器被小学生弄坏;(2)怕小学生在使用仪器过程中出现安全问题;(3)要做实验得花费大笔的经费购置实验耗材。

3. 任选一种小学科学教育资源写成教学案例,在全班范围内进行交流与探讨。

4. 在小学科学实验教学资源的开发与利用过程中,简述你是如何理解小学科学教学资源的开放性的。

5. 请对小学科学实验教学资源、网络科学教学资源和社区科学教学资源进行比较,并分析各自的优点与缺点。

【学习评价】

评价维度	评价内容				
	评价标准	评价等级			
		A	B	C	D
知识与技能	理解小学科学教学资源的基本含义,知道其分类及特点,理解开发与利用的基本原则				
过程与方法	学会常见教学资源开发利用的方法、策略				
情感、态度、价值观	在教学过程中乐于恰当地选择与利用小学科学教学资源,热衷于科学、有效、合理地开发各类小学科学教学资源				

【推荐阅读】

1. 林长春.论化学实验教学资源及其开发策略[J].中国教育学刊,2004(3):42-45.

2. 刘德华.小学科学课程与教学[M].北京:中国人民大学出版社,2009.

3. 刘克健.小学科学教学中课程资源的开发与利用[J].南京晓庄学院学报,2005(6):45-48.

4. 吴刚平.课程资源的开发与利用[J].全球教育展望,2001(8):24-30.

5. 张红霞.小学科学课程与教学(第2版)[M].北京:高等教育出版社,2010.

6. 张洋,等.网络信息资源开发与利用[M].北京:科学出版社,2010.

第十三章
小学科学教学设计与实施

如果学校不能在课堂中给予学生更多成功的体验,他们就会以既在学校内也在学校外都完全拒绝学习而告终。

——林格伦

教育不能创造什么,但它能启发儿童创造力以从事于创造工作。

——陶行知

如果好奇心能够幸免于形式教育,那真的是一个奇迹。

——爱因斯坦

小学科学课堂教学是学校科学教学活动的主要形式,是实现小学科学课程目标的最基本途径。通过前面的学习,我们已经知道了小学科学教学的理念、目标、内容、方法,以及各个内容领域的教学策略,也就明确了为什么教、教什么、怎样教的问题。但如何将这些科学课程与教学的基本理念和方法应用于小学科学课堂教学呢?我们还必须在教学理论与教学实践之间搭建一个桥梁,那就是开展科学教学设计。小学科学教学设计是顺利完成小学科学教学任务、实现小学科学教学目标的关键所在,每一位教师都必须掌握科学教学设计的原理与方法,并且在小学科学教学实践中不断探索与反思,以逐步成长为高水平的小学科学教师。

第一节 小学科学教学设计概述

(1)了解小学科学教学设计的含义。
(2)理解小学科学教学设计的意义和特点。

一、小学科学教学设计的含义

（一）教学设计的含义

资料卡片：国外学者关于教学设计的典型定义

教学设计这个概念的内涵十分丰富，国内外学者对其都有不同的界定，目前还没有一个公认的解释。国内对教学设计的含义比较有代表性的观点有：教学系统设计是运用系统方法分析教学问题和确定教学目标，建立解决教学问题的策略方案、试行解决方案、评价试行结果和对方案进行修改的过程。①教学设计是教师在备课过程中，应用系统方法分析教学问题，确定教学目标，设计解决问题的步骤，选择相应的教学策略和教学媒体，分析、评价其结果的过程。②教学设计是以传播理论和学习理论为基础，应用系统理论的观点和方法，研究教学系统、教学过程和制订教学实施的计划，以使教学效果达到最优化。③教学设计主要运用系统方法，将学习理论与教学理论的原理转换成对教学目标、教学内容、教学方法和教学策略、教学评价等环节进行具体计划、创设教与学的系统"过程"或"程序"，而创设教与学系统的根本目的是促进学习者的学习。④

【问题讨论】

请根据以上教学设计的定义，给小学科学教学设计下一个定义。

（二）小学科学教学设计的含义

根据以上国内外有关教学设计的不同界定，我们可以给小学科学教学设计做出如下定义：小学科学教学设计是小学科学教师在科学教学工作开始之前，运用系统方法，根据现代教育心理学和小学科学教学等原理，结合小学科学教学内容、学生的实际水平，以及教学条件和环境，按照预定的小学科学教学目标对小学科学教学活动（包括教师行为和学生行为过程）进行系统规划的过程。

二、小学科学教学设计的意义

（一）小学科学教学设计能优化教学结构，大面积提高小学科学教学质量

小学科学教学设计是以小学科学教学目标为中心，进行学习需要分析、教材内容分析、教学策略和媒体选择等设计，这种设计过程能优化小学科学教学过程，从而有利于大面积提高小学科学教学质量。

---

① 乌美娜.教学设计[M].北京：高等教育出版社，1994.
② 胡淑珍，等.教学技能[M].长沙：湖南师范大学出版社，1996.
③ 傅得荣.CAI课件设计的原理与方法[M].北京：高等教育出版社，1994.
④ 何克抗.教学系统设计[M].北京：北京师范大学出版社，2002.

(二)小学科学教学设计是连接理论与实践的桥梁

小学科学教学设计在对有关的小学科学教学资源进行收集、加工、转换、判断的基础上,设计一系列科学教学活动程序(包括教师的教和学生的学),使小学科学教学活动序列化、最优化,这些都需要将抽象的教学理论转变成具体的科学教学行为。小学科学教学实践证明,小学科学教学设计能在理论与实践两者之间更好地发挥桥梁作用。

(三)小学科学教学设计是实现小学科学教学的科学性与艺术性相统一的重要途径

小学科学教学既是一门科学又是一门艺术,而小学科学教学设计是科学性与艺术性的结晶。科学性包括准确性和严密性两方面。准确性是指小学科学教学设计既要以科学的科学教育教学规律为基础,又要反映科学知识、技能的内在联系。严密性是指小学科学教学设计流程应顺畅清晰,富于条理性和逻辑性。艺术性指小学科学教学设计能保证一堂课结构完美、语言流畅、精致、行之有效和富于创造性,能极大地刺激学生的学习情绪,满足他们的求知欲,形成师生之间和谐愉悦的课堂气氛。这样,小学科学教学设计把教学的科学认识活动与艺术创造活动联系在一起,使它们相互交融、相互渗透,从而提高小学科学教学效率。

(四)小学科学教学设计有利于增强小学科学教学过程的可控性

小学科学教学设计有一套科学的设计技术和方法,其对小学科学教学过程的每一个步骤、每一个要素都要进行预测和设计,从而能够有效地控制和调节每一个教学活动的时间、内容、范围、程序。

(五)小学科学教学设计有利于提高科学教师的专业素质

运用科学教学设计理论设计科学教学,要求小学科学教师努力运用科学的方法去分析和解决科学教学问题,进一步把握教学内容,明确科学教学目标,设计出合理的科学教学过程,使教师解决科学教学问题的能力得到提升,促使科学教师的专业素质从必然王国走向自由王国。

三、小学科学教学设计的特点

小学科学教学设计是根据教学对象和小学科学教学目标,确定合适的教学起点与终点,将教学诸要素有序、优化地安排,形成科学教学方案的过程。它是运用系统方法有效解决小学科学教学问题的过程,它以教学效果最优化为目的,以解决小学科学教学问题为宗旨。具体而言,小学科学教学设计具有4个特征。

第一,小学科学教学设计是把科学教学原理转化为教学材料和教学活动的计划。小学科学教学设计要遵循教学设计过程的基本规律,选择科学教学内容,以解决教什么的问题。

第二，小学科学教学设计是实现科学教学目标的计划性和决策性活动。小学科学教学设计以计划和布局安排的形式，对怎样才能达到科学教学目标进行创造性的决策，以解决教师怎样教和学生怎样学的问题。

第三，小学科学教学设计的基本方法是系统方法。小学科学教学设计把科学教学的各要素看成一个系统，分析小学科学教学的问题和需求，确立解决的程序纲要，使小学科学教学效果最优化。

第四，小学科学教学设计是提高学生获得科学知识、技能的效率和兴趣的技术过程。小学科学教学设计的功能在于运用系统方法设计教学过程，使之成为一种具有操作性的程序。

第二节　小学科学教学设计的基本原理

(1)理解小学科学教学设计的理论基础、基本原理和基本原则。(重点、难点)
(2)理解小学科学教学设计的基本过程及其步骤。(重点、难点)

一、小学科学教学设计的理论基础

(一)马克思主义哲学、系统科学、自然科学方法论基础

马克思主义哲学是最普遍的世界观、方法论，它对科学教学设计具有普遍的指导意义。例如，关于事物之间普遍联系的观点，要求我们进行小学科学教学设计时，必须在充分认识小学科学教学过程各要素、各环节之间的普遍联系的基础上，去编制小学科学教学目标、分析小学科学教学内容、确定小学科学教学策略、选择小学科学教学组织形式和教学方法、组合运用教学媒体和确定科学教学评价方式等。

再如，关于事物发展变化的观点，要求教师不仅要用发展的眼光考察小学科学教学设计的对象和教学过程，根据小学科学教学过程不断发展变化这一规律灵活进行教学设计。同时，还要用发展变化的眼光去考察小学科学教学设计本身，根据教学设计理论和现代教育技术的发展、科学教育改革的深化等创新原有的教学设计模式，使小学科学教学设计本身得以不断地完善和发展。

系统科学包括系统论、控制论和信息论，是哲学方法论与具体方法之间的中介，具有跨学科的性质。其中某些范畴和原理,如系统和要素、结构和功能、状态和过程,以及整体原理、有序原理、动态原理、反馈原理、信息转换原理、最优化原理等对小学科学教学设计具有广泛的应用价值,是小学科学教学设计的基本指导思想。

例如,将有序原理运用于小学科学教学设计,不仅要求教学设计结合科学教材内容的逻辑结构和学生身心发展情况,有次序、有步骤地展开,而且还要求科学地安排科学教学过程的层次结构,合理安排各种媒体和方式的运用时间,使教学设计趋于合理、科学。

再如,最优化原理要求在小学科学教学设计中,要使教学系统发挥最优的功能,就必须确定最优教学目标,选择最优教学方案,用最优化的观点去探索小学科学教学设计的最优化途径。

自然科学方法论是关于自然科学认识的一般过程和科学方法的理论,是连接哲学和自然科学的一条纽带,属于科学方法的中间层次。对于小学科学探究教学过程的设计,涉及一系列的科学方法,比如,假说方法、模型方法、科学抽象方法、实验方法、观察方法等,教师必须深刻理解上述科学方法的内涵及其价值,才能有效设计小学科学探究活动。

(二)心理学、教育学、科学教学论基础

在心理学和教育学中,为小学科学教学设计直接提供理论依据的是学习理论。学习理论研究的是学习者如何通过感知、思维和行动接受教育,掌握知识、技能和发展能力。小学科学教学只有遵从学习规律,才可能达到预定目的,取得较好的效果,因此,学习理论对小学科学教学设计的理论和实践起着直接的指导作用。纵观许多学习理论流派,在小学科学教学设计中应用的学习理论主要有:行为主义学习理论、建构主义学习理论、布鲁纳认知学习理论、布卢姆掌握学习理论等。

科学教学论是专门研究科学教学过程的特有矛盾及其规律的学科,它所揭示的科学教学规律为科学教学设计提供了最直接的理论依据。比如,科学探究教学、科学教学模式、科学实验教学、科学教学评价以及各类型科学知识领域的教学策略等都是小学科学教学设计中应充分考虑和应用的知识。

(三)传播学、媒体理论基础

传播理论对小学科学教学设计的影响表现在两方面:第一,为小学科学教学内容的设计提供依据。传播理论认为信息是传播过程的重要因素,也是控制的基础,因此,它要求在进行小学科学教学设计时应考虑如何设计合理的教学信息内容和信息量,以便有利于影响教育对象和调控教学过程。第二,为小学科学教学过程设计的反馈与控制提供根据。传播理论认为,只有通过反馈系统提供各种控制信息,才能保证教学顺利进行。这一观点揭示了小学科学教学设计应该是一种动态的设计,要随时根据教学反馈的信息调整设计的内容与环节,尤其要根据系统内部与外部的条件变化去调整教学信息,以达到最优教学效果。

现代媒体理论的发展使小学科学教学设计的观念和方式发生了重大变革,那就是教学设计将由传统的只注重精耕细作、低信息量的设计转变为现代的注重技能训练、大信息量的教学设计。此外,现代媒体理论的发展对科学教学设计提出新课题和新要求。比如,研究教学媒体如何表现教学内容,如何引起学生学习动机,如何使学生感知教学内容、活跃思维过程、促进技能与智力的发展;研究如何合理组合媒体,以便发挥整体的优势;等等。

二、小学科学教学设计的基本原理

(一)目标定向原理

目标定向原理是指小学科学教学设计要充分发挥科学教学目标的定向、激励、调控功能,以明确、具体的小学科学教学目标来组织、规范、评价、调节小学科学教学活动和教学效果。这一原理要求小学科学教学设计依据科学教学目标制订教学措施、调控教学过程,同时十分重视对小学科学教学目标达成度的反馈,并以此不断地优化、完善教学设计。

(二)变量控制原理

变量控制原理是指通过设计和调整一些较易改变的要素来提高课堂教学目标的达成度。对于"教学活动有哪些变量"这个问题,布卢姆从研究卡罗尔的学校学习模式出发,分析探讨了影响教学效果和学生学习成绩的有关因素和变量,提出了影响教学活动的3个重要变量:认知前提能力、情感前提和教学质量。这三大教学变量属于对改善教学过程具有重要影响而又较容易改变的教学变量。科学教学设计中只有重视对"三大教学变量"的分析,才能使设计最优化。

资料卡片:教学变量解说

(三)整体优化原理

教学研究表明,教学效果与教学结构整体性密切相关。小学科学教学设计要达到好的效果必须遵循这一重要原理。首先,要分析科学教学系统各要素(教师、学生、科学课本、科学实验对象及仪器、直观教具和电化教具、教学方法、科学方法等)之间的相互联系、相互作用的方式。其次,要研究各要素之间的主次关系,并按主次关系排列设计顺序。如,在教学设计诸要素中,教学目标是核心,目标决定内容,内容决定方法,方法决定媒体,根据这一主次关系,科学教学设计要确定科学教学目标,在确定目标的基础上组织科学教学内容,再选择适当的教学方法手段等。最后,认真考虑各要素的有机配合,形成最大的合力。

(四)系统有序原理

系统有序原理认为,各种有机体都是按照严格的等级和结构组织起来的序列系统。在系统中,同一层次要素的联结形成"级",逐级联结形成"列",而其中组合结构的形式就是"序"。"序列"就是系统的有机联系的反映,稳定的联系构成系统的结构,并保证了系统的有序性。

系统有序原理要求在小学科学教学设计中,应从知识教学的逻辑顺序、能力培养的顺序、师生情意协调的顺序、教师教的顺序、学生学的顺序、各种教学要素运行的顺序6个方面来体现科学教学系统的有序性。

(五)反馈矫正原理

在小学科学教学过程中,教师与学生、教师与教材、教师与教学情境、学生与课本、学生与教学情境等两两之间都存在着信息交换关系。教学信息回流主要体现或集中在教与学两方面的活动之间。教学双方互为信源和信宿,互为输入与输出,互有交换与反馈。只有依据教学目标不断地进行教学反馈矫正,才能及时消除缺陷积累,实现课堂教学的最优化。根据反馈矫正原理,小学科学教学设计应建立由三方面组成的自我反馈矫正系统:要建立一个完整的教学信息自我反馈系统,实现对小学科学教学信息的全面控制;要形成一个完善的自我矫正系统,实现对小学科学教学问题的及时矫正;要形成一个完整的小学科学教学控制系统,实现对小学科学教学目标达成度的全面控制。

三、小学科学教学设计的基本原则

(一)理论性与操作性相统一的原则

如前所述,小学科学教学设计必须以马克思主义哲学、系统科学、自然科学方法论、心理学、教育学、科学教学论等理论为基础,充分发挥其对规范科学教学实践、提高教学质量的指导作用,从而减少科学教学实践的盲目性、增强教学实践的科学性和自觉性。

同时,小学科学教学设计还应该注意加强可操作性,围绕关键问题建立合理的规范,制订出合理可行的操作步骤和方案,保证科学教学目标的全面实现。只有坚持理论性与操作性统一原则,才能使小学科学教学设计真正成为连接教育理论与教学实践的桥梁,促进教学理论与教学实践的统一。

(二)要素设计与整体设计相结合的原则

小学科学教学设计是对科学教学结构各要素以及各要素之间的关系进行整合的设计。首先要在对科学教学系统的各组成要素进行认真分析的基础上,对每一个要素逐一做出构思、规划。然后进一步分析科学教学系统的各组成要素之间的相互作用,协调各要素之间的匹配和组合,使科学教学系统的功能得到最优的发挥,产生整体效应。

(三)求实与创新相结合的原则

小学科学教学设计必须从实际出发、实事求是。为此,应做到3点。

第一,设计要从教学对象的实际出发。既要掌握学生已有的知识基础、智力发展水平及心理发展水平的状况,又要在教学过程中及时掌握学生的学习状态,通过信息反馈来改进、调节教学设计方案,直到实现预期的科学教学目标。

第二,设计要从教师自身条件的实际出发。在教学设计时,教师应清楚地了解自己的专业素质和教学能力,以及自己的教学风格、与学生之间的人际关系特点等,以便在教学设计中选择适当的教学模式、教学策略、教学方法和手段,最终设计出符合自身条件的可行性强的科学教学方案。

第三,设计要从教学环境的实际出发。主要是要充分考虑学生所在学校、班级的素质水平、校风、学风、教学场地、科学仪器、设备配置、电化教学媒体配置等对教学质量的影响作用,要根据实际情况进行决策。

小学科学教学设计是一种创造性活动,每一个优秀的设计方案都是教师智慧的结晶。为此,小学科学教学设计应当在"求实"的基础上锐意创新,努力体现教师的创新精神和创造水平。如通过采用新的角度、新的方法、新的手段、新的程序等寻求教学系统各要素的最优化组合,从而为达到最优教学效果创造条件,同时也有利于培养学生的创新意识和创新能力。

(四)教师主导与学生自主参与相统一的原则

教学是由教师的教与学生的学组成的双边活动。要取得良好的教学效果,就必须在科学教学设计中充分发挥教师的主导作用,充分尊重和保证学生学习的主体地位,使学生自主地参与到科学教学活动中去。为此,小学科学教学设计中要做到5点。

(1)通过以旧引新、用实验结果或事实引入、讲科学史实和日常生活中的实例等方式,为学生创设学习、获取新知识的情境,从而激发其学习兴趣。

(2)按照自然科学认识的一般过程并运用相应的科学方法来组织学生的科学实验探究学习活动,使学生成为知识的探究者,培养和发展学生的实验能力、实验兴趣和科学态度,使学生养成正确的科学活动观和探究习惯,提高学生的科学素养。

(3)科学地设计问题,使学生产生学习的意向、积极的思维。

(4)设计适当的变式训练,多角度、多侧面、多层次地揭示概念、原理的实质。

(5)设计多样化的学生课堂活动形式,如观察、实验、阅读思考、讨论争辩、分析比较、归纳总结和练习设计等。

四、小学科学教学设计的过程模式

小学科学教学设计的过程模式是指小学科学教学设计的程序或者操作步骤的简化形式。

教师在教学设计实践中所面对的教学系统的范围、教学任务的层次和个人专业背景的差异使他们对教学设计的理解和认识不尽相同。在设计中,他们的关注点和自身的优势也不同,促成了许多不完全相同的教学设计的过程模式。

在借鉴国内外各种教学设计过程模式的基础上,我国学者结合我国基础教育课程改革的背景和教学实践的需要,经过多年的研究和教学实践,总结出一般教学设计过程模式,其结构如图 13-1 所示。[1]这种教学设计过程模式中的各部分是相互联系、相互制约的,共同组成一个有机的教学设计系统。在小学科学教学设计过程中,可以参考这个一般教学设计过程模式。

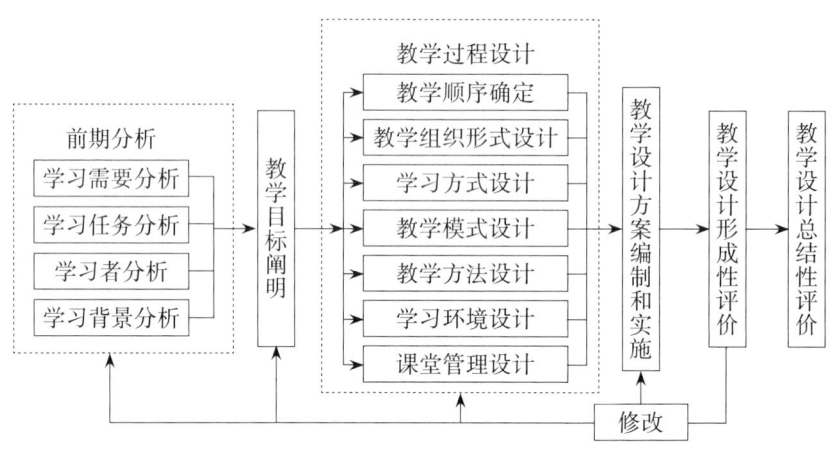

图 13-1 一般教学设计过程模式

第三节 小学科学教学设计的类型

(1)理解小学科学教学设计的类型、内涵及其特点。(重点)

(2)学会小学科学教学单元设计、课时设计的方法,能够写出规范的课时教案。(重点、难点)

---

[1]蔡铁权,钱旭鸯.教学设计过程模式的结构与规范[J].浙江教育学院学报,2008(4):36-43.

一、小学科学单元教学设计

(一)小学科学单元教学设计的内涵

小学科学单元教学设计是以小学科学教材为基础,通过对小学科学教材中具有某种内在关联性的内容进行分析、重组、整合并形成相对完整的教学单元,在教学整体观的指导下,将小学科学教学诸要素有序规划,以优化小学科学教学效果的教学设计。

(二)小学科学单元教学设计的操作步骤

1. 确定单元内容

合理划分单元、确定单元内容是开展小学科学单元教学设计的基础。单元教学中的"单元"已不局限于教材中的"教学单元"。它可以是教材中的"自然单元",也可以是由几个教学单元中的相关内容重新整合、调整的"整合单元"。在确定"教学单元"内容时,教师可以根据教材内容、学生学习情况,选择、确定、优化单元内容。

2. 分析教学要素

教学要素分析是编制单元教学目标的依据,也是单元教学设计的重点环节,包括学科分析、课程标准分析、教材分析、学情分析、重难点分析以及教学方式分析。

3. 编制单元教学目标

单元教学目标是单元教学过程设计的依据,也是单元教学设计的重要基础,所以教学目标的确定与细化表达是单元教学设计过程中最关键的一个环节。

4. 设计单元教学流程

单元教学流程是在要素分析以及单元教学目标确定的基础上,针对整个单元的教学内容选择教学策略,进一步形成单元教学方案。

5. 评价、反思与改进

教师应当在实施教学之前依据教学目标编制评价标准,并在单元教学实施之后,依据标准去评价学生的学习成果,做到目标、教学、评价三者的统一。

以上教学设计的步骤可以用图13-2表示。

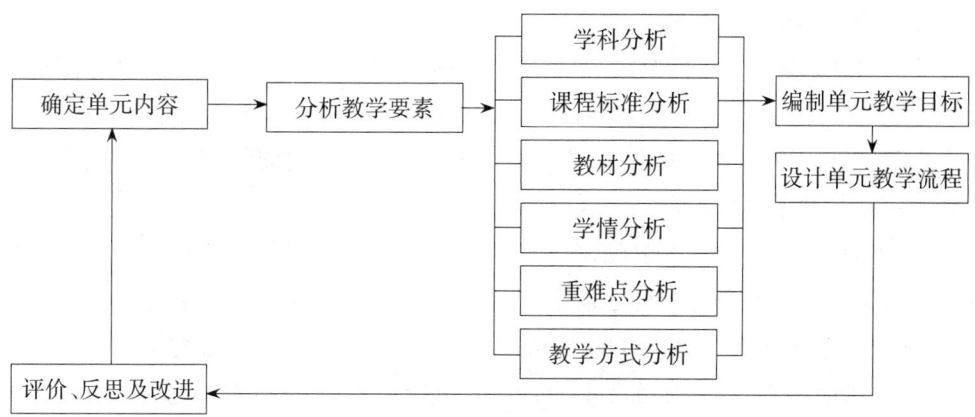

图13-2 小学科学单元教学设计的操作步骤

(三)小学科学单元教学设计应注意的问题

1.单元的独立性

单元教学内容的一个突出特点就是内容的相对独立性,即某一单元的内容往往是围绕某一主题的相关内容展开。

2.单元的连续性

各单元教学内容固然有相对的独立性,但某一单元内容与其他单元之间又具有一定的联系,即前面内容是后面内容的基础。在单元教学内容的设计中,人们一般都注意到了其内容的独立性,但往往忽视了它的连续性,这样容易使教学内容支离破碎。

二、小学科学课时教学设计

(一)小学科学课时教学设计及其特点

小学科学课时教学设计是教师根据具体条件,对小学科学教材的一个主题(分成一课时或几课时)进行的教学设计。与单元教学设计相比,课时教学设计属于微观教学过程设计,是教学设计的落脚点和归宿。小学科学课时教学设计具有3个特点。

第一,超前性。小学科学课时教学设计在于对小学科学教学效果做出超前设想和预测,提出使理想的效果成为现实的方案和措施。

第二,选择性。小学科学课堂教学系统要素的结合方式是多种多样的,教师应从多种结合方式中选择最优的一种方案。

第三,创造性。小学科学课时教学设计同其他任何设计一样,是一种创造性行为。富于创造性的教师,都善于对小学科学课堂教学系统和要素进行创造性的组合,并寻求最佳的结构方式,产生最优化的教学系统功能,达到最优的教学效果。

(二)小学科学课时教学设计的操作步骤

1.领会小学科学课程标准

小学科学课程标准是全国范围内统一使用的指导性的教学规范,它具体规范了科学教学的一系列要求。在进行小学科学课时教学设计时,要认真学习、领会科学课程标准精神,包括科学教学目标、教学内容标准、教学要求、教学中应该注意的问题、考核和评估等。

2.分析小学科学教材内容

对小学科学教材主题内容的钻研、分析是进行小学科学课时教学设计的关键。其操作要点包括:①分析本主题教材之前已有的基础,以及与以后单元、主题教材内容的关系;②分析本主题教材中各部分知识间的逻辑关系;③分析本主题教材中科学知识的科学性,务必准确无误;④分析本主题教材的知识进阶水平;⑤分析本主题教材的教学重点和难点;⑥分析本主题教材中的实验、插图、表格、注解、阅读资料等;⑦分析本主题教材中的科学态度培养、STSE、STEM、科学史教育等因素;⑧分析本主题教材的科学方法与探究能力培养等问题。

3.分析教学对象

分析教学对象是教学设计的重要前提,主要包括:①学生认知结构分析。如,分析学生的已有科学知识、技能基础是否足够应付学习中可能遇到的困难;分析学生的智力发展水平、能力是否与本节教材的要求相适应等。②学生情意活动分析。如,对学生的学习态度、兴趣、爱好,与教师、同学之间的关系等进行分析。一般可以向班主任和其他任课教师了解学生情况,也可以通过课堂活动、实验、作业、个别辅导、课外活动、试卷分析等形式了解学生情况。要防止只重视教材而忽视学生实际的片面性。

4.编制科学教学目标

小学科学教学目标是小学课堂教学的出发点和归属,是小学科学课时设计非常重要的组成部分。编制小学科学教学目标要从小学科学课程标准、小学科学教材、学生实际等方面进行综合考虑。一般说来,可以从科学知识,科学探究,科学态度,以及科学、技术、社会与环境等4个维度来进行设计。

5.设计教学策略

(1)教学主体行为设计。教学主体行为包括教师主导行为和学生参与行为,两者是构成教学活动的基本要素。教师主导行为设计的内容:交代目标、引导动机、引导探索和指导学习方法。学生参与行为是一种在教师精心设计和组织下有目的地开展教学活动的行为,设计的内容主要有小组合作、实验设计、观察、实验、讨论、表达与交流等。

(2)组织教学内容。组织教学内容是在教学内容分析的基础上进行的。教学内容的组织是指按照一定规则对教学内容要素进行排列和组合,并使这种排列组合以一定的方式呈现出来。

(3)教学媒体的选择与组合。根据教学内容和教学目标的需要,选择恰当的教学媒体并将其有机地结合起来,形成多媒体组合教学的各种模式并运用在教学中。教学媒体设计包括教学媒体选择、教学媒体组合和教学媒体演示。教学媒体组合,即把具有不同教学功能的教学媒体(如标本、模型、图表、实验、录像、CAI课件等)进行有机组合,发挥整体优势,取得最优的教学效果。

(4)优选教学方法。教学方法设计包括教法设计和学法设计两方面。对教法的优选要考虑教学目标、教学内容、学生年龄特征和学习能力水平以及教师自身素质等因素,要体现现代科学教学方法的特征,使科学教学获得最大的效能。进行学法设计,要了解学生思维活动的过程及其一般规律;要根据学生不同的思维类型采用不同的训练方法进行组合;要充分体现"教师为主导、学生为主体"的教学思想,强调学生学习活动的主体效应;要充分体现小组合作学习、探究学习。

6. 形成性练习设计

形成性练习设计是指教师为实现科学教学目标而编制一组练习题进行形成性评价。它能及时反馈信息，使教师调控教学策略，更好地帮助学生理解、巩固新知识，并使之转化为技能，发展和培养学生的能力。因此，认真设计形成性练习十分重要。设计时应做到目的性强、重点突出，并根据科学教学实际精选练习题。

7. 编制教学设计方案

科学教师在以上各步骤对小学科学课时教学程序进行设想与构思的基础上，可以用文字、符号或图示、图表等编制小学科学课时教学设计方案，即科学教案。

科学教案一般包括9项内容：①课题；②课型；③教学目标；④教学重点和难点；⑤教学方法；⑥教学用具；⑦课时安排；⑧教学过程；⑨板书计划。

科学教案既要能反映教学设计内容，又要简明扼要，做到程序、阶段清晰，步骤分明，较好地反映教学思路和策略；要突出对教师活动和学生活动的设计，力求在小学科学教学实施过程中具有可操作性。

(三) 小学科学课时教案的书写格式

1. 讲稿式

讲稿式教学设计方案是指以文字的形式来表现教学过程设计的一种教案形式。其优点在于内容较为详尽、系统全面，便于教师教和指导学生学。它是教师经常采用的一种形式，尤其适用于青年教师。不足之处是文字多、篇幅长，容易限制执教者的思维，不便于其针对各种可能情况进行发挥。编制时不能写成一句不漏的"读稿"，应使段落、教学步骤和过程结构清晰、醒目。

2. 表格式

表格式教学设计方案是以表格的形式来说明教学设置内容和教学过程（包括教师活动、学生活动、设计意图等）。其优点是文字精练、简明、清晰。不足之处是操作起来可能有一定困难，一般多适用于有经验的教师。

3. 流程图式

流程图式教学设计方案以流程图的形式展示教学设计内容和教学过程的基本结构。这种教案形式能清晰直观地展示整个教学设计思路，但它不便于表现细节，一般不适合新教师使用。在采用流程图设计教学方案时，要使用一些规范的基本图形框，并在框内以简明的文字说明。

4. 综合式

综合式教学设计方案综合上述各种形式之长处，将其灵活地组合应用。例如，可以在讲稿式教案后面附上程序框图等。

案例探析："运动与摩擦力"课时教学设计

第四节　小学科学教学设计的实施

(1) 了解小学科学教学设计与实施的相互关系。
(2) 了解小学科学课时教学设计方案实施的课前准备工作。
(3) 理解小学科学各类教学技能的含义、构成要素、类型及其应用要点。(重点)
(4) 学会并能够熟练应用小学科学教学的基本技能。(重点、难点)

一、小学科学教学设计和实施的相互关系

(一) 小学科学教学设计的"应然"和实施的"实然"

小学科学教学设计只是对未来即将开展的教学实施过程中可能出现的教师行为和学生行为以及可能引起的教和学的效果做出相应的"设想",仅仅是一种人为的"预期",是一种理想的"应然"状态;而教学设计的实施过程则是师生在课堂内(或外)的实际教与学的活动过程,是现实教学活动中存在的一种"实然"状态。

教学所面对的学生之间具有较大的个体差异,不同学生面对同样的内容或者问题时会有不同的理解和回答,需要教师给予不同程度和不同方式的引导。因此,一份好的教学设计应该考虑不同学生间所存在的各种差异,尽可能多地估量教学中可能遇到的不确定的教学情境和状态,以"打有准备之仗"。小学科学教学设计对教学进程的预想并非是线性的,而应该是多维的、发散的。尽管如此,教学设计也仅仅只能是对教学实施的大体轮廓的描述,不可能面面俱到,因而具有相当的不确定性。

在教学实施的过程中,教师需要根据实际活动过程不停地做出各种决断,如什么时候停顿,停顿多长时间;什么时候提问,提什么样的问题,怎么提问,请哪位学生回答,回答后给予怎样的反馈;什么时候开始让学生讨论,讨论时教师做些什么事情,什么时候结束学生的自由讨论等。"突发"事件需要教师充分调用其教学机智来应变,以保证教学的顺利进行。但不管如何,在一个教学实施活动中,每时每刻都发生着确定的事情,即使有些事情是出乎意料的,但也的确发生着,并且不以人们的意志为转移,由此可以认为,这种"实然"的状态是单线程的,具有确定性特征。

(二) 小学科学教学设计的"文本性"和实施的"实践性"

小学科学教学设计是进行科学教学实施的前期准备,一个好的教学设计需要教师在

课堂之外花费较长时间进行精心的酝酿和准备,最后通过教学设计方案的形式呈现出来,即是以静态的"文本"的形式呈现的。

需要注意的是,此处所指静态是和动态的实践活动相对应,另外,"文本"的范畴也应有所扩展,其形式并非只局限于文字性的内容。

小学科学教学设计的实施则是一种基于静态文本的动态的实践过程。其实践场地大部分是在课堂之中,当然,也有一些实践场地可能因具体需要而走出教室在课堂之外进行。教师和学生都是教学过程的实施主体。在教学过程中,不仅有师生间、学生间的认知信息的交流,还有非认知信息诸如情感、态度、价值观等的交流。这种广泛的、多角度的交流充分体现了师生之间的互动性,师生可在这种交流实践中体验教学设计的思想和方法。这种过程性的体验充分体现了教学实施的动态实践性特征。

(三)小学科学教学设计和实施的相互关系

小学科学教学设计指导教学设计的实施过程,是进行教学实践的"蓝图"。如果离开了教学设计的指导,那么实施过程将成为无本之木,无源之水,将是盲目和随意的实施。俗话说:台上一分钟,台下十年功。一次精彩的教学实施过程必然离不开先期精心的教学设计,当然还包括教师的教学基本功的训练。

但是,实施也并非唯教学设计至上,不能是对教学设计的僵化执行,不是"教案剧"的照本上演,而要视具体的教学情况进行灵活的应变。换言之,教学设计和教学实施之间并非一一对应的,两者之间并非遵守严格的镜像关系。

因为不管事先的考虑有多么周全,设想有多么完美,预期与实际、理想和现实之间总有或多或少的落差存在。现实的教学活动过程可能符合小学科学教学设计"预期",但有很多时候可能出现教学设计者未能"预期"到的活动或者与"预期"相矛盾的活动,此时自然无法继续接受教学设计的指导,而需要教师根据具体的教学环境做出适当的调整和应变,充分体现出教师的能动性和教师的教学机智。

二、小学科学课时教学设计方案实施的课前准备

(一)完善和熟悉教案

教案成型后,教师要进一步完善和熟悉教学设计的具体过程和内容,根据距离正式上课时间的长短可以有所侧重。如果距离上课还有比较长的时间,主要侧重于进一步完善教学设计,可以对教学设计中的相关细节进行更加深入的预测和斟酌,并进一步考虑教学内容的发散性、知识编排的系统性和学生的可理解程度,对相关细节做出调整和修正。

需要指出的是,熟悉教案并不等于"背诵"教案,如果把教案从头到尾背得滚瓜烂熟,即便上课巧舌如簧,吐词成珠,这也不是在上课,而是在演说,将失去上课的实用价值,起

不到实质收效。熟悉教案的有效方法是试讲或者默讲。特别是作为新教师,进行试讲更是很有必要的。在对教案熟悉的过程中,教师可采取画线、做标记的方法醒目地标识出自己要多加留意或不容易记住的地方。

(二)教学媒体的准备

教学媒体是教学信息的承载实体,其作用在于提高学生接收信息的数量和质量,包括:①传统教学媒体,板书和板画,实物模型(图片、图画和挂图)等;②现代教学媒体,幻灯、投影、电影、电视、录像、计算机等。要求教师在课前对教学媒体进行全面清点和熟悉,例如,检查图表内容是否科学,模型是否比例恰当,熟练多媒体的相关操作,预先放映所制课件、电影或教学录像等,检查是否达到预期效果和时间控制是否得当,以确保教学的顺利进行。

(三)实验的准备

1. 实验设计的准备

一个实验的设计,教师首先要考虑实验的安全性,由此决定实验的可行性。对于安全性不够高的实验,教师要考虑取消实验或对实验进行改进。例如:对易发生爆炸的实验要慎做或进行改进;对实验中产生的对环境或人体有害的物质要进行吸收处理;尽可能不用有剧毒的药品;尽可能避免使用高压电源的实验等。此外,实验设计时还要考虑实验的可操作性。

2. 实验器材的准备

检查所用试剂、仪器、设备是否都符合实验要求。若个别器材不全,则需要考虑寻找替代品或对实验方案进行改进。自己动手做实验器材,如自制仪器、自制药品等,特别是用生活中常见的物品做原材料制成的器材,更能激发学生的兴趣和参与的愿望。

对于一些容易遗漏的物品更应注意检查,如化学实验中常用的火柴、抹布、吸水纸、玻璃棒等,这些物品看起来微不足道,却能影响整个实验操作。因而,在上课前还要最后清点一次实验器材,不能有半点儿马虎。为防止因事故造成实验器材的缺失而无法完成实验,在实验前最好多准备一套实验器材备用,常用仪器与药品不能仅准备刚好的实验用量而应有所余。

3. 实验操作的准备

上课前必须亲自试验,力求做到操作规范,实验现象明显。通过亲身的实践,教师可检验实验是否能够达到预期效果,时间长短是否恰当、操作是否安全等。教师可以通过改变药品配比、实验条件控制等使特定环境下的实验现象更加明显。

三、试讲与说课

试讲是教师按自己的教学设计,将整个教学程序按上课的要求演练一遍。整个过程与上课时相同,不同的是没有学生的参与。

说课是教师以语言表达等方式将自己的教学设计或教学思路表达出来,所面对的通常是教学同行或者教学专家。

(一)试讲、说课与教学设计的关系

试讲、说课与教学设计相互联系,相互统一。首先,教学设计是试讲与说课的基础和前提。教师只有对教学内容进行设计并形成教案,了然于胸后,才能用语言直截了当地表达出自己的设计思路,才能进行以教案为主要内容的试讲。其次,试讲与说课是熟悉并进一步修改和完善教案的手段之一。上课前,通过试讲和说课,教师可对整个教学设计进行系统的回顾,熟悉教案,做好课前的必要准备。课后,教师也可以通过说课的方式对整个教学过程进行回顾和解说。同时,试讲与说课还是考核教师教学设计水平的有效方式。

(二)如何进行说课

说课内容主要包括:教学设计的准备工作(包括说教材、说学生、说教学目标)、教学的具体步骤及主要的教学方法(说教法、说学法、说程序)、各局部设计的意图。

因此,不能把说课误以为就是简单地复述、再现或压缩教学过程,而要对每一步教学活动说明理由,说明各部分设计的意图。

四、小学科学教学的基本技能

教学技能是一般技能在教学情境中的迁移或具体表现。小学科学教学技能是在科学教学过程中,教师运用与小学科学教学有关的知识经验,促进学生学习,保证顺利地完成教学任务的一系列行为方式。

(一)教学语言技能

1.含义及其构成要素

教学语言技能是教师在课堂上进行教学信息交流的过程中,运用语言传递知识信息和指导学生学习的教学行为方式。其构成要素包括语音、音量、语速、语调、节奏、词汇和语法、语态。

2.应用要点
(1)力求严谨、简明、流畅;(2)要注意启发性;(3)要灵活机动。

(二)提问技能

1.含义、构成要素及其类型

提问技能是教师运用提出问题以及对学生的回答做出反应的方式,促进学生参与学

习,了解学生的学习状态,启发学生的思维,使学生理解和掌握知识、发展能力的教学行为。其构成要素包括讲解结构、语言表达、使用例证、形成连接、进行强调、获得反馈。提问技能按教学活动认知领域目标可划分为知识提问(回忆提问)、理解提问、应用提问、分析提问、综合提问、评价提问。

2.应用要点

(1)目标明确,重点突出,难点突破;(2)运用丰富的实例引导学生分析、概括并掌握学习方法;(3)讲解的过程要组织合理、条理清晰、逻辑严密、层次分明;(4)方法多样,理论联系实际,提高学生的理解水平,增强学习效果;(5)磨炼讲解语言技能,追求教学语言的科学性和艺术性。

(三)导入技能

1.含义、构成要素及其类型

导入技能是教师在开始一项新的教学内容或开设新课程、进入新单元和新段落时引导学生进入学习的行为方式。其构成要素包括引起注意、激起动机、组织指引、建立联系、进入课题。常用的导入技能类型有实验导入、故事导入、联系旧知识导入、谜语导入、联系生产生活实际导入、游戏导入、多媒体材料导入等。

2.应用要点

(1)相关性原则;(2)启发性原则;(3)趣味性原则;(4)精简性原则,即安排紧凑,一般控制在2~3分钟。

(四)演示技能

1.含义及其构成要素

演示技能是教师在课堂教学中进行示范操作或运用实验、实物、模型、图表以及电化教具等直观教学手段,充分调动学生感官,指导他们观察、思维和练习的一类教学行为方式。其构成要素包括演示媒体的选择、演示媒体的优化、演示的程序安排、演示的操作控制、组织引导。

2.应用要点

(1)目的明确;(2)现象明显;(3)操作规范;(4)安全可靠;(5)简单易操作;(6)演示与讲解相结合。

(五)板书技能

1.含义及其结构、布局

板书技能是教师在教学过程中利用简洁的文字、符号、字母和图表等传递教学信息的一种教学活动方式。板书的结构包括正板书(主体板书)——板书的中心部分,不能随意擦掉;副板书(辅助板书)——说明、解释、补充正板书的文字、数字及具体事例等,可随用随写,用完擦掉。

2.板书的形式

（1）纲要式——以简明文字概括出教学内容的要点，按教学顺序依次书写。提纲挈领、条理清楚、简单明了、重点突出、全面系统、书写简便、一般使用最多。

（2）表解式——用表解的形式来表现教材要点或课文的结构。要求：表解式板书不但要系统完整，而且要脉络分明。这种形式便于学生掌握系统的化学知识。

（3）图示式——用简笔画、示意图、框图或图像体现教学内容的板书。一般表示事物的发展、转变、变化等。

（4）表格式——一般用于类比、区别概念和表示情况的变化。这种板书类目清楚，对照鲜明，便于学生进行对比或建立联系。

3.应用要点

（1）内容精练、重点突出；（2）科学、准确；（3）条理清晰、布局合理；（4）形式多样、启发思维；（5）书写规范、流畅、示范性强；（6）板书与讲解结合。

（六）变化技能

1.含义、构成要素及其类型

变化技能是教师运用变化信息的传递方式及教学活动的形式等，改变对学生的刺激、引起学生的注意和兴趣、减轻学生的疲劳、维持正常教学秩序的一类教学行为。其构成要素包括做好铺垫、变换方式、师生交流。变化技能的类型有教态的变化、教学媒体的变化、相互作用的变化。

2.应用要点

（1）有明确的目的；（2）要有针对性；（3）要适度、注意分寸；（4）要流畅、连续；（5）课前计划与课中灵活运用教案相结合。

（七）强化技能

1.含义、构成要素及其类型

强化技能是教师对学生的反应采取各种肯定或奖励的方式，使教学材料的刺激与所希望的学生反应之间建立稳固联系，帮助学生形成正确行为，促进学生思维发展的一类教学行为。其构成要素包括提供机会、做出判断、表明态度。强化技能的类型有语言强化、动作强化、活动强化。

2.应用要点

（1）强化要有明确的目的；（2）进行强化时态度要真诚；（3）强化的方式要有区别和变化；（4）把握好强化的时机；（5）外部强化与内部强化相结合。

（八）结束技能

1.含义、要素及其类型

结束技能是教师完成一项教学任务时，通过重复强调、概括总结、实践活动等，对所教的知识或技能进行及时的系统化、巩固和应用,使新知识稳固地纳入学生的结构中去的一类教学行为。其构成要素包括提供心理准备、概括要点、明确结论、回顾思维与方法、组织练习。结束技能的类型主要有概括总结、分析比较、巩固练习等。

2.应用要点

(1)及时性;(2)概括性;(3)结构化;(4)获得性;(5)紧凑性。

【问题讨论】

为了成为一名合格的小学科学教师,你认为师范生应当掌握哪些教学技能?

本章小结

小学科学教学设计和教学技能是上好科学课的重要基础。本章简要讨论了小学科学教学设计的含义、意义和特点,重点讨论了小学科学教学设计的理论基础、基本原理、基本原则和过程模式,重点介绍了小学科学单元、课时教学设计的操作步骤和课时教学方案的写作格式,最后介绍了小学科学教学常用的基本技能的含义、功能、构成要素与应用要点。

【思维导图】

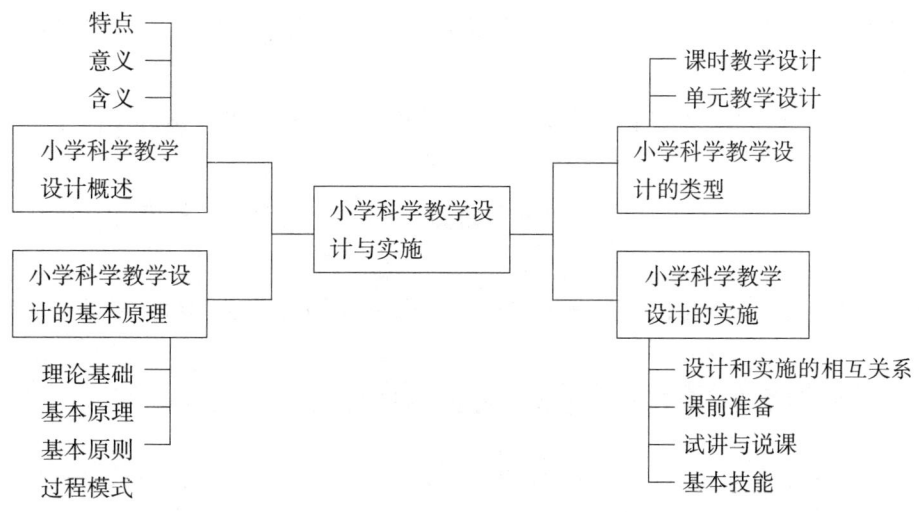

【思考与实践】

1.通过本章的学习(包括教学参考书的内容)谈一谈自己对小学科学教学设计的认识。字数为500~1000字。

2.通过CNKI或维普查阅有关教学设计的参考文献,做论文索引10篇,下载2篇。

3.通过Springer link数据库搜索 instructional design 的相关论文5篇,下载1篇。

4.选择小学1~6年级科学课(教科版)任意主题或者单元,完成一个课时的教学设计。

5.选择小学1~6年级科学课(教科版)任意主题,使用表格式、流程图式完成课时教案。

6.结合小学科学教材,举例说明小学科学各个教学技能的应用。

【学习评价】

评价维度	评价内容				
	评价标准	评价等级			
		A	B	C	D
知识与技能	了解小学科学教学设计的含义、意义和特点;理解小学科学教学设计的理论基础和基本原理、基本原则和过程模式				
过程与方法	学会小学科学教学单元设计、课时设计的方法,能够写出规范的教案;学会小学科学教学的基本技能				
情感、态度、价值观	体会到小学科学教学设计、科学教学技能对上好科学课的重要意义				

【推荐阅读】

1.盛群力.教学设计的基本模式及其特点[J].广州大学学报(社会科学版),2006(7):32-37.

2.蔡铁权,钱旭鸯.教学设计过程模式的结构与规范[J].浙江教育学院学报,2008(4):36-43.

3.吕世虎,等.单元教学设计及其对促进数学教师专业发展的作用[J].数学教育学报,2016(5):16-21.

4.王艳玲,熊梅.个性化教学单元设计的实践探索[J].课程·教材·教法,2014(1):56-60.

5.谢幼如.教学设计原理与方法[M].北京:高等教育出版社,2016.

第十四章
小学科学教学评价

不以不善而废其善。

——王安石

你的教鞭下有瓦特,你的冷眼里有牛顿,你的讥笑中有爱迪生。你别忙着把他们赶跑。你可不要等到坐火轮、点电灯、学微积分,才认识他们是你当年的小学生。

——陶行知

教学评价是教学的重要环节,是对教学效果的基本判断,为教学活动更有效地开展提供基本的依据。人们认为评价的本质是做出价值判断,所以教学评价是指根据一定标准或指标体系,运用科学有效的手段和方法,收集教学过程中的相关资料和信息,对教学活动及教学效果进行价值判断的过程。教学评价本身包含的范围比较广,不仅包括对教学过程中教师、学生、教学内容、教学方法手段、教学环境、教学管理诸因素的评价,也包括对学生学习的评价和教师教学工作的评价。本章着重对教师教学工作(教学设计、组织、实施等)评价和学生学习评价进行深入学习。

第一节 小学科学教学评价概述

(1)理解小学科学教学评价的功能,能举例说明。

(2)理解小学科学教学评价的理念,能简单描述过程性评价的特点。(重点)

(3)理解小学科学教学评价的内容,能用语言简单描述。(重点)

一、小学科学教学评价的功能

(一)导向功能

导向功能指评价本身所具有的引导评价对象朝着目标前进的功效与能力。小学科学教学评价是依据一定的标准,采用一定的方式或手段来收集信息并做出价值判断或诊断教学的过程。依据什么样的标准,采用什么样的方式或手段,收集哪方面的内容与信息等,都将直接引导小学科学教学的方向,甚至在一定程度上决定着小学教师要教什么和怎样教,直接对教师的教学行为和认识产生导向作用。

(二)反馈功能

反馈功能是指评价所具有的为评价者和被评价者提供反馈信息的功效与能力。在小学科学教学中,随着过程性评价不断受到重视,反馈功能显得越发重要,不仅可以为教师组织和改进教学提供反馈信息,也可以为学生了解学习过程中存在的问题与学习效果提供反馈信息,还可以为家长、学校和教育主管部门提供有关教师教学和学生学业的信息,有利于帮助其更好地做出教育决策。

(三)甄别功能

甄别功能是指通过教学评价活动所获得的评价结果区分评价对象的优劣程度,或是用评价结果来衡量评价对象是否已经达到其规定的最低标准。小学科学教学评价不仅可以鉴定学生在科学知识、科学探究、科学态度和科学、技术、社会与环境四大目标方面的发展状况,确定学生的学业成就水平和发展潜力,为因材施教和人才培养提供依据,还可以对教师的教学态度与水平做出鉴定,为教师的管理与培训提供参考。

(四)激励功能

激励功能是指在教学过程中或结束后基于收集的信息对被评价者做出肯定、鼓励、表扬等积极的反馈与评价。小学科学教学评价的激励功能不仅指教师对学生的鼓励与表扬,还包括对教师教学投入与感情的激励。对小学生学习的积极评价对培养其学习兴趣,激发其好奇心有着重要作用。对于小学科学教师,来自外部的肯定与赞赏是别人对自己工作与能力的一种认同。因此,适时客观的积极教学评价,可以为学生的学习和教师的教学提供不竭的动力。

【问题讨论】

1.回忆你从小学到大学阶段的教育中所经历的评价,哪些体现了评价的导向功能?哪些体现了评价的反馈功能?哪些体现了评价的甄别功能?哪些体现了评价的激励功能?

2.假如你是一名小学科学教师,你将如何利用评价的激励功能?

二、小学科学教学评价的理念

(一)以"促进教学"为目标,倡导"以学生发展为中心"的理念

教学评价要以促进学生科学素养发展和教学发展为主要目标。促进教学的评价应该包括两方面:一方面,教师要通过一定的手段了解学生,找到学生学习的出发点,发现在学习中遇到的困难并及时给予指导;另一方面,教师还需要对学生进行激励,让学生保持对科技与自然的兴趣和好奇心。这种评价要求教师树立"以学生发展为中心"的理念,关注学生学习的起点和过程,关注学生参与学习的机会、教师与学生的互动情况、教学设计与过程对学生认识与思维发展的作用等。

(二)评价内容全面化,关注学生思维与综合素养的发展

《标准》指出,学习评价必须覆盖本标准所规定的各个方面的目标要求,对学生的科学素养进行综合评价。这一建议要求教学评价要树立"全面化"和"综合化"的理念。所谓全面化,就是评价内容要覆盖课程目标的基本领域,促进学生全面发展。在学习科学知识的同时关注学生的思维与探究能力发展,培养学生的科学情感。所谓综合化,就是要将对学生科学素养的评价理解为对复杂情境下素养水平的评价,而不是基于某种简单的方式或脱离情境对学生的零碎知识与技能展开的评价。这既是发展学生核心素养的要求,也是科学思维评价的必然路径。

(三)评价方法多样化,关注过程性评价

当前,单一的评价方式和终结性评价已经无法满足学科教学评价的需要,教学评价需要采取其他方式来收集反映情感与态度发展的信息、科学思维发展的证据,而这些信息或证据往往需要在教学的真实情境下收集。因此,要将评价嵌入教学和学习的过程中,使其成为教学与学习过程的一部分,这就是过程性评价。[1]小学科学教学评价要落实新课标关于评价方法多样化的理念,关注过程性评价。

资料卡片:过程性评价

(四)评价主体多元化,关注学生的参与

评价主体多元化指主持评价活动的主角可以由多种人组成,不仅有以教师为主体的评价,而且有学生的自我评价、相互评价,以及家长对学生的评价。以往的评价主要由教师主持,学生只是处于被动应付的地位,因此,评价对学生的激励作用也十分有限。发展学生核心素养的背景下,学生主动参与教学已经成为一种趋势,而学生参与教学的过程必然要求学生能够对教学过程进行评价,不仅能进行自我评价,还要在团队合作过程中对其他同学的学习过程与结果进行评价。因此,小学科学教学评价要关注学生的参与,

---

[1]刘恩山.义务教育小学科学课程标准解读[M].北京:高等教育出版社,2017.

同时邀请家长和教育专家等参与教学过程的评价,落实评价主体多元化的理念。

三、小学科学教学评价的内容

《标准》指出,小学科学的学习评价主要包括科学知识、科学探究、科学态度和科学、技术、社会与环境4个方面。另外,对教师教的过程与结果的评价也是教学评价的重要内容。此处仅对小学科学学习评价的内容进行具体阐述,对教师教的评价内容将在第三节课堂教学评价中进行具体说明。

(一)科学知识

主要考查学生对《标准》所规定的18个主要概念的掌握情况。《标准》基于大概念构建课程内容框架,这是顺应国际科学课程改革趋势的体现,也是适应学生思维、帮助学生建立科学观念的必然选择。小学科学课程内容包含物质科学、生命科学、地球与宇宙科学和技术与工程4个领域,共有18个主要概念。这些主要概念是课堂教学中必须落实的内容,也是教学评价必然要考查的内容。教学评价要考查学生对主要概念的理解情况,具体包括主要概念之间的关联和新情境下对主要概念的应用。

(二)科学探究

主要考查学生对科学探究方式的了解和科学探究能力。根据《标准》,科学探究教学不仅要让学生具备科学探究的能力,在提出问题、作出假设、制订计划、搜集证据、处理信息、得出结论、表达交流、反思评价8个要素上达到相应的学段目标,还要使学生理解科学探究的本质。因此,对科学探究的考查要关注学生对科学探究方式的了解,同时要关注学生科学探究能力的发展,包括探究过程中的科学思维发展。

(三)科学态度

主要考查学生进行科学学习和探究所必须具备的基本态度。根据《标准》的总目标,科学态度方面的目标具体体现在对待自然、对待科学和对待他人3个方面,简单分为探究兴趣、实事求是、追求创新和合作分享4个维度。因此,对科学态度评价不仅要关注学生学习科学的兴趣和参与科学活动的热情,还要评价学生是否具有基于证据和推理发表自己见解的意识,是否能与人合作交流、勇于表达、乐于倾听,是否具有追求创新的意识。

(四)科学、技术、社会与环境

考查学生对科学、技术、社会与环境相互关系的理解,以及热爱自然、珍爱生命、保护环境的意识和社会责任感等。根据《标准》的总目标,科学、技术、社会与环境(STSE)不仅包括科学技术与日常生活的联系、科学技术与社会发展的联系、人类与自然和谐相处3个方面,还强调在解决实际问题中的应用。因此,对这一内容的评价要考查学生对

STSE 相关问题的认识、理解以及参与相关的行动。

【问题讨论】

1. 如何理解主要概念？举例说明其与通常所说"概念"的关系。

2. 小学科学课程4个方面的评价内容是单独评价，还是相互关联地评价？对此，你有什么看法？

第二节　小学科学学习评价的方式

（1）理解纸笔测验的基本特点，能用语言简单描述；了解纸笔测验试题设计的当前趋势，具有在教学中渗透新理念的意识。(重点，难点)

（2）理解活动表现评价的基本特点和应用范围，能用语言简单描述；具有开展活动表现评价的意识；能设计简单的评分规则并在实践中应用。(重点，难点)

（3）理解档案袋评价的基本特点和类型，能用语言简单描述；具有开展档案袋评价的意识；能设计简单的档案袋评价并在实践中应用。(重点)

（4）能通过比较，区分纸笔测验、活动表现评价和档案袋评价各自的优势与不足，具有将多种评价方式结合起来开展评价的意识。(重点)

一、纸笔测验

（一）纸笔测验的特点

纸笔测验也称为书面考试，是要求学生在规定时间内完成书面作答任务的一种评价方式。纸笔测验操作简单、省时省力且方便大规模使用，因此，在实践中成为一种非常重要的评价方式。然而，纸笔测验也有其明显的局限性。纸笔测验一般可以检测出学生所累积知识的量以及对知识的表层理解，但对学生的高阶思维水平、科学探究能力和科学态度与情感的考查十分有限。实践中，纸笔测验的过度使用也往往对教学造成了不良影响，导致教师和学生过分地聚焦于事实性知识的识记，忽略对概念规律的深层次理解与应用，更忽视科学探究实践与实验教学，使学生对科学探究和科学本质的理解存在很大的偏差。

(二)纸笔测验试题设计的新趋势

纸笔测验虽然存在诸多缺陷,但由于操作方便,可以大规模使用,许多国家都将其作为一种非常重要的评价方式。当前,随着评价理念的不断转变,国内外在纸笔测验的试题设计方面进行了诸多探索,使纸笔测验的试题设计呈现出一些新趋势。

1.测验题目联系实际,注重科学知识的理解与应用而非记忆

联系实际,创设情境,让学生在真实情境下应用知识解决问题是纸笔测验的一种趋势。来自学生周围的实际现象与材料,比如家里的控制开关、清晨校园花草上的露水、城乡周边的水污染等都可以作为考查学生知识理解与应用以及相关能力的试题背景材料,不仅让学生感到亲切熟悉,同时可以让学生将知识迁移到实际生活中,应用知识解决问题,形成"科学与生活息息相关"的认识。

案例探析:样题设计1

2.关注学生的科学思维与科学探究能力发展,而非对实验结论的记忆

测验题目具有探究性,关注探究过程中的思维发展与方法掌握而非对实验结论的记忆是当前试题设计的趋势。学生在一定的情境下应用科学探究的方法通过比较、推理等得出结论,进行交流,关注的是新情境下学生对探究方法的迁移和提出问题、猜想假设、设计实验、基于证据得出结论等科学探究的基本能力。

案例探析:样题设计2

3.关注科学、技术、社会与环境目标的考查,促进学生对STSE的认识

STSE是《标准》的一个目标领域,要求学生通过科学学习,认识科学技术与日常生活的联系、科学技术与社会发展的联系以及人类与自然和谐相处的重要性,树立保护环境的意识和社会责任感。当前,国内外试题设计都在这方面进行探索,将科学、技术、社会与环境相关的问题作为背景素材,考查学生应用知识解决问题的能力,促进学生对STSE的认识。

4.关注学科知识的整合,体现科学课程的综合性

小学科学是一门综合性课程,不仅涉及物质科学、生命科学、地球和宇宙科学、技术与工程这4个领域知识之间的相互渗透和相互联系,还包括与平行开设的语文、数学等课程相互渗透。纸笔测验中,围绕一定的情境设计多个试题或多步骤的试题,使学生在解决问题的过程中调用多领域、多学科的知识,实现知识的迁移与整合已经成为一种趋势。

二、活动表现评价

(一)活动表现评价的特点

活动表现评价也叫实践活动评价,属于真实性评价,即通过观察学生在真实情境下完成实际任务时的表现来评价学生取得的成就,诊断存在的问

资料卡片:国际大规模科学学业评价中的活动表现评价

题,明确前进的方向。与纸笔测验相比,活动表现评价是建立在真实观察、交流基础上的客观评价,可以通过学生在科学学习活动中的实际表现,比较全面、综合地评价学生的科学素养水平,包括学生的参与意识、团队合作意识与能力、表达交流能力等,当然也可以反映学生对知识的理解与应用情况。但由于操作费时耗力,在大规模学业测评中往往有一定的局限性,因此,在国际大规模科学学业测评项目中,往往将这种评价方法与纸笔测验结合起来。

(二)活动表现评价的应用范围

活动表现评价既可以作为过程性评价的一种方法应用在教学活动开展的过程中,比如课堂活动、实验活动和科技实践活动中,还可以应用在终结性评价中,通过操作性任务等形式开展。在教学活动开展过程中,活动表现评价可以由教师来进行,也可以包括学生的自评和学生之间的互评。

《标准》将技术与工程列为与物质科学、生命科学、地球与宇宙科学并列的一个内容领域,并建议教师在教学中尝试开展STEM教育,以项目学习、问题解决为导向的课程组织方式开展技术与工程实践活动,使学生体会"做"的成功和乐趣,并养成通过"动手做"解决问题的习惯,培养学生的创新能力。技术与工程领域的教学要求教师在技术与工程实践活动中基于学生的表现开展评价,不仅关注学生的动手操作能力以及能否按设计方案制作成品,还要关注学生能否安全、规范地使用实践工具,能否及时处理作品的不足,进一步优化作品等。评价过程不局限于对单个学生的技能、知识、分析与解决问题能力的评价,还要关注团队协作能力和交流共享能力。

(三)活动表现评价的设计与实施

活动表现评价是通过观察来收集能够反映学生学习成果的信息的,但这并不代表活动表现评价是随意的、主观的。评价的实施需要教师或评价者首先明确评价的目标与内容,设计评价任务和标准,然后依据评价目标和内容,通过多种途径收集信息,最后基于评价标准做出判断。在整个过程中,活动表现评价的设计是基础,也是关键。作为评价者,在活动表现评价的设计方面要注意3点。

1.评价目标与内容要明确,要将学习目标转化为可观察的外显行为

活动表现评价要通过观察来收集信息,而收集什么样的信息是活动表现评价必须明确的首要内容,即评价目标是什么,包括哪些具体的内容。比如要在活动过程中评价学生的科学探究能力,那就要明确指出评价科学探究的哪些方面,是提出问题的能力、制订计划的能力还是表达交流的能力?不仅如此,还要将评价内容转化为可观察的外显行为,即看到哪些行为说明达到了该评价目标,比如"提出的问题与正在探究的内容或看到的现象相关,问题具有可探究性"等。

2.评价任务的设计要符合不同学段学生的认知水平

对于过程性评价而言,评价任务也就是学习任务,为开展评价创造了一个具体的情境,正是基于这一真实的情境,教师才能够在其中收集相关的信息。对于终结性评价而言,需要专门设计任务来评价学生的某方面能力或素养。无论是学习任务还是专门设计的表现性任务,都必须符合不同学段学生的认知水平。一般来说,评价任务的设计要能够激发学生的欲望,使学生有参与的兴趣,能够给予学生充分的表现空间以便于收集信息。另外,学习任务可以根据学生的实际情况设计恰当的开放性。对于小学低学段的学生,评价任务的问题和要求都可以不是开放的,而对于高年级学生,可以在问题或要求方面具有一定的开放性,从而给予他们展示的机会。

3.活动表现评价必须要有明确的判断标准或评分规则

活动表现评价需要教师或评价者依据收集的信息做出价值判断或学情诊断,这一过程就需要有一个类似于纸笔测验评分规则的判断标准。一般来说,活动表现评价最终会给予一个等级判断或诊断,学生究竟属于哪一个等级或学情如何需要有一个详细的等级描述。等级描述要采用可观察、可测量的术语来描述成果特征,避免含糊不清或者评价者无法看懂。比如,在低年级一次"了解小兔子"的内容教学中,有教师从投入、能力、合作和知识收获4个方面来评价学生,设计的判断标准如表14-1。

表14-1 "了解小兔子"判断标准

	表现	符合(等级A)	部分符合(等级B)	不符合(等级C)
投入	有兴趣,积极主动,认真活跃,坚持始终			
能力	观察全面细致,思维敏锐集中,思路开阔灵活,联想丰富,描述贴切			
合作	愿意合作,主动交流,善于聆听,在小组中起核心或重要作用			
知识收获	全面准确地了解兔子的外形特点,初步了解兔子的生活习性			

"了解小兔子"的案例实际上是一个过程性的活动评价,其评价发生在学习过程中。不仅教师可以使用这个标准来评价学生,学生也可以利用这个标准进行自评和小组学生之间的互评。另外,在科学学业评价中,我们也会采用终结性的活动表现评价,即专门设计一个针对某个或某些评价内容的活动任务,然后收集学生完成操作任务过程中的相关信息,最后依据一定的评价标准做出判断。

【问题讨论】

1.比较纸笔测验与活动表现评价的特点、优势与局限性。

2.以教科版小学六年级上册"用纸造一座'桥'"为例,设计一个针对活动过程的活动表现评价标准,并与其他同学进行交流。

三、档案袋评价

(一)档案袋评价的含义与特点

档案袋评价也称为个人成长记录评价,是指以档案袋为依据对评价对象进行客观的综合评价,是教师依据教学目标与计划,请学生在一段时间内持续收集、组织与反思学习成果的材料,以评定其努力、进步和成长过程的一种评价方式。从评价目的来看,档案袋评价以促进学生发展为根本目标;从评价过程来看,档案袋评价是对学生个人成就和学习进步过程的直观、生动记录,属于真实性评价;从评价实施主体来看,档案袋评价是由学生和教师共同合作完成的,学生是积极的参与者。正是这些特点,使档案袋评价能够更好地实现促进学生发展的功能,但也同时存在一定的局限性,比如长时间投入造成的教师工作量增加、评价效度难以保证等。

(二)档案袋评价的类型

根据使用目的、入选材料的性质以及提交对象的不同,档案袋评价可以有不同的类型。美国教育心理学教授格莱德勒依据档案袋的不同功能,把档案袋分为理想型、展示型、文件型、评价型和课堂型5种类型。

资料卡片:档案袋评价的类型

也有学者依据入选材料性质的不同,将档案袋分为最佳成果型、精选型和过程型。最佳成果型档案袋通过收集学生在某一学科或某一领域的最佳成果,来对学生在这一学科或这一领域达到的水平做出评定;精选型档案袋不仅要求有标志学生正达到的最高水平的成果例证,还包括学生感到最困难的典型成果例证;过程型档案袋致力于寻求发展性成果证据,要求学生一步一步地收集能够反映他们在一定领域中从起始阶段到完成阶段所取得进步与成果的证据。[①]

(三)档案袋评价的设计与实施

因为档案袋有不同的类型,所以在设计与实施档案袋评价时,首先要明确档案袋评价的目的;其次,要明确评价的内容和收集的资料要求;最后,要确立评价的标准,这样,学生才能够清楚地知道应该做什么和如何评价。

1.明确档案袋评价的目的

档案袋评价的目的在很大程度上决定了档案袋的形式及内容,因此,明确档案袋的评价目的是档案袋评价设计与实施的首要任务。虽然档案袋的类型众多,但其目的主要有3种:反映学生的进步、展示学生的成就和评估学生的学业。前两者往往是为了更好地辅助教学,促进教师的教和学生的学,针对这种目的的档案袋设计与实施可采用半结构型或非结构型,给学生充分的自由发挥空间。如果目的在于评估学生的学业,那么档

[①] 施章清.论档案袋评定与学生评价[J].课程·教材·教法,2004(1):77-81.

案袋收集的内容就要结构化或半结构化,对有些东西进行统一要求,以便在不同学生之间进行比较。

2.明确档案袋评价的内容与资料收集的要求

明确档案袋评价的内容和要求后学生才能知道该做什么以及具体怎样做,因此档案袋设计必须要根据评价目的明确收集资料的形式与要求。一般来说,过程型档案袋收集的材料是一些关于学习如何进展、如何达到优化的证据,注重学习者学习过程的分析,比如反映学生学习过程的连续性资料与作品,教师、同学等人完成的行为观察检核表、评定表等,[1]评价内容涉及科学探究活动、分组讨论、单元知识总结、活动展示等。成果型档案袋则更多选择学生的学习成果,比如最佳作品、最有趣的作品、最喜欢的作品等,形式可以是作业、测验、实验报告、手工作品或其他创造性作品。无论是过程型档案袋还是成果型档案袋,都需要明确资料的来源、形式、收集数量与质量、次数等要求。如表14-2是一个档案袋的内容要求。

表14-2 档案袋内容要求样例

材料名称	具体内容
学习资料	新学期承诺、最优秀的作业、收集的学科资料、受到的奖励等
学习反思	学习过程中对自己的学习方法和学习习惯等方面及时反省和纠正
测试成绩	单元测验及阶段性测试
可贵的发现	学习中发现的有价值的思路和方法以及对教育教学和学习内容的好建议等
问题讨论	学习中难忘的有意义的问题讨论记录
点滴进步	学习中的习惯、方法、态度、成绩等方面的小进步
师生交流	师生开展的学习活动、谈心、讨论问题、课堂对话等热烈场面的记录
自我评价	阶段性地找出自己学习中的优点和不足
我的作品	学习中值得骄傲的绘画、创意设计、文章发表、小制作、小发明

3.确立评价的标准

档案袋评价必须要有明确、具体的评价标准来指导学生的行为,帮助学生明确他们应该做什么以及如何评分。一般来说,评价项目应该与科学教学目标一致,采用等级评分制开展评价。如表14-3是档案袋评价表的一种格式。

---

[1] 江彬,邱立中.科学认识档案袋评价[J].上海教育科研,2003(11):37-39.

表 14-3 档案袋评价表的格式

评价内容	自我评价		组内评价	
	质性描述	等级	质性描述	等级
探究活动				
单元知识归纳总结				
分组讨论和实践活动				
疑难问题及解答				
练习与实践				
学习信息和资料				
交流与展示				
学习反思或小结				
进步、个性或特色				
总分、等级				
教师评价				
家长评价				

【问题讨论】

1. 比较档案袋评价与活动表现评价的特点、优势和局限性。
2. 你觉得档案袋评价在实施过程中最大的困难可能来自哪里？如何有效解决？

第三节　小学科学课堂教学评价的实施

（1）理解小学科学课堂教学评价的内涵与特点和小学科学课堂教学评价的理念。
（2）理解量化评价与质性评价的特点及其在小学科学教学实践中的价值。（重点）
（3）能设计简单的课堂观察量表，并能应用质性评价方法实施教学评价。（重点，难点）

一、小学科学课堂教学评价的内涵与特点

对于课堂教学评价，国内学者存在诸多论述，但总体来看，基本都体现了以下3点：第一，课堂教学评价从根本上来说是一种价值判断；第二，课堂教学评价主要涉及教师的教、学生的学和最终的课堂教学质量及效果三方面内容；第三，课堂教学评价是对实然的

教学效果和应然的目标要求之间差距的一种衡量。[①]依据课堂教学评价的内涵,小学科学课堂教学评价是基于事实性信息对科学教师的教与学生的学相统一的教学活动做出价值判断的过程。在"以学生为中心"的学习情境下,判断的标准是教师和学生的活动是否提高了学生的科学素养。

与科学学习评价不同,课堂教学评价不仅要对学生的学习过程和效果进行评价,同时要对教师教的过程和教师、学生与课堂环境所构成的教学统一体进行综合评价。从评价目标来看,小学科学课堂教学评价要以提升教学质量、促进学生科学素养发展和教师专业发展为宗旨;从评价内容来看,小学科学课堂教学评价要关注学生在科学知识、科学能力和情感态度领域的综合发展,同时要关注教师的教学行为以及课堂教学的情境创设与互动氛围;从评价对象来看,被评价的可以是学生,也可以是科学教师;从评价主体来看,包括教师、学生以及教学管理者、同事、家长等其他外部人员或机构的评价;从评价方式来看,可以采用纸笔测验、课堂观察、描述记录、档案袋评价等多种方式方法。

二、小学科学课堂教学评价的理念

(一)将学生的学与教师的教统一,落实在课堂教学评价指标体系中

一般来说,课堂教学评价的目的主要有三方面:一是对教师教学能力或课堂教学质量进行评定,评价主体往往是教育管理部门或学校领导;二是促进教师专业发展,评价主体往往是教学专家和同事;三是提升学生科学素养,评价主体包括教师、学生和来自外部的人员或机构。

开展小学科学课堂教学评价,要树立发展性科学教学评价的理念,将学生自主学习与教师提供辅助统一起来,落实在课堂教学评价指标体系中。比如,对于围绕问题解决展开的教学活动,可以将教师行为按照"引导、促进学生自主发现、提出、分析、解决问题"的思路加以界定,包括"是否通过创设问题情境提出问题""是否引导学生自主分析、解决问题""是否选择恰当的问题解决组织形式""是否提供必要的问题解决资源""是否提供问题解决的适当反馈",同时将这些要素的评价标准确立为是否成功促使学生自主发现、提出、分析和解决问题,是否为学生自主的问题解决提供各种形式的指导帮助,使其顺利、有效进行。[②]

(二)关注课堂教学的情境与整体性,将量化评价方法与质性评价方法结合开展评价

目前,评价量表是课堂教学评价的主要工具,其评价标准,更关注课堂教学中的具体行为特征记录和描述,虽有利于评价者做出客观的评价,但难以反映课堂教学的整体效

---

①卢立涛,梁威,沈茜.我国课堂教学评价现状反思与改进路径[J].中国教育学刊,2012(6):43-47.
②刘华.发展性课堂教学评价指标体系:构建思路及示例[J].全球教育展望,2013(3):48-56.

果,容易导致教师只从形式上模仿评价标准所要求的具体行为,忽略对学生思维状态、互动原因等深层次内容的思考,忽视教学的复杂性和情境性。

当前,描述性取向和互动分析取向的评价逐渐引起关注。描述性教学评价作为一种质性评价形式,力图描绘课堂教学过程中教师和学生的认知实践、情感体验和人际交往,用心去理解和解释教师和学生教与学的行为、想法和状态,而后在此基础上对课堂教学做出非量化的评价与持续性的改进。[1]描述性取向体现着一种教学、研究与评价一体化的课堂教学评价新取向。互动分析取向的评价关注的核心问题是:学习是如何在互动中发生的?互动如何为学习提供了环境?[2]通过录制、观看、分析视频,细致地观察与记录课堂的文化、社会与人际情境,从而促进更深入的理解与更准确的分析,为教师发展和教学变革提供具体、切实、有效的依据。描述性取向和互动分析取向的评价能够弥补量化课堂教学评价的不足,更好地发挥课堂教学评价对教师和学生的导向与激励作用。因此,将量化评价方法与质性评价方法结合开展评价是一种必然趋势。

资料卡片:质性评价

(三)课堂教学评价标准兼顾统一性和灵活性,凸显教学个性

表14-4是一个典型的科学课堂教学评价指标体系。

表 14-4 一个典型的课堂教学评价指标体系

评价项目	评价要素(每个项目占5分)
教学目标 (10分)	1.科学知识、科学技能、情感态度与价值观目标明确、具体
	2.符合小学科学课程标准的要求和学生实际
教学内容 (25分)	1.概念讲授正确,原理教学清晰
	2.教学容量恰当,主次分明,突出重点
	3.能抓住关键,突破难点
	4.把握自身内在联系,小结归纳适时、恰当
	5.选取例子典型恰当,重视科学基本能力的培养
教学方法 (25分)	1.选取的方法恰当,创设的情境能激发学生主动学习和探究的兴趣
	2.充分创设问题情境进行启发式教学,问题设计由浅入深,并充分体现科学学科特点
	3.把学科教学方法渗透在教学之中并适时总结,学法指导得当,体现个性差异
	4.因材施教,分层指导,能根据学生反馈的信息适时调整教学进度和难度,面向全体
	5.能采取积极、多样的反馈评价方式,促进学生产生进一步学习的愿望,鼓励表扬得当

---

[1] 安桂清,李树培.课堂教学评价:描述取向[J].教育发展研究,2011(2):48-52.
[2] 肖思汉.基于互动分析取径的课堂教学评价[J].教育发展研究,2017(18):22-29,64.

续表

评价项目	评价要素(每个项目占5分)
教学手段 (15分)	1. 教态自然,运用普通话教学,语言表达清晰简练、准确、生动、有感染力、有节奏感
	2. 板书工整、脉络清晰、布局合理、版式规范
	3. 电教媒体或挂图选用恰当、合理、有效;课件设计的字体大小、颜色搭配能关注学生的眼睛健康
教学效果 (25分)	1. 学生在讲、学、练等活动中参与度高,学习情绪饱满,思维活跃,讨论和回答问题积极
	2. 师生相互尊重,互动交流顺畅,学习气氛和谐
	3. 时间利用合理,按时完成教学任务
	4. 大部分学生双基落实,课堂上检测或运用的正确率高
	5. 能力、思想渗透得当,不同程度学生都有所获

该指标体系从教学目标、内容、方法、手段、效果5个方面评价教师课堂教学的优劣,是以教师的教为中心的评价结构,将学生的学简单渗透其中,在国内中小学教学中得到广泛使用。然而,这一指标体系更多反映的是教学的一般规律,缺乏对课堂教学"个性"的照顾,也无法反映具体的内容细节。而在教学中,受学生喜爱的课堂和教师,往往都具有强烈的个性色彩。因此在评价标准的设计上要兼有统一性和灵活性,既要反映课堂教学的基本规律,也要兼顾学习内容的特点和教师的个性化教学特色。

三、小学科学课堂教学评价的设计与实施

课堂教学评价的设计与实施是一个连续的系统过程,无论采用哪种方式开展评价,都需要先根据评价目的做好设计工作,然后依据设计深入课堂收集信息,最后分析信息,做出判断或反馈。因此,开展课堂教学评价首先要明确评价目的。通常情况下,对教师教学能力或课堂教学质量的评价更多采用能够量化的观察量表,操作简单易行;而出于教师专业发展和学生科学素养提升目的的课堂教学评价需要将多种方式结合来收集更多的信息,从而做出更全面的反馈。

(一)基于观察量表的课堂教学评价设计与实施

采用观察量表开展的课堂教学评价首先需要设计好量表,即评课的标准。表14-4展示了一个从教师的教出发所构建的评价标准体系,但这种评价标准缺少对学生行为的具体描述,也容易忽视教师的个性化特色,因此,可以从教师的教学行为、学生的学习状态和教学特色3个方面综合构建标准。表14-5展示了从学生学习状态和教学特色出发构建的观察量表。

表 14-5 从学生学习状态和教学特色出发构建的观察量表

评价维度	评价指标	评价标准	评价等级 A	B	C	D
教师的教学行为		（略）				
学生的学习状态	自主学习	有强烈的探究愿望和学习兴趣				
		保持良好的注意状态，认真完成学习任务				
	合作学习	积极参与小组任务，承担个人的责任				
		与小组成员积极沟通交流，贡献自己的见解				
	探究学习	敢于提出问题，能基于问题进行猜想				
		能设计简单的探究方案，能小组协作完成探究实验，正确搜集信息				
		能根据证据得出结论，与他人交流并进行反思				
教学特色	教学活动	教学设计很好地体现了教学理念，活动过程能调动学生的积极性，达成了教学目标				
	教学能力	表现出个人的教学风格和教学艺术				
评价结果与评语						

观察量表的构建需要考虑评价主体的背景，比如对于教育管理者，观察量表的条目不能太过于专业化，不容易把握；对于同事和专家，则可以更有针对性一些。观察量表设计好后，即可以携带量表进入课堂听课，收集信息，之后做出评价或反馈。

（二）描述与互动取向的课堂教学评价设计与实施

描述与互动取向的课堂教学评价都关注教学评价的情境，即真实的课堂情况描述或录像。因此，在进入课堂之前，并不需要先入为主地确定观察量表，课堂中更多的是观察与记录工作，课后需要进行大量的整理、反思等工作。

描述取向的课堂教学评价首先要求描述者进入课堂，开展描述，描述首要关注的是"课堂是什么样子的"。因此，第一步，要对描述者进行培训，使其掌握描述的方法和记录的要求。第二步，在课后组织教师进行研讨，描述者需要汇报自己所记录的课堂教学现象，与群体分享自身的课堂体验，教师群体经由反思对现象做出解释。第三步，针对课堂教学进行协商改进，提供建议。第四步，进一步提炼评价的结论，总结情境的关键特征，得出启示。

互动取向的课堂教学评价因为要对课堂教学录像进行分析，因此，第一步是获取待评价课堂的教学视频。最理想的情况是评价者进入课堂自行拍摄并感受课堂氛围。第二步是观看视频，在必要的时候暂停、回放、重看，识别主要的教学单元（如做习题、讲授新概念、演示实验）和互动参与结构（如小组讨论、直接讲授、一对一问答）及其转换边界。第三步，基于特定的评价主题（或维度），选择某个互动参与结构稳定的片段进行文字转录。第四步，选择一两个最能够说明这种描述的典型片段，进行更细致的转录，即对其中核心的互动参与者（如教师、某个"学困生"等）的非言语行为进行全面记录。第五步，检验叙述的代表性或非代表性。比如对照数据采集阶段的笔记，检查自己对事件的现有理解和之前有哪些异同。至此，评价者才能对整个课堂教学做出最终的评价。

【问题讨论】

1. 比较课堂教学评价与学生学习评价的内涵与特点。
2. 分析、比较量化评价和质性评价在课堂教学评价中的各自优势与不足。

本章小结

本章主要围绕教学评价，对小学科学教学评价的功能、理念、内容和方式进行了阐述，并重点介绍了小学科学学习评价的3种方式和课堂教学评价。2017年颁布的《标准》要求小学科学教学评价要以促进教学为根本目标，关注学生思维的发展，渗透发展学生核心素养的目标与理念，使学生在科学知识、科学探究、科学态度和科学、技术、社会与环境4个方面达到要求。小学科学学习评价要以促进学生科学素养提升为目标，将纸笔测验、活动表现评价和档案袋评价结合起来对学生的学习和学业状况做出判断与反馈。小学科学课堂教学评价要树立发展性课堂教学评价的理念，关注课堂教学的情境与整体性，将观察量表与描述和互动等取向的质性评价方法结合开展评价。

【思维导图】

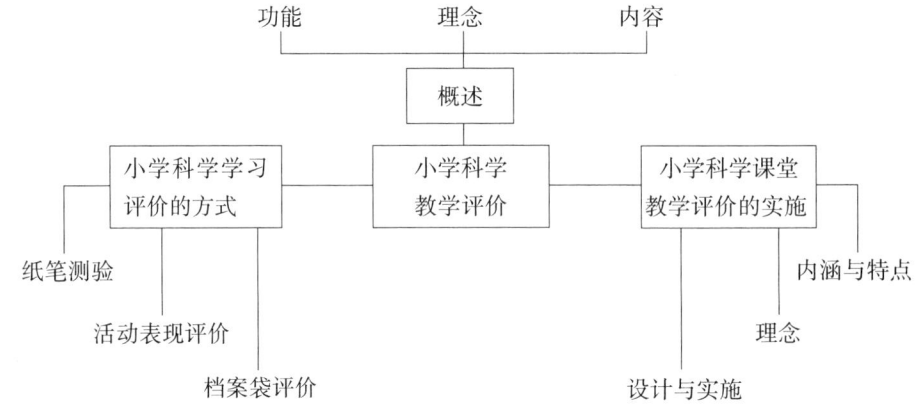

【思考与实践】

1. 举例说明小学科学教学评价具有哪些功能。
2. 简述小学科学教学评价的理念。

3.列表比较纸笔测验、活动表现评价和档案袋评价在学生科学学习评价中的优势与不足。

4.以小学科学教材中的任意一节为素材,设计一个活动表现评价方案。

5.根据本章学习的内容,设计一个课堂教学评价量表,并使用该量表去评价某一堂科学课,把你的评价结果与其他同学或教师进行交流。

【学习评价】

评价维度	评价内容				
	评价标准	评价等级			
		A	B	C	D
知识与技能	能简单陈述小学科学教学评价的功能、理念和内容;能简单描述纸笔测验、活动表现评价和档案袋评价的各自特点,以口头或书面形式呈现它们的区别;能辨别纸笔测验试题的设计特征,描述纸笔测验试题设计的新趋势;知道以多种方式结合开展学习评价;知道科学课堂教学评价的基本方式,能简单描述课堂教学评价的基本内容				
过程与方法	模拟经历纸笔测验、活动表现评价和档案袋评价的过程,掌握不同类型评价的设计方法与实施方法;经历课堂教学评价的过程,掌握量表设计的基本方法,能应用量表对课堂教学做出评价				
情感、态度、价值观	体验学习评价和课堂教学评价的过程,客观看待科学教学评价的功能与价值,树立基于证据和标准的学习评价与课堂教学评价意识				

【推荐阅读】

1.刘恩山.义务教育小学科学课程标准解读[M].北京:高等教育出版社,2017.

2.安桂清,李树培.课堂教学评价:描述取向[J].教育发展研究,2011(2):48-52.

3.肖思汉.基于互动分析取径的课堂教学评价[J].教育发展研究,2017(18):22-29,64.

4.钟媚.过程性评价:概念、范围与实施[J].当代教育科学,2005(14):44-47.

5.徐燕,马永双,叶宝生.小学科学课堂教学评价的研究[J].课程·教材·教法,2010(5):78-82.